軍縮国際法の強化

福井康人

軍縮国際法の強化

学術選書
135
国際法

信山社

は し が き

　有史以来今日までの人類の歴史においては，数多くの戦争が繰り返され，人間社会に幾度にもわたり悲惨な状況がもたらされてきた。長い歴史の中で平和な状態は常に短く，我々の祖先は古代から常に暴力，略奪を伴う戦争に脅かされていた[1]。近年の多くの武力紛争においても，戦闘行為に無関係な文民被害者が巻き込まれる事態が数え切れないほど発生している。2014年に入ってからもアフガニスタン，イラクでの長期化した紛争状態のみならず，南スーダン，シリア，コンゴ民主共和国，中央アフリカ等での人道的危機に至るまで，世界の様々な地域において，一般文民をも巻き込んだ武力紛争の発生を防止できないのが国際社会の現実である[2]。

　コルブ（R. Kolb）ジュネーブ大学教授は，このような戦乱に明け暮れた我々の歴史について，「人類の歴史において，武力紛争状態にあった世紀の数は平和であった世紀の数をはるかに超えており，33世紀間の中で紛争状態は約31世紀を占めており，平和な状態はわずか2世紀であった。別の計算では1945年以降完全に平和であったのはわずか26日間のみであった。」と評している[3]。このように今日に至るまで，民族・宗教・政治的対立といった様々な背景から，数え切れない戦争が発生している。

---

(1) Jean Salmon, *Dictionnaire de droit international public* (Bruylant, 2001), p. 9.
　　サルモン編国際法辞典によれば，戦争は二国間又は複数国間で交戦の状態ないし状況であり，その効果として，戦時国際法，中立法といった平時に適用可能な国際法とは異なる法体系が適用されると定義されており，また平和については，法的に戦争のない状態と定義されている。
(2) Andrea Bianchi, *International Humanitarian Law and Terrorism: Studies in International Law* (Hart publishing, 2011), p. 65.
　　武力紛争の定義については，ジュネーブ条約第1追加議定書コメンタリーの関連か所にも言及されているように，タジッチ事件（本案）ICTY判例に基づく紛争の「烈度 (intensity)」の評価基準に言及されることが多い。しかしながら，現実には周辺状況のみならず武力紛争の多様な形態や政治的理由に基づく単純化が困難な各国の対応もあり，武力紛争を正確に定義することは容易ではない。
(3) Robert Kolb, *Jus in bello: Le droit international des conflits armés*, 2e édition (Bruylant, 2009), p. 5.

はしがき

　このため，中世以降今日に至るまでの間にも，戦争を如何に防止するかといった課題が追求されてきた。そのような動きの萌芽が見られる中世ヨーロッパを例にとると，封建諸侯が並立する中で，領土的野心に基づくような私的な戦争を防止するため，まず神学者たちが戦争発生防止のための理論を展開した。例えば，アウグスティヌス（Augustinus）は著書神の国（De civitate Dei）により，正当な理由に基づく正戦（La guerre juste）のみが許されるといった考えを示した。更にアキナス（T. Acquinas）は神学大全（Summa Theoroligca）により，①君主のみが戦争宣言の資格を有する（私的戦争の禁止），②戦争の原因が正当，③戦争は正しい意図で遂行される必要があるとの3原則を提唱した[4]。

　別の例をあげると，ヴァテル（Vattel）は必要とされる法（necessary law）と任意の法（voluntary law）を区別した上で，前者に基づいた自衛，侵害の是正及び攻撃に対する戦争のみを合法化する考えを提唱した[5]。その後，戦争の合法性を判断できる超国家的な権威がない以上正戦論の非合理性が明らかになると，いわば無差別戦争観が主流となった。もっとも，更なる戦争規制が試みられるなど戦争の惨禍を可能な限り緩和しようとする努力がなされ，交戦行為を規制する交戦法規が19世紀の後半から20世紀の初めにかけて多数の条約の締結をもって整備された[6]。

　具体的な事例としては，実定法として史上初の不戦条約とされる債務取立てを理由に戦争を禁止するポーター・ドラゴミール条約（La Convention Drago-Porter）や米仏間の二国間条約から発展したケロッグ・ブリアン条約（Le Pacte Briand-Kellogg）等の不戦条約へと繋がる流れがあげられる。更に第1次世界大戦を経て国際連盟による平和実現の試みのみならず，初代の軍縮会議等が戦争の防止・平和の実現のために活動した。しかしながら，当時の大国の利益追求主義の前には残念ながら無力であり，最終的に第2次世界大戦の勃発を防ぐことが出来なかった。特に，日本を含むアジア・太平洋地域を中心とする太平洋戦争末期の広島及び長崎への原爆投下や東京大空襲，更には，欧州戦線

---

(4)　藤田久一『国際人道法』（有信堂，1993年）7頁。

(5)　Andrew Clapham, *Brierley's Law of Nations,* 7th edition（Oxford University press, 2012）, p. 47.

(6)　浅田正彦編著『国際法』（東信堂，2011年）17頁。

はしがき

での英国、ドイツ国内での無差別の空爆といった非人道的な状況が発生しており、いずれの事例も軍事目標のみを標的とせず一般文民をも捲き込むもので、当時の戦時国際法に照らして合法とは言いがたい無差別攻撃であった[7]。

更に、第2次世界大戦終結後、連合国（United Nations）により国際連合（国連）（United Nations）が設立された。このため、国連を中心として世界平和の再構築を目指して様々な取組が行われた結果、世界大戦規模の武力紛争は幸い再発することなく今日に至っている。上述のような、中世からの長年にわたり戦争の違法化が試みられた結果として、国連憲章は連盟期の教訓に学んで武力の全面的禁止（国連憲章第2条4）を実現したが[8]、コンゴ領における武力行使事件 ICJ 判決は武力行使の禁止は国連憲章の要石であると判示している[9]。もっとも、第2次世界大戦から70年が経過した今日においても、世界のなかでも特にアフリカ、中東、中南米等世界の特定地域を中心に、様々な形態・規模・レベルでの武力紛争が頻繁に発生している。上記の国連憲章第2条4による武力の使用・威嚇による禁止は、リアリズムを標榜する国際政治学の立場から単なる法律論に過ぎないとの批判を受けることもある。その一方で、世界大戦規模の武力紛争の発生を防止し、国際の平和と安全を脅かしかねない地域紛争であっても国連憲章を根拠に、国連安保理決議等により国際社会の総意としてこのような武力紛争が非難された上で、平和維持及び平和構築の試みが頻繁に行われているのはまぎれのない事実である。このため戦争勃発に対する一定レベルの抑止力を生み出しており、法律論に過ぎないとして一蹴されるべきものではないと思われる。

このように20世紀初頭の頃から、帝国主義や植民地主義に見られる大国の

---

(7) Robert Kolb, *Jus in bello: droit international des conflits armés, supra* note 3, pp. 274-275.

　同書は無差別攻撃の禁止（空戦に関する規則案第24条）に反するものとして、広島／長崎（1945年）、ロンドン／リバプール／コベントリー（1940-1942年）、ドレスデン（1945年）、東京（1945年）、ハノイ（1972年）、ベイルート（1982）の事例をあげている。

(8) 松井芳郎「国際法における武力規制の構造」『ジュリスト』1343号（2007年）10-16頁。

(9) Activités armées sur le territoire de Congo (République Démocratique du Congo c. Ouganda) Arrêt C.I.J. Recueils 2005, p. 59, para. 148.

はしがき

思惑に左右されることが多かったものの，第1次世界大戦以降も国際連盟や国連といった普遍性を有する国際的協力枠組みにより，戦争の抑止及び平和の維持が常に試みられてきた。また，その一方で，例えばアフリカ連合（AU）のような地域国際機関による仲介も含めた様々な形態の多数国間外交，更には紛争関係国の仲介や調停の形で，これまでも世界平和を実現するための様々な試みも模索されてきた。こうした努力は時には奏功することもある一方で，外交努力にもかかわらず武力紛争の発生を防止することができず，最終的に武力紛争に至ることも少なくない。

このような紛争発生から紛争後の復興といった一連の流れを武力紛争防止を軸に見ると，武力紛争予防措置としての軍縮，武力による威嚇及び行使を禁止することを含む国際人道法による武力紛争の規制，更には武力紛争により破壊された社会秩序を速やかに回復させるための平和構築の3つの実際的措置が重要であり，特にその中でも軍縮は武力紛争を未然に防止する予防措置としての機能を有することから，先ずは優先的に取組むべき課題と思われる。このため本書では，現実的な観点から軍縮国際法の強化のために何が可能かその方途を探るものである。なお，本書に示されたことは筆者個人の見解であり，筆者の所属する機関（外務省）の公式見解を示すものではないことを予め申し添える。

2014年9月

福 井 康 人

目　次

はしがき
主要略語

序　論 …………………………………………………………………… 3
　第1節　軍縮と軍備管理 ……………………………………………… 4
　第2節　軍縮と不拡散 ………………………………………………… 8
　第3節　軍縮問題を取巻く現状 ……………………………………… 11

第1部　軍縮条約の交渉枠組み

第1章　伝統的な軍縮会議（CD）による条約交渉枠組み ……… 17
　第1節　伝統的なCDによる条約交渉枠組み ……………………… 19
　　　1　CDの歴史（*19*）
　　　2　CDにおける作業（*21*）
　第2節　CDの課題 …………………………………………………… 23
　　　1　CD停滞問題と活性化の試み（*23*）
　　　2　CD停滞の背景（*29*）

第2章　CD以外の外交会議による条約交渉枠組み ……………… 31
　第1節　対人地雷禁止条約交渉のための外交会議 ………………… 31
　第2節　クラスター弾条約交渉のための外交会議 ………………… 35
　第3節　国連総会決議により招集された条約交渉会議 …………… 38
　　　1　CCW（*40*）
　　　2　非核兵器地帯条約（*41*）
　　　3　ATT（*43*）
　　　4　今後の条約交渉の可能性（*46*）

第3章　その他の軍縮分野の条約等に係る交渉枠組み …………… 49
　第1節　国際原子力機関 ……………………………………………… 49
　第2節　国連安全保障理事会（安保理）…………………………… 53

ix

目 次

第2部　軍縮条約の多様性

第4章　大量破壊兵器関連条約 …………………………………………… 61
第1節　核兵器関連条約 …………………………………………… 62
　1　核兵器不拡散条約（NPT）（62）
　2　部分的核実験禁止条約（PTBT）（68）
　3　包括的核実験禁止条約（CTBT）（70）
第2節　生物兵器及び化学兵器関連条約 ………………………… 78
　1　1925年ジュネーブ議定書（79）
　2　生物兵器禁止条約（BWC）（80）
　3　化学兵器禁止条約（CWC）（85）

第5章　通常兵器関連条約 ………………………………………………… 95
第1節　特定通常兵器使用禁止制限条約（CCW） ……………… 96
第2節　対人地雷禁止条約 ………………………………………… 101
第3節　クラスター弾条約（CCM） ……………………………… 106
第4節　武器貿易条約（ATT） …………………………………… 111
第5節　通常兵器軍縮を巡る今後の課題 ………………………… 115

第6章　その他の軍縮分野の条約等 …………………………………… 117
第1節　NPTの検証体制としてのIAEA保障措置協定 ………… 117
　1　非核兵器国との包括的保障措置モデル協定（118）
　2　保障措置強化のための追加議定書（122）
　3　その他のタイプの保障措置協定（124）
第2節　非核兵器地帯条約 ………………………………………… 125
第3節　法的拘束力を有する軍縮分野の安保理決議 …………… 131
　1　インド・パキスタン核実験関連安保理決議（132）
　2　北朝鮮による核実験に対する安保理制裁決議（133）
　3　大量破壊兵器の不拡散についての安保理決議（135）

第3部　軍縮関連規範の多様性

目　次

第7章　条約法条約からみた軍縮条約と遵守強化メカニズム …… 139
第1節　条約法条約からみた軍縮条約 ……………………………… 140
1　条約としての軍縮条約 (*141*)
2　軍縮条約の条文採択 (*142*)
3　条約法条約と軍縮条約の強化 (*144*)
第2節　条約の遵守を強化するメカニズム ………………………… 148
1　最終規定による条約遵守の強化 (*148*)
2　事態の是正メカニズム (*151*)

第8章　軍縮分野におけるソフト・ロー ……………………………… 155
第1節　軍縮分野のソフト・ローの様々な形態 …………………… 155
1　ソフト・ローの定義とその重要性 (*155*)
2　軍縮分野のソフト・ローの具体例 (*158*)
第2節　軍縮分野におけるソフト・ローの有用性 ………………… 169
1　最近のソフト・ロー立法の事例 (*169*)
2　軍縮分野のソフト・ローの規範性 (*172*)

第9章　軍縮分野のICJ判例の役割 …………………………………… 175
第1節　軍縮分野に関連する司法機関 ……………………………… 176
第2節　核実験判決 …………………………………………………… 178
第3節　核兵器の使用・威嚇の合法性についての勧告的意見 …… 181
第4節　マーシャル諸島によるNPT関連ICJ付託とまとめ ……… 189

むすびにかえて ……………………………………………………………… 193
第1節　軍縮条約強化の歩み ………………………………………… 193
第2節　軍縮条約遵守強化のための検証制度 ……………………… 197
第3節　軍縮国際法の強化に向けて ………………………………… 200

主要条約の項目対照表 (*204*)

あとがき (*209*)

主要参考文献 (*211*)

索　　引 (*225*)

主 要 略 語

ABBAC（The Brazilian-Argentine Agency for Accounting and Control of Nuclear Materials）：ブラジル・アルゼンチン核物質計量管理庁

APL（Anti-personnel landmine）：対人地雷

ASAT（Anti-satellite weapon）：衛星攻撃兵器

ATT（Arms Trade Treaty）：武器貿易条約

BWC（Convention on the Prohibition of the Development, Production and Stockpiling of Bacteriological（Biological）and Toxin Weapons and on their Destruction）：生物兵器禁止条約

CCM（The Convention on Cluster Munitions）：クラスター弾条約

CCW（Convention on Certain Conventional Weapons）：特定通常兵器使用禁止・制限条約

CD（Conference on disarmament）：軍縮会議

CTBT（Comprehensive Nuclear-Test-Ban Treaty）：包括的核実験禁止条約

CWC（Convention on the Prohibition of the Development, Production, Stockpiling and Use of Chemical Weapons and on their Destruction）：化学兵器禁止条約

ECOSOC（Economic And Social Council）：経済社会理事会

ENMOD（Convention on the Prohibition of Military or Any Other Hostile Use of Environmental Modification Techniques）：環境改変技術敵対的使用禁止条約

EURATOM（European Atomic Energy Community）：欧州原子力共同体

FATF（The Financial Action Task Force）：金融活動作業部会

FMCT（Fissile Material Cut-off Treaty）：兵器用核分裂性物質生産禁止条約

GA（General Assembly）：国連総会

GATT（General Agreement on Tariffs and Trade）：関税及び貿易に関する一般協定

GCD（General and complete disarmament）：全面完全軍縮

GICHD（The Geneva International Centre for Humanitarian Demining）：ジュネーブ人道地雷除去国際センター

IAEA（The International Atomic Energy Agency）：国際原子力機関

ICAO（International Civil Aviation Organisation）：国際民間航空機関

ICC（International Criminal Court）：国際刑事裁判所

主要略語

ICF (International Cooperation Fraility)：国際協力施設
ICJ (International Court of Justice)：国際司法裁判所
ICRC (International Committee of the Red Cross)：赤十字国際委員会
IDC (International Data Centre)：国際データセンター
IMO (International Maritime Organisation)：国際海事機関
IMS (International Monitoring System)：国際監視制度
INFCIRC (Information Circular)：IAEAの回章
ISU (Implementation Support Unit)：履行支援ユニット
LAWS (Lethal Autonomous Weapons System)：自律型致死兵器システム
MTCR (The Missile Technology Control Regime)：ミサイル技術統制レジーム
NPT (Treaty on the Non-Proliferation of Nuclear Weapons)：核兵器不拡散条約
NSG (Nuclear Suppliers Group)：原子力供給国グループ
OPCW (Organisation for the Prohibition of Chemical Weapons)：化学兵器禁止機関
OSCE (Organization for Security and Co-operation in Europe)：欧州安全保障協力機構
PAROS (Prevention of an Arms Race in Outer Space)：宇宙空間の軍備競争防止
PPWT (Prevention of Placement of Weapons Treaty)：宇宙空間兵器配備防止条約
PSI (Proliferation Security Initiative)：拡散に対する安全保障構想
PTBT (Partial Test-Ban Treaty)：部分的核実験禁止条約
PV (Procès-verbal)：国連の会議記録番号
SC (Security Council)：安全保障理事会
START (Strategic Arms Reduction Treaty)：戦略兵器削減条約
TTBT (Threshold Test Ban Treaty)：地下核実験制限条約
UNDC (United Nations Disarmament Commission)：国連軍縮委員会
UNIDIR (United Nations Institute for Disarmament)：国連軍縮研究所
UNODA (United Nations Office for Disarmament Affairs)：国連軍縮部
WA (The Wassenaar Arrangement on Export Controls for Conventional Arms and Dual-Use Goods and Technologies)：通常兵器及び関連汎用品・技術の輸出管理に関するワッセナー・アレンジメント
WTO (World Trade Organization)：世界貿易機関

軍縮国際法の強化

序　　論

　はしがきで述べたように，軍備管理，不拡散を含む広義の軍縮は[1]，武力紛争の発生リスクを低減させるのみならず，紛争回避の努力が不幸にして実らず，残念ながら武力紛争が発生した場合もその被害の規模を限定する効果を有することから有益な予防措置である。このため，本書においては軍縮国際法に焦点を当てて，国際社会にとり国際平和の実現に資する手段として活用する観点からの，軍縮分野の条約を中心とするより広い概念である軍縮国際法の強化の方途の検討を試みる。

　その一方で，軍縮分野においては，後述のとおり近年の軍縮会議の停滞を含む多数国間の核軍縮の行き詰まり，特に近年顕著になってきた北朝鮮・イラン等による核兵器開発疑惑といったNPT不遵守に関連する問題，更に最終的には解決に向けた状況にあるものの，2013年にはシリアにおける化学兵器使用の発覚に見られるように[2]，複数の軍縮条約レジームにおいて不遵守の状況が発生している。もっともシリアの化学兵器問題は解決の途上にあり[3]，廃棄計画の遅れ及び2014年4月に再度化学兵器が使用された疑いが発生しているのみならず，イランの核開発についても新たな動きも見られる。更に，過去15年間に限定しても近年の軍縮分野における多数国間の国際立法は，2013年4月にATTが採択された事例を除いては，具体的な進展が殆ど見られないのが

---

(1) 軍縮に関連する用途として，厳密には軍縮，軍備管理，不拡散等区別された用語が使用されることが多い。本書のタイトル等ではわかり易い記述とするため，上記3概念の個別の説明といった区別の必要性がある場合を除き，軍備管理及び不拡散を含めての広義の軍縮という意味で「軍縮」の用語を用いる。

(2) UN Doc. A/67/997-S/2013/553, 16 September 2013, pp. 1-44.

(3) OPCW Doc. EC-M-34/Dec.1, 15 Nobember 2013. p. 4, para. 5.
　シリアはその後，CWCに加入するとともに所有する化学兵器の廃棄に同意し，OPCWによりシリアの保有していた化学兵器の廃棄計画が承認された。

序　論

現状である。

　このため本書の主要テーマである軍縮国際法の強化について論じるため，軍縮条約がどのように形成されるのか国際立法面を中心に交渉枠組みについて，これまで作成された多数国間軍縮条約の内容の比較を通じてどのような形で規範性の強化が行われたか事実関係を明らかにする。更に軍縮国際法の大半は法的拘束力を有する国際約束であることに鑑み，ウィーン条約法条約が軍縮条約の規範性強化に果たす役割，実定法（*lex lata*）以外の軍縮国際法の法源となりうるソフト・ロー及び国際司法裁判所（ICJ）判例等についても規範性強化の観点からどのような役割を果たしているかについても考察する。その上で，軍縮国際法の強化に向けて我々が過去に何をなしえたか，今後将来に向かってどのようなことが出来るかを明らかにする。

第 1 節　軍縮と軍備管理

　本論に入る前に，本書での軍縮国際法についての検討の前提となる軍縮，軍備管理及び不拡散といった，広義の軍縮の構成要素となる概念について取上げる。例えば，サルモン編国際法辞典は，軍縮（disarmament, désarmement）を軍備又は特定の武器の廃絶に繋がる措置のプロセスと定義している[4]。また，国際政治学の視点から軍縮プロセスの説明を試みたものとして，関係国家間で平時に政治的，経済的及び軍事的な理由から軍隊及び軍備を制限するために協力された計画とする事例があげられる[5]。更に，国連軍縮研究所（UNIDIR）が刊行した軍縮条約遵守・検証用語集では，国家的な軍事能力のレベルを削減し又は既に配備済みの特定の武器のカテゴリーを完全に禁止することを目的とした武装解除措置と説明されている[6]。実際に軍縮条約での定義例を見ると，

---

(4)　Jean Salmon, *Dictionnaire de droit international public* (Bruylant, 2001), p. 327.

(5)　Jean Klein, *Avant-propos, Maîtrise des armements et désarmement : les accords conclus depuis 1945* (La Documentation Française, 1991), p. 10.

(6)　Steve Tulliu et Thomas Schmalberger, *Les termes de la sécurité- un lexique pour la maîtrise des armements ; le désarmement et l' instauration de la confiance* (UNIDIR, 2007), p. 8.

主要な軍縮条約等法的拘束力を有する国際約束において軍縮の用語が具体的に定義されている事例は殆どなく、各軍縮条約ではそれぞれの軍縮措置についての具体的な定義（例えば、化学兵器の廃棄等）が規定されることが多い。このように軍縮を法的に定義した事例はほとんど見られない一方で、主要な軍縮条約の前文等に軍縮または軍備縮小の表現により国際社会の政治的意思として言及されている事例は少なくない。

　軍備及び軍事活動を制限するためには様々なアプローチがありうるものの、UNIDIR編用語集は、軍備は緊張と戦争の主要な源であり、軍縮はその国の軍事的能力をはく奪することによりそれを阻止又は少なくとも軍事紛争のリスクを低減させることを探求するもので、軍縮措置はミクロ又はマクロのレベルであってもその国の軍事能力を完全又は部分的に削減することを含むものと説明している[7]。この他にも軍縮措置について、軍備の凍結、ミサイルの標的除外、特定タイプの軍備の放棄、非武装または予防軍縮、信頼醸成措置、制限と非核化、既存の保有兵器の破壊による武器の削減、武器産業及び軍事科学研究の転換、中立化関連措置を列挙し、説明を試みた事例も見られる[8]。

　また、軍縮の概念との関係では、国連総会（第1委員会）決議等に頻繁に引用される概念として「厳重かつ効果的な国際管理の下における全面的かつ完全な軍備縮小（全面完全軍縮（GCD）と略称されることが多い）」をあげることができる。この表現も核兵器不拡散条約（NPT）や包括的核実験禁止条約（CTBT）の前文等多くの軍縮関連条約等で頻繁に引用されている。国連軍縮部での実務経験のある研究者によれば、全面完全軍縮は1959年に軍縮の究極の目標として国連総会決議により取り上げられたのが最初とされる[9]。全面完

---

[7]　Ibid., p. 8.
[8]　Jean-Marc Lavieille, Droit international du désarmement et de la maîtrise des armements（Le Harmattan, 1997）, pp. 49-50.
[9]　Randy Rydell, "Nuclear Disarmament and General and Complete Disarmament," Krieger, David（ed.）, The Challenge of Abolishing Nuclear Weapons（Transaction publisher, 2009）, p. 7.
　同書によれば、全面完全軍縮の概念は核兵器の完全な廃絶を意味するものではなく、核兵器廃絶を優先目標として他の大量破壊兵器及びその運搬手段、通常兵器の削減及びPKO等の国際平和維持のために必要なレベルで戦力を維持することといったことを含むものであると説明されている。更に、この分野のイニシアティブは国家安全保障を軽

序　論

全軍縮の背景には，秘密裏に核能力が強化されたりするリスクや欺罔される可能性が否定できないという国際社会の現実があり，後述する軍備管理は軍縮とは切り離すことが困難との認識が根底にある。このため現実的アプローチとして，全面完全軍縮の実現過程の中で，先ずは部分的な軍縮の実現を目指すことになるものとされている。なお，国連総会は全面完全軍縮を議題の1つにしており[10]，今日においても国連総会第1委員会では同議題の下で多くの決議が提案され，審議の上採択されている。

他方で，軍縮と類似の用語として軍備管理（arms control, maîtrise des armements）も使用される。UNIDIR編用語集によれば，軍備管理は兵器のタイプ，量，軍事的能力及び技術についての法的または政治的制限であり，敵対する国家の意思を正確に把握するとともに軍事的オプションを制限する可能性を向上させ，相互不信のため戦争の偶発するリスクを低減させる措置と説明されている[11]。特に軍備管理が米ソ二大国間で軍備競争が行われていた冷戦期に核戦力を調整する手段として頻繁に使用されていたことにつき，ゴールド・ブラッド博士は，軍備管理は核兵器に関する軍備競争を低減させるよりも，制限するための規則を明確にする目的で考案されたものと説明している[12]。以上から，軍縮及び軍備管理は類似する概念との側面も有している一方で，軍縮は究極の目標として関連するすべての兵器を廃棄することを目指すものであり，軍備管理は基本的に軍備を制限する措置であるとの相違があると捉えることが出来る。従って，軍縮と軍備管理は類似の方向性を有する概念であるものの，その目的及び到達目標の観点からは両者は明確に区別されていると言える。そ

減するものではなく，その観点から，上記の兵器削減は国際的に厳格かつ効果的な国際管理下における検証の下に置かれるものと説明している。

(10) Stephen Kinloch Pichat, "le maintien de la paix, le désarmement et une force internationale: un paradoxe," *Disarmament Forum* （UNIDIR, 2000), p. 11.
(11) *Ibid.*, p. 11.
(12) Jozef Goldblat, *Arms Control: The New guide to negotiations and agreement* (SIPRI, 2002), p. 3.
　　また，同書はその対象となるものとして，①特定カテゴリーの武器凍結，制限，減少または削減，②特定の軍事活動の防止，③軍事力配備の規制，④軍事用品の禁止，⑤偶発戦争のリスク削減，⑥特定武器使用または戦争方法を制限または禁止することをあげている。

第 1 節　軍縮と軍備管理

のような視点から見ると，例えば，今日においても米国政府は国務省部局名に軍縮ではなく軍備管理の用語を使用しているのは，米国の軍縮についての政策を反映したものとして興味深いものと思われる。

更に，国連との関係では国連憲章第 11 条 1 が，総会は，国際の平和及び安全の維持についての協力に関する一般原則を，軍備縮小及び軍備規制を律する原則も含めて，審議し，並びにこのような加盟国若しくは安全保障理事会又はこの両者に対して勧告をすることができると規定しており，軍縮との関係では特に国連総会との関連性を明示している。この表現は国際連盟規約第 8 条と比較して表現が弱いとの指摘がなされることもあるものの[13]，その一方で軍備縮小及び軍備規制が明確に国連憲章により言及されたことは，軍縮問題が国際の平和と安全に関連した重要な問題であるとされ，軍縮問題が国連総会の権限に帰属するものとして位置づけが明確にされている[14]。

国連憲章の中で軍縮関連要素を含む規定は，第 11 条に加えて第 26 条及び第 47 条の規定であるが，第 26 条では意図的に軍縮（disarmament）の表現を使用せずに軍備規制（regulation of armaments）とされている[15]。これは第 2 次世界大戦直後の段階では国連（連合国）が軍事作戦に使用可能な部隊を維持する必要があったためとされ[16]，このような起草過程から，軍備規制の用語は第 47 条に規定される軍事参謀委員会との関係から軍備管理の概念と極めて近いものと解されている。

なお，本書の目的が規範性の強化を含む軍縮国際法の強化に向けた方策を論じることであるため，軍縮，軍備管理，不拡散といった用語に加えて規範につ

---

[13] 軍縮義務について，国際連盟規約第 8 条 1 は，「聯盟国ハ，平和維持ノ為ニハ其ノ軍備ヲ国ノ安全及国際義務ヲ協同動作ヲ以テスル強制ニ支障ナキ最低限度迄縮少スルノ必要アルコトヲ承認ス」と規定している。

[14] Bruno Simma et al., *The charter of the United Nations: a commentary*: second edition, Vol. I (Oxford University Press, 2002), p. 287.

[15] 国連憲章第 26 条は，世界の人的及び経済的資源を軍備のために転用することを最も少なくして国際の平和及び安全の確立及び維持を促進する目的で，安全保障理事会は，軍備規制の方式を確立するため国際連合加盟国に提出される計画を，第 47 条に掲げる軍事参謀委員会の援助を得て，作成する責任を負うと規定。

[16] Bruno Simma et al., *The charter of the United Nations: a commentary*: second edition, Vol. I, *supra*, note 14, p. 469.

いても簡潔に触れると，サルモン編国際法辞典は，規範とは規範の不遵守が法的秩序により定められた制裁が課されることに繋がる強制力を有するものと定義している(17)。規範は実定法よりも広い概念であるため，その関連で規範又は規範性はソフト・ローとの関係等様々な文脈で取り扱われる概念でもあり(18)，本書においてはこのような理解の下で議論を進める。

第2節　軍縮と不拡散

不拡散の概念も軍縮との関連で頻繁に使用され，今日では核兵器不拡散条約（NPT）の例に見られるように核兵器のみならず他の兵器及び関連技術等広く使用される。サルモン編国際法辞典は，核兵器を念頭においた不拡散につき，既に核兵器を保有する国にとり核兵器が使用されるリスクを低減するため核兵器保有国の数を限定する政策と定義している(19)。NPTは核不拡散を目的とする条約であるものの，不拡散そのものの明確な定義を定めておらず，その一方で核兵器国及び非核兵器国の双方の義務として，NPT締約国には核兵器の移譲等が禁止されている。このようにNPTの場合は不拡散の定義に係る規定は置かれていないものの，NPTが核兵器国及び非核兵器国に対して要請する双務契約的な義務の総体により，不拡散措置の内容を明確にしている。

不拡散の概念の必要性が強調された背景については，核兵器がもたらす非人道的な破壊力もさることながら，少数の限られた国による核兵器の独占意図との関係も指摘されている。その関連で，不拡散を巡る過去の経緯を辿ると，米

---

(17)　*Ibid.*, p. 752.

(18)　Jaye Elilis, "Shades and gray: soft law and the validity of public international law," *Leiden journal of international law*, Vol.25-2（2012), pp. 315-317.
　　同論考は，一般に支持を得ている実定法（law）と実定法でない法（non-law）の境界が存在するとの考え方を維持しつつも，異なった複数のアプローチでソフト・ローを捉えようとする論考である。その関連で，規範性や強制性については，権利・義務といった法的規範に係る性格を形成するとするもの，そのような法規範の性格のみならず義務の不履行時の制裁をも含むもの，強制性の有無を基準として規範を説明するとの3つの学説に言及している。

(19)　Jean Salmon, *Dictionnaire de droit international public*（Bruylant, 2001), p. 479.

第 2 節　軍縮と不拡散

国は 1946 年にマクマホン法（McMahon Act）に基づき，英国に対しても核兵器の分野での軍事・科学協力も含む第 2 次世界大戦中からの原子力協力を停止した[20]。その後，この分野での協力を再開したものの，米国はその時点で英国のような戦時中の同盟国に対しても核兵器が拡散することを懸念していたものと見られており，国際安全保障の観点から不拡散がとらえられていた。一方で，関係国の政治的意思については独占の関係が推察されている。また，不拡散の関連では，拡散は水平拡散（特定兵器の保有国数が増加すること）及び垂直拡散（特定国の保有兵器数が増加すること）との表現も使用される[21]。最近ではそれ以外の不拡散関連の概念としては，米国が 1993 年に大量破壊兵器への拡散対抗措置として拡散対抗（counter-proliferation）の概念を提唱している事例があげられる[22]。

　その後の年月の経過とともに，不拡散の範囲は核兵器から，特にデュアル・ユース資材及び技術等の分野にも拡大されてきた[23]。例えば，通常兵器及び関連汎用品・技術の輸出管理に関するワッセナー・アレンジメント（WA）[24]は通常兵器の不拡散のための輸出管理レジームとして，有志国による多数国間協力枠組みの典型的な事例である。それ以外にも大量破壊兵器を対象とした輸出管理レジームが設立されており，まず，核兵器との関係ではザンガー委員会（Zanger Committee）[25]及び原子力供給国グループ（NSG）[26]があげられる。また，生物・化学兵器関連ではオーストラリア・グループ（Australia Group）[27]

---

(20) AWE: Our history. at http://www.awe.co.uk/aboutus/our_history_f77a4.html（as of 19 January 2013）

(21) Bruno Tertrais, *l'arme nucléaire*（Presse Universitaire France, 2008）, p. 107.

(22) What is Counter proliferation? The National Counter proliferation Center（NCPC）. at http://www.counterwmd.gov/（as of 19 January 2013）

(23) 浅田正彦編「兵器の拡散防止と輸出管理——制度と実践」（有信堂，2004 年）21-135 頁。

(24) Wassenaar Arrangement : Introduction. at http://www.wassenaar.org/introduction/index.html（as of 19 January 2013）

(25) The Zangger Committee. at http://www.zanggercommittee.org/Seiten/default.aspx（as of 19 January 2013）

(26) What Is The NSG? at http://www.nuclearsuppliersgroup.org/Leng/default.htm（as of 19 January 2013）

(27) The Australia Group: An Introduction. at http://www.australiagroup.net/en/

序論

が，ミサイルや無人機といった兵器運搬手段を規制するものとしてミサイル技術統制レジーム（MTCR）[28] も設立されている。

　その他には米国が2003年5月31日にポーランドのクラコフで提唱した拡散防止構想（PSI）も広く知られており[29]，同年6月にフランスのエビアンで開催されたG8会合においてもその実施意義が確認され，その後累次にわたりPSI参加国による共同阻止（interdiction）演習が行われている。また，海上テロ防止条約として1988年SUA条約（海洋航行不法行為防止条約）が既に作成されていた[30]。これは大量破壊兵器やその運搬手段といった構成要素の不法な取引を防止するものであるが，ならずもの国家及び非国家主体といった懸念される移転先への不拡散の目的で機能している[31]。SUA条約は大量破壊兵器の不法取引防止に十分に効果的と言い難いものであったため，PSIの枠組みが活用されるとともに2005年にはNBC兵器の輸送を禁止するSUA条約2005年改正議定書が作成されている[32]。更に，2010年には航空テロ防止のための北京条約が作成されており，同条約もNBC兵器の輸送を禁止しており，大量

---

introduction.html (as of 19 January 2013)

(28) The Missile Technology Control Regime; at http://www.mtcr.info/english/index.html (as of 19 January 2013)

(29) The White House, Office of the Press Secretary, Fact Sheet (Proliferation Security Initiative: Statement of Interdiction Principles), 4 September 2003.
　　PSI（Proliferation Security Initiative）は2003年5月にポーランド・クラコフにおいてブッシュ米大統領（当時）が提唱し，第3回総会においてされた上記の阻止原則宣言に基づき，関係国が任意で参加しているもの。

(30) Convention pour la répression d'actes illicites contre la sécurité de la navigation maritime. at https://www.unodc.org/tldb/fr/1988_Convention_Maritime%20Navigation.html (as of 15 November 2012)

(31) L'Initiative de sécurité contre la prolifération (PSI). at http://www.diplomatie.gouv.fr/fr/entrees-thematiques_830/desarmement-maitrise-armements-controle-exportations_4852/france-non-proliferation-armes-destruction-massive-leurs-vecteurs_4857/initiative-securite-contre-proliferation-psi_19204/index.html (as of 19 January 2013)

(32) Le Protocole de 2005 à la Convention pour la répression d'actes illicites contre la sécurité de la navigation maritime. at https://www.unodc.org/tldb/en/2005_Protocol2Convention_Maritime%20Navigation.html? (as of 14 February 2013)

破壊兵器の不拡散措置として機能しうるものである(33)。また，2012年には，資金洗浄，テロ資金供与防止のために策定されていたOECD金融活動作業部会（FATF）によるいわゆるFATF勧告に大量破壊兵器の拡散金融（proliferation financing）対策が盛込まれたことが最近の不拡散関連の新たな動きとしてあげられる(34)。

第3節　軍縮問題を取巻く現状

　序論を締め括るにあたり，軍備管理及び不拡散を含めた広義の軍縮問題を取り巻く国際社会の現状について敷衍する。軍縮条約の必要性については，第2次世界大戦直後から国連総会等でも取り上げられ，その後1960年代の後半にはNPTが作成されたのみならず，東西冷戦期をはさんで様々な軍縮条約が作成されてきた。その一方で1996年にCTBTが作成されて以降今日に至るまで，軍縮会議の停滞状況が続いており，最も優先度が高いとされる兵器用核分裂性物質生産禁止条約（FMCT）交渉さえも開始できない状況が生じている。他方で，軍縮会議の枠組み以外の条約交渉フォーラムにより対人地雷禁止条約，クラスター弾条約，更には2013年4月には武器貿易条約（Arms Trade Treaty, ATT）が国連総会により採択されるなど軍縮会議以外のフォーラムにより軍縮交渉が行われ，伝統的な条約交渉に代わる状況が顕著になりつつある。

　米国における政権交代もあり，2009年4月9日にオバマ大統領がプラハで行った，米国が核軍縮にコミットするという強い姿勢を新たに示した演説や(35)，同年9月24日に自らが国連安保理議長を務めて採択した核不拡散安保理

---

(33)　福井康人「大量破壊兵器の不拡散措置としての北京条約」『軍縮研究』（信山社，2012年）55-76頁。

(34)　福井康人「大量破壊兵器の不拡散措置――FATF勧告による「拡散金融」対策を事例として――」『軍縮研究』第5巻，2014年，45-57頁。

(35)　Administration of Barack H. Obama, 2009, Remarks in Prague, Czech Republic April 5, 2009 at http://www.gpo.gov/fdsys/pkg/DCPD-200900228/content-detail.html (as of 11 November, 2013)

決議にみられるような特筆される動きが見られた[36]。このような米国による国際社会に向けた核軍縮コミットメントについての強い政治的メッセージにもかかわらず、軍縮会議は 15 年以上にも亘り停滞状況にある。このため「唯一の多数国間交渉機関」としての正統性に疑問を呈する状況が発生しており、軍縮会議の停滞状況についての研究・政策提言も多くの識者が試みている[37]。

　2 期目に入ったオバマ大統領は 2013 年 6 月 13 日にベルリンにおいてロシアを念頭に更なる核削減を提唱した[38]。しかしながら、ロシア側の反応も芳しくなく、具体的な成果に繋がっていないのが実情である。特に 2014 年 3 月に発生したクリミア半島情勢を巡りロシアと欧米等との関係は悪化し、ロシアが新 START に基づく現地査察の受入れを拒否するといったことも発生しており、軍縮問題を軸に国際社会を見ると不透明感が増しているのが現状である。

　その関連で、今日の軍縮を取り巻く状況を如実に反映している具体例は、2013 年 9 月下旬に国連総会ハイレベルウィークの機会に併せて開催された一連の軍縮関連会合である。先ず核軍縮については、2012 年の国連総会決議（A/RES/67/39）に基づき核軍縮ハイレベル会合が開催された。これは、近年米ロ二国間核戦力削減では一定レベルでの進展が見られたものの、多数国間核軍縮では、CD の停滞状況をはじめ CTBT に続く FMCT 交渉の開始も出来ない状況をいかに打破するかを念頭において開催されたものである。このハイレベル会合のために、2013 年には 5 月、6 月及び 8 月の 3 回に亘り、オープンエンド作業部会が開催され、30 項目の「議論と諸提案」を含む報告書がコンセンサスで採択されて国連総会に報告された[39]。しかしながら、核軍縮停滞状況の出口が一向に見えないまま時間が経過しており、CD では 2014 年会期においても実質的な進展が見られないまま終了した。

　更に、1996 年の CTBT 署名開放後に、16 年が経過して署名国・締約国数は

---

(36) S/RES/1887（2009), 24 September 2009, pp. 1-6.

(37) Paul Dahan, "La Conférence du désarmement : fin de l'histoire ou histoire d'une fin ?," *Annuaire Français de Droit International*, Vol. 48（2002), pp. 196-213.

(38) Remarks by President Obama at the Brandenburg Gate —— Berlin, Germany, June 19, 2013. at http://www.whitehouse.gov/the-press-office/2013/06/19/remarks-president-obama-brandenburg-gate-berlin-germany（as of 17 November 2013）

(39) UN Doc. A/68/514, 9 October 2013, pp. 1-14.

増加するとともに普遍化が一定程度進んだものの，残り8か国の発効要件国が批准する可能性が極めて小さい中で第8回CTBT発効促進会議が開催された。CTBT条約交渉当時は数回の発効促進会議の開催後にCTBT発効が実現するとの見方もなされていたが，今日では残念ながらCTBT発効の見通しは全く立っていない。

その一方で，CD外で軍縮条約が作成された3回目の事例となるATTが2013年4月に国連総会により採択された。9月の同時期に開催されたATTハイレベル・イベントの際に米国がようやく署名したものの，今後の普遍化にも大きな影響を与える米国が最終的に批准できるかは未知数である。このように今日の軍縮問題を巡る現状は必ずしも良好とは言えず，特に核軍縮に至っては先行きが極めて不透明である。もっとも，2014年6月27日にモザンビークのマプトで開催されていた対人地雷禁止条約運用検討会議の際に米国が将来の条約締結の可能性も含めた政策方針の転換を表明するなど，今後の進展に繋がりうる動きも見られる[40]。

他方，法的拘束力を有する軍縮条約に代わりソフト・ローによる不拡散を含む軍縮措置も頻繁に活用されており，いわばソフト軍縮と称される現象も見られる[41]。また，NSGのような不拡散分野の国際協力の枠組みも，ソフト・ローに基づく軍縮措置であっても条約同様に遵守され，仮に不遵守が生じても関係国が積極的に是正措置を取るなど実効性が確保されるものもあるなど，規範性の観点から興味深い現象も看取される。更に，安保理決議についても上述のオバマ大統領の議長の下で審議され採択された核不拡散決議のように強い政治的メッセージを発出するものに加え，北朝鮮及びイラン制裁決議のような法的拘束力を有する安保理決議も既存の軍縮国際法を補完する重要な役割を果たしている。特にNPTから脱退しCTBTも署名すら行っていない北朝鮮に対しては，法的拘束力を有する安保理決議により法的義務を課すことが，現実に

---

(40) Fact Sheet: Changes to U.S. Anti-Personnel Landmine Policy, The White House, at http://www.whitehouse.gov/the-press-office/2014/06/27/fact-sheet-changes-us-anti-personnel-landmine-policy（as of 29 June, 2014）

(41) Grégory Boutherin, "Maîtrise des armements non-conventionnels: Le salut viendra-t-il du soft disarmament," *Annuaire Français de Droit International*, Vol. 53 (2007), p. 226.

序　論

は法的に唯一の可能な手段となっている。

　以上概観したように，軍縮分野の条約を巡っては，国際法の観点に限定しても多様かつ複雑な状況が多くの軍縮関連措置において生じている。このような状況も踏まえ，本書では軍縮国際法の強化の方途に焦点をあてて，軍縮条約の交渉枠組み，交渉された条約の内容及び軍縮条約を含めた国際文書の多様性の3つの側面から今日の軍縮国際法を捉えた上で，その具体的かつ現実的な強化の方途を探ることとする。

第1部

軍縮条約の交渉枠組み

第1章
伝統的な軍縮会議（CD）による条約交渉枠組み

　CD（the Conference on Disarmament, CD）の最近の状況については，2013年会期末にイラク議長提案に基づき作業部会設置を決定したのが唯一の成果であったものの，2014年会期も実質的な条約交渉が行われないまま終了した[1]。軍縮条約の交渉は，これまで伝統的にCD（及びその前身の軍縮委員会（the Committee on Disarmament）において行われてきたが，1996年まで行われたCTBT交渉を最後に今日まで過去15年間以上の期間に亘り，実質的な条約交渉が行われていない状況が続いている。その一方で，対人地雷禁止条約及びクラスター弾条約，更には2013年4月に国連総会が採択したATTのように，近年はCD以外の外交会議により条約交渉が行われ条約採択に成功する事例も見られる。このようにCD以外での条約交渉枠組みでの交渉が成功し，CDの停滞状況が長期化するに伴い「唯一の多数国間軍縮交渉フォーラム」としての正統性に疑義が呈される状況となっている[2]。

　本章から第3章までの第1部では，軍縮分野における多数国間条約の交渉枠組みの現状及びその問題点を明らかにすることを試みる。具体的には，上述のように長期に亘るCDの停滞状況が続く中で，近年の活性化の努力を含めたCDの現状等を概観するとともに，近年の新たな試みとしてCDの枠外での交渉枠組みによる対人地雷禁止条約及びクラスター弾条約の交渉，更にはATT条約交渉も含め国連総会決議による交渉マンデートにより条約交渉が行われる事例についても，コンセンサス方式による意思決定方法の是非も併せ事実関係を明らかにする。軍縮条約の交渉枠組みについて代表的先行研究として藤田久

---

(1) 通常CD年会期第3部の後半は国連総会への報告書審議が行われるため，遅くとも当該期間中の8月上旬までに作業計画に合意出来ない場合は，実質的な条約交渉が事実上出来ないこととなり，過去15年間以上の期間このような状況が毎年生じている。

(2) UN Doc. A/S-10/4, 23 May-30 June 1978, p. 14, para. 120.

第1章　伝統的な軍縮会議（CD）による条約交渉枠組み

一教授の『軍縮国際法』に関連記述がある他[3]、2000年代前半頃のCDの停滞状況につき分析したダーアン（Dahan）の『La Conférence du désarmement : fin de l'histoire ou histoire d'une fin ?』等があげられる[4]。特に、CDの機能不全が15年以上の長期に亙続いていることもあり、上記以外にも国内外の軍縮関連シンクタンク、NGO等の多くの識者が分析を試みている。

　なお、軍縮条約の交渉についてコンセンサス方式につき論じている我が国での先行研究として、浅田教授による1982年国連海洋法条約第161条8(e)に規定された正式な異議がないこと及びOSCE手続規則が代表によって表明される反対であって、当該決定を行うことに対する障害をなすものとして提起される反対がないことと規定したの事例を分析したものがある[5]。また、WTOにおける意思決定方式については、1994年マラケシュ協定第9条の下注が1947年GATT時代の慣行を継承し、コンセンサス方式による意思決定につき規定しており、具体的には決定を行う時にその会合に出席したいずれの加盟国もその決定案に正式に反対していない場合とされる事例もあげられる[6]。更に、コンフォルティ（Conforti）は、コンセンサスは正式な投票によらず、議長の発する声明により、その意思決定機関の加盟国の同意を反映した決定を意味する一方で、全会一致の合意と表決は必ずしも伴わず、コンセンサス合意の形成をブロックせずコンセンサスに参加しない（disassociate）などの国連での慣行を紹介している[7]。このように、コンセンサスが形成される要件は異議の有無をメルクマールとするものであり、交渉参加国の権限のある代表により当該国の意思表明として正式な異議が呈されないことと捉えることが出来る。

---

(3)　藤田久一『軍縮国際法』（日本評論社、1985年）8-41頁。なお、黒澤満「軍縮条約の交渉・起草過程の特徴」『核軍縮と世界平和』（信山堂、2011年）208-215頁にも関連記述がある。

(4)　Paul Dahan, "La Conférence du désarmement : fin de l'histoire ou histoire d'une fin ?," *Annuaire français de droit international*, Vol. 48（2002）, pp. 196-213.

(5)　浅田正彦「NPT延長会議における無期限延長の決定——そのコンセンサス採択を巡って——」『岡山大学法学会雑誌』、第45巻1号、1995年12月、503-509頁。

(6)　Eric Canal-Forgue, "Le système de règlement des différends de l'organisation mondiale du Commerce," *Revue Générale de Droit International Public*（1994）, p. 708.

(7)　Benedetto Conforti, *The Law and Practice of the United Nations, Second Revised Edition*（Kluwer Law International, 2000）, pp. 81-82.

第1節　伝統的な CD による条約交渉枠組み

1　CD の歴史

　現在の CD は 1978 年に開催された第 1 回軍縮特別総会（SSOD-I）で採択された最終文書に基づき，規模が限定された唯一の多数国間軍縮交渉フォーラムであり，コンセンサスにより決定を行う条約交渉機関として 1979 年に設置されて以来今日に至っている[8]。更に，同文書は軍縮関連機関として，国連総会第 1 委員会及び国連軍縮委員会（United Nations Disarmament Commission, UNDC）についても言及しており[9]，国連総会の 6 つの主要委員会の 1 つである第 1 委員会は軍縮問題及び関連する国際安全保障問題を取り扱うとされている。他方，UNDC は軍縮問題についての審議機関として設置されており，近年は CD と同様に具体的な成果を出すことが出来ず機能不全に陥っているのが現状である。

　CD はその歴史を遡ると 1932 年から 1934 年までの間に開催された軍備の削減及び制限のための会議及び 1926 年から 1931 年にかけて開催された同会議の準備委員会に遡ることが出来る。国際連盟規約第 8 条に見られるように，当時の軍縮は国際安全保障に最低限両立し，共通行動により課されるという限定的なものであり，準備委員会も一般的かつ技術的な枠組みの設定のみに限定されていた[10]。また，この会議自体も軍縮と安全保障の関係に関する議論で対立した結果，1933 年にドイツが CD 及び国際連盟から脱退を表明したため失敗に終わっている。この失敗については，国際連盟の破綻，軍縮よりも安全保障の実現を優先する国及びその逆に考える国との対立，ドイツに課された一方的な軍縮と交渉されていた一般軍縮との矛盾，1929 年の経済恐慌，民族主義と軍事産業に支えられたファシズムの台頭が背景となっているとの分析が行われ

---

[8]　UN Doc. A/S-10/4, *supra* note 2, para. 120.
[9]　*Ibid.*, para. 117.
[10]　Jean-Marc Lavieille, *Droit international du désarmement et de la maîtrise des armements* (Le Harmattan, 1997), p. 19.

第1章 伝統的な軍縮会議（CD）による条約交渉枠組み

ている[11]。

第1次世界大戦後，国際連盟は上述の軍縮の試み等平和の回復に努めたものの，国際社会は第2次世界大戦を防止することが出来なかった。このため第2次世界大戦後に設立された国連は，国際の平和と安全を維持するために，武力による威嚇又は武力の行使を禁止するとともに，集団的自衛権についてもあらたに規定した。軍縮との関連では国連憲章第11条は軍縮問題につき国連総会の果たす役割を認めていたものの[12]，特に軍事目的及び大量破壊兵器の目的での原子力エネルギーの使用を規制するため1946年に原子力委員会の設置を決定した。しかしながら，当時の米ソ両大国間の対立もあり十分な機能を果たせず，翌1947年に通常兵器委員会と統合され，軍縮審議機関として12か国軍縮委員会（Twelve Power Disarmament Commission, TPDC）が設立された。その後1978年に開催された第1回軍縮特別総会の決定に基づき再編されて現在のUNDCに至っている。また，軍縮交渉機関としては，ジュネーブにおいて1960年からは10か国軍縮委員会（Ten Nation Committee on Disarmament, TNCD），1962年から1969年までは18か国軍縮委員会（Eighteen Nation Disarmament Committee, ENDC），1969年から1978年までは軍縮委員会会議（The Conference of the Committee on Disarmament, CCD），1979年から1983年までは軍縮委員会（The Committee on Disarmament, CD）として機能するなど数次に亘る機構改革を経て，1984年からはCDと改称され今日に至っている[13]。

CDの地域グループについては，設立時以来の冷戦構造を反映して，西側グループ（25か国），東欧グループ（6か国[14]）並びにG21（33か国）及び中国の3地域グループ構成で種々の協議が行われている。また，構成国については，

---

(11) *ibid.*, p. 21.
(12) 国連憲章第11条は，総会は，国際の平和及び安全の維持についての協力に関する一般原則を，軍備縮小及び軍備規制を律する原則も含めて，審議し，並びにこのような原則について加盟国若しくは安全保障理事会又はこの両者に対して勧告することが出来る旨規定。
(13) Bruno Simma et ali., *The Charter of the United Nations: A Commentary*, 2nd Edition, Vol. I (Oxford University Press, 2002), p. 279.
(14) ソ連邦崩壊後に生じたNATO東方拡大等を反映し，東欧グループについては，西側グループに所属を変更した国（ハンガリー等）と東側グループに属したままの国（ルーマニア等）がある。

第1節　伝統的なCDによる条約交渉枠組み

CD設立当初は40か国であったものの，東西ドイツの統一や旧ユーゴー内戦の勃発もあり，1995年までは実際には38か国のみしかCDに参加していなかったものの[15]，あらたに参加を希望する国からは不満が出ていた。これは第1回軍縮特別総会最終文書が，軍縮委員会は核兵器国及び第32会期国連総会議長との協議により選ばれた他の35か国の参加に開放されると規定していること[16]，及び安全保障問題に直結する軍縮条約を交渉する機関であること等をはじめ，新規参加は制限されていたためであった。その後1996年6月に承認された参加国拡大の決定により[17]，現在のCD参加国は65か国となっている。

2　CDにおける作業

CDにおける作業については，第1回軍縮特別総会最終文書が独自の手続規則を採択するとしていることを踏まえ，CDが採択した手続規則（最新のものはCD/8/Rev.9）に基づき行われる。ちなみに，CDも他の会議と同様に本会議や非公式協議の形態で開催されるのが慣行である。しかしながら，特に条約交渉等の作業に際して各国代表団が効率的に交渉を進めることが出来るように，下部機関を設置することが手続規則上も認められている[18]。例えば，CTBT交渉の際は特別委員会の下に法律・組織作業部会及び検証作業部会が設置され，2つの作業部会により条約案の交渉が行われた[19]。CDはその前身の軍縮委員

---

(15) UNOG, An Introduction to the Conference. at http://www.unog.ch/80256EE600585943/(httpPages)/BF18ABFEFE5D344DC1256F3100311CE9?OpenDocument&cntxt=2451C&cookielang=en（as of 12 February 2012）.
(16) UN Doc. A/S-10/4, *supra* note 2, para. 120.
(17) CD Doc. CD/1406, 17 June 1996, p. 11.
(18) CD手続規則の規則23は，CDは全ての加盟国に開放された特別小委員会，作業部会，技術グループ又は政府専門家会合を設置することが出来る旨規定している。
(19) CD Doc. CD/1238, 25 January 1994, p. 1, para. 3.
　CTBT交渉時の下部機関の設置につき，同文書第3段落は以下のように定めていた。
　[Pursuant to its mandate, the Ad Hoc Committee will take into account all existing proposals and future initiatives, as well as the work of the Ad Hoc Group of Scientific Experts to Consider International Cooperative Measures to Detect and Identify Seismic Events. The Conference requests the Ad Hoc Committee to establish the necessary working groups in order to carry forward effectively this negotiating

第 1 章　伝統的な軍縮会議（CD）による条約交渉枠組み

会等の時代も含め，東西対立の激しかった冷戦期にあっても，軍縮分野における国際法の立法に主要な役割を果たしてきた。これまで，NPT（1968 年），海底核兵器設置禁止条約（SBT）（1971 年），BWC（1972 年），環境改変技術禁止条約（ENMOD）（1977 年），CWC（1992 年），最終的に CD での採択に失敗したものの国連総会で採択された CTBT（1996 年）の交渉が行われ，その成果としてこれらの条約が作成されている。

　CD の作業及び意思決定については，CD 手続規則の規則 18 に従い「コンセンサスにより（by consensus）」行われるため[20]，たとえ 1 か国であってもコンセンサスをブロックできるので CD 停滞の根本原因の一つとされる。この手続規則は相互不信に満ちた東西対立の冷戦期に作成されたこともあり，手続規則の改正も CD の決定に基づく必要がある[21]。従って手続規則の改正にもコンセンサス方式が適用されるため，コンセンサス方式による意思決定の改正は極めてハードルが高いものとなっている。また具体的な活動については，CD は各年会期冒頭に当該会期の議題案を採択するとともに，実際の条約交渉マンデートとなる作業計画を採択する必要がある。このため，条約交渉を指示する作業計画は毎年採択される必要が生じ，仮に作業計画に合意することが出来ても，翌年に作業計画を再び採択出来ない場合は条約交渉が頓挫することとなり，過去 15 年以上にもわたりこのような状態が毎年繰り返されているのが実情である。なお，最近の傾向として，毎年 3 月に人権理事会が開催されるため，各国政府高官の来訪に合わせていわゆる CD ハイレベル・セグメントの開催が増えている他，CD の停滞状況が続く中でも主要議題についての議論を継続するため，集中討議（structured debate）も開催されるものの[22]，残念ながら正式

---

　　mandate, these should include at least two working groups, one on verification and one on legal and institutional issues, which should be established in the initial stage of the negotiation, and any others which the Committee may subsequently decide upon.］
(20)　CD 手続規則の規則 18 は，会議はその作業及び決定をコンセンサスにより（by consensus）行う旨規定している。
(21)　CD 手続規則の規則 47 は，現行の手続規則は会議の決定により変更することが出来る旨規定している。
(22)　CD Doc. CD/1978, 26 March 2014, pp.2-4.
　　例えば，2014 年会期では各主要議題につき非公式協議の形で集中討論が行われている。

第2節　CDの課題

1　CD停滞問題と活性化の試み

　CDの機能不全については，その兆候ともとれる状況が既にCTBT交渉の最終段階で生じていたこともあり，CDの抱える問題を分析する上でCTBT交渉が最終的に失敗した事例を検証することが有益であると思われる。1993年からCDにおいて交渉が行われていたCTBT交渉は，1996年会期に最終段階を迎え，核実験禁止（CTB）特別委員会の議長であったラマカー（Ramaker）オランダ軍縮代表部大使による議長提案をベースに交渉が行われていた。しかしながら，インドが同国の批准が発効要件となっていること等に反対して，下部機関として設置されていたCTB特別委員会からCDへの報告さえ拒否したため[23]，コンセンサス方式で意思決定を行うCDでの条約案採択を断念せざるを得ない状況となった。このためオーストラリアを中心とする126か国により国連総会に提出する形でCTBTが最終的に採択されており，条約採択時の主要国の発言は興味深い。例えば，中国はCDで要求されるコンセンサスは単に手続的な規則ではなく，実質事項を担保するものであると発言した他，国連総会で条約案を採択する手続はあくまで例外的なものであり，前例としないとする発言も多くあった[24]。

　このように国連総会での採択を懸念する見解もあり，条約案採択を主導したオーストラリアは，軍縮に係る総会の権限を明記した国連憲章第11条に言及しつつ，CDは国連総会により設置されたものであり，国連総会への報告及び国連総会によるCTBT関連決議の採択がCDを支援するものとの両者の基本的関係に照らし，本来CDで採択されるべきであった条約案が国連総会で採択されることとなったとして，国連総会での条約案採択手続の正統性を強調した[25]。

---

(23) CD Doc. CD/1425, 16 August 1996, p. 19, para. 20.
(24) UN Doc. A/50/PV. 125, 10 September 1996, p. 10.
(25) Paul Tavernier, "L'adoption du traité d'interdiction complète des essais

ちなみに CD での CTBT 採択をブロックしたインド代表は，同条約案は CD におけるコンセンサスの欠如を回避するための決議提案国のテキスト（national text）に過ぎないこと，爆発を伴う核実験のみを禁止するものであること，慣習国際法はある国に対して同意のない形で義務を強制しえないとして同条約の発効要件に異議を唱えた上で，インドはこの差別的な条約に署名することは今後もない旨明言した[26]。

また，CTBT に続く核軍縮措置とされる兵器用核分裂性物質生産禁止条約（FMCT）の構想は 1964 年に米国が初めて提唱し[27]，第 1 回軍縮特別総会最終文書，1995 年核兵器不拡散条約（NPT）無期限延長・運用検討会議において採択された核不拡散と核軍縮のための原則と目標，2000 年 NPT 運用検討会議最終文書の 13 の実際的措置及び 2010 年 NPT 運用検討会議最終文書に添付された行動計画にも明記されている[28]。その条約構想の具体的内容については，当時のシャノン（Shannon）カナダ軍縮代表部大使が開催した非公式協議を取纏めた報告がベースとなり検討されており[29]，過去 18 年間で同条約交渉のための特別委設置に合意できたのは残念ながら 2 会期のみである。1998 年 8 月

---

nucléaires," *Annuaire français de droit international*, Vol. 42（1996），pp. 121-122.
(26) UN Doc. A/50/PV.125, *supra* note 24, p. 3.
(27) Georges Fischer, "La non-prolifération des armes nucléaires," *Annuaire français de droit international*, Vol. 13（1967），p. 83.
(28) NPT Doc. NPT/CONF.2010/50（Vol. I），2010, p. 23.
　同文書は行動計画と訳されることが多いが，第 8 回 NPT 運用検討会議で合意された結論及びフォローアップのための勧告であり，行動計画 15 は FMCT に係る即時の条約交渉開始を要請している。
(29) CD Doc. CD/1299, 24 March 1995, p. 1, paras. 1-3.
　同決定は FMCT の条約交渉マンデート（いわゆる「シャノン・マンデート」）を規定。
　[1. The Conference on Disarmament decides to establish an ad hoc committee on a "ban on the production of fissile material for nuclear weapons or other nuclear explosive devices".
　2. The Conference directs the Ad Hoc Committee to negotiate a non-discriminatory, multilateral and internationally and effectively verifiable treaty banning the production of fissile material for nuclear weapons or other nuclear explosive devices.
　3. The Ad Hoc Committee will report to the Conference on Disarmament on the progress of its work before the conclusion of the 1995 session.]

に合意されたFMCT条約交渉のための特別委設置の決定は上述のいわゆるシャノン・マンデートに沿った表現になっている[30]。他方, 2009年に合意された特別委設置のための決定は[31], 当時既に顕著になっていた宇宙の軍備規制（Prevention of Arms Race in Outer Space, PAROS）とのリンケージ問題もあり, 1998年に合意された決定よりも後退した文言でしか合意出来なかった。同決定に際しては, その他の事項の検討も並行して実施されること, また過去・現在・未来の同条約に係る各国の立場及びそれぞれの問題についての優先度を予断するものではない旨明確にした上で, ようやく合意されているのが実情である。

　その一方で, 条約交渉開始のための作業計画に合意を得るための様々な提案も行われてきた。1998年には特別委設置決定採択後に実質的な作業が行われないまま同年会期を終了したものの, その後も交渉開始を目指しデンブリ（Dembri）アルジェリア軍縮代表部大使によるデンブリ提案[32], 更にはリント（Jean Lint）ベルギー軍縮代表部大使によるリント提案[33], アモリム（Amorim）ブラジル軍縮代表部大使によるアモリム提案を基に調整が試みられた[34]。しかしながらこれらの提案も功を奏せず, 2003年には5名の地域グループを超えた議長経験大使のイニシアティブによりA5提案が検討されたものの条約交渉開始に合意出来ない状況が続いた[35]。2006年には他の軍縮関連フォーラム等でも行われる議長フレンズ方式により事態打開が試みられ, 翌2007年会期には6名の輪番議長によるP6提案及び更に2008年には同案改訂版による調整も試みられた[36]。しかしながら, 同案では将来の交渉には影響を与えない

---

(30) CD Doc. CD/1547, 11 August 1998, p. 1.
(31) CD Doc. CD/1864, 29 May 2009, p. 1.
　　同決定の本文第1段落から同第4段落において, 核軍縮, FMCT, 宇宙の軍備防止, 消極的安全保証についての作業部会設置が決定された他, 新たな大量破壊兵器, 包括的な軍縮計画及び軍備の透明性に係る特別調整者の指名についても決定された。
(32) CD Doc. CD/1575, 10 March 1999, p. 1.
(33) CD Doc. CD/1620, 29 June 2000, p. 1.
(34) CD Doc. CD/1624, 24 August 2000, p. 1.
(35) CD Doc. CD/1693/Rev.1, 5 September 2003, p. 1. at http://www.reachingcriticalwill.org/political/cd/A5.pdf (as of 9 January 2012).
(36) CD Doc. CD/1840, 13 March 2008, p. 1.

第1章　伝統的な軍縮会議（CD）による条約交渉枠組み

ことが明確にされ，もはや条約交渉とは言えない半ば非公式協議のような形でさえも合意が出来ない状況にあったのが実情で，その延長上に2009年5月の決定が位置している。

　もっとも，CDの活性化の試みは停滞状況が顕著になりつつあった2001年頃から行われており，例えば，カリヤワサム（Kariyawasam）スリランカ軍縮代表部大使がCD活性化担当調整官に任命され，各国代表団と非公式協議を行った[37]。その結果，重要な根本原因はコンセンサス方式による意思決定の問題であること，議題及び作業計画が毎会期毎に採択されることの影響，冷戦終結後の国際政治情勢を反映していない地域グループ制度の是非等が既に10年前に指摘されている。しかしながら，過去18年間にわたり軍縮条約の交渉機関としてCDの活動には何ら進展が見られないまま会期を終了することが毎年繰り返され，CDの機能不全が長期化している。また，この問題はFMCTの交渉開始及び妥結という核軍縮上の課題でもあったことから2010年5月に開催された第8回NPT運用検討会議でも取上げられることとなった[38]。このため，パン・ギムン（Bam Ki-Moon）国連事務総長主催により，2010年9月24日にはCD活性化のためハイレベル会合が召集され37名の閣僚を含む68か国代表により活発な議論が行われた[39]。また，翌2011年7月27日にもフォローアップ会合が開催されたものの，残念ながらCDの活性化に係る具体的な成果には繋がらなかった。更に，同事務総長の諮問機関でもある国連軍縮諮問委員会においても賢人会議の設置等具体的な解決策の提案が行われたものの[40]，何ら具体的成果には繋がらなかった。その後も2013年9月の核軍縮ハイレベル会合の開催といった国連事務総長の関与にもかかわらず，今日に至る

---

(37)　CD Doc. CD/PV.884, 28 August 2001, p. 2.
(38)　NPT Doc. NPT/CONF.2010/50 (Vol. I), 2010, p. 23.
　　　NPT運用検討会議で合意された行動15には，CDにおけるFMCT交渉の即時開始が求められており，その観点から事務総長に対してCD活性化のためのハイレベル会合の開催が慫慂されていた。
(39)　UN Doc. A/65/496, 14 October 2010, pp. 2-5.
(40)　UN Doc. A/66/125, 11 July 2011, p. 7, para.31.
　　　同文書段落31はCD活性化のためハイレベル賢人会議の設立につき検討すること等を勧告している。

までCDの停滞状況が解決されるには至っていない[41]。

このような状況下で，CDの2011年会期終了後に開催された第66会期国連総会第1委員会には，CDの停滞状況への懸念を反映してCDに関連する3つの決議案が提出された。第1の決議案はオーストリア，メキシコ及びノルウェーが提出した多数国間軍縮交渉推進の決議案（A/C.1/66/L.21/Rev.1）であった。これは，CD参加国以外も出席が可能なオープン・エンド作業部会を開催し，CDの外で事実上のFMCT交渉を行う可能性も意図する内容の決議案であったが，支持が得られず同決議案は最終的に撤回を余儀なくされた。また第2の決議案はオランダ，南アフリカ及びスイスが提案したCD活性化及び多数国間軍縮交渉の推進に係る決議案（A/RES/66/66）であった。この決議は各国のCDの現状に対する懸念が反映されたもので，内容的に穏健であったためか最終的にコンセンサスで採択された。第3の決議案はほぼ毎年提出されているFMCT決議案（A/RES/66/44）であるが，CDの現状に密接に関連するFMCT交渉について2012年会期末までの作業計画の採択，更にはそれが不可能な場合はCD以外のフォーラムでも交渉するオプションを検討することも示唆する内容であった。この決議案はコンセンサスが得られず表決に付され（第1委員会での表決結果は賛成票151，反対2及び棄権23であり，12月2日に行われた国連総会本会議での表決結果は賛成157，反対2，棄権19）で採択されたものの，イランとパキスタンが明確に反対した上に，FMCTをCD以外で行うことに躊躇したため棄権したと思われる国も相当数あった[42]。このため，現実問題としてCDでの交渉，CD外での交渉のいずれの場合もFMCT交渉開始が容易でない状況にあることが一層明確になる結果となった。

2012年会期に入ってからも同様の状況が続いており，2012年会期の議題については1月24日に開催された本会議で既に採択されているものの[43]，作業計画については依然と採択の見通しが立っていなかった。このような中で停滞状況を打開するため既に2回の議長提案が行われた。先ず年頭に議長国であったエクアドルが同年1月30日に配布した作業文書は議長が各国と行った非公

---

(41) UN Doc. A/RES/68/59, 2 December 2014, pp. 1-3.
(42) UN Doc. A/66/PV.71, 2 December 2011, pp. 23-24.
(43) CD Doc. CD/1928, 24 January 2012, pp. 1-2.

第1章　伝統的な軍縮会議（CD）による条約交渉枠組み

式協議の結果を纏めたものである。同文書はノン・ペーパーの形で作業計画案を各国に提示しつつ非公式協議を行ったもののコンセンサスが得られる見込みがないことが判明したとして具体的な提案を行っている。即ち，CD が成果を出せないことの原因は現下の国際安全保障状況といった外部要因にも依存していることに鑑み解決方法が生み出されるまでの活動休止，今会期に作業計画が採択出来ない場合は短期間のみ会議を開催し，その後は活動を一時的に休止する等の提案である[44]。また，更に続く最近の試みとして次の議長国エジプトにより新たな作業計画案が提出されたが[45]，同年3月20日にはパキスタンが同作業計画案に反対を表明した。その際にはパキスタンが FMCT 交渉に反対を表明したのは 2009 年以降のみであることを強調し，パキスタンのみが CD をブロックしているとの主張に対し異議を唱えた上で，パキスタンは国家安全保障上の理由から FMCT 交渉には反対せざるをえなかった旨を改めて訴えた。このため，同提案もコンセンサスが得られていないまま，2012 年会期が終了しており，その後の 2013 年会期のみならず 2014 年会期も何ら成果が出せない中で終了している。なお，2013 年会期には終盤にイラク議長が提示した作業部会設置の決定が採択されたものの，種々の条件が付されており，同作業部会の実効性が疑問視され，大きな状況変化は全く起きていない。

ちなみに FMCT については上述のように 2011 年会期には国連総会第1委員会において比較的活発に議論が行われたものの，その後 2012 年会期においては，2014 年及び 2015 年の2会期にわたり FMCT 政府専門家会合を開催することが決定されたのみである[46]。この政府専門家会合も条約交渉ではなく今後の交渉を予断しない等種々の制限が課されており，同政府専門家会合の結果も踏まえ，CD 等において FMCT 交渉が可能かどうかのその見通しは全く立っていない。

---

(44)　CD Doc. CD/1929, 30 January 2012, p. 2, para. 7.
(45)　CD Doc. CD/1933/Rev.1, 14 March 2012, pp. 1-2.
　　　同文書は各国との更なる協議を踏まえて3月8日に提出された CD/1933*の改訂版であるが，作業部会設置に係る文言を比較すると，この決定案では 2009 年に辛うじて合意された交渉マンデート（CD/1864）を踏襲していることが伺われる。
(46)　UN Doc. A/RES/67/53, 4 January 2013, p. 2, para. 3.

2　CD停滞の背景

このようなCDの現状もあり、2014年会期においてもCDで実質的な交渉が行われず、このような停滞原因としては、コンセンサス方式による意思決定といった手続規則に係る問題、CD参加国拡大による意思決定に必要とされる参加国数の増加というCDの構造的問題、更には核軍縮に係るモメンタムの失速といった現下の国際政治情勢及びコンセンサスをブロックしているパキスタンを取り巻く地域情勢の4点が主要な原因であると筆者は考えている。

まず第1点目は、CD活性化のための議論でも頻繁に指摘されているコンセンサス方式による意思決定は、交渉される条約により特定の義務を課されることを好まない国に対して条約交渉をブロックすることを手続規則上可能にするものである。インドがCTBT交渉の最終段階でCDでの交渉を頓挫させた事例のみならず、上述のパキスタンの例のように、FMCT交渉の開始そのものをブロックすることも可能であり、特定通常兵器使用禁止制限条約（Convention on Certain Conventional Weapons, CCW）関連交渉等でもコンセンサス方式が原因で合意できなかった事例は過去に何度か起きている。

第2点目は、交渉参加国数の増加は合意形成に必要とされる国の数が増えるので、当然のことながらコンセンサス方式による意思決定が一層困難になり、条約交渉機関の構造的障害となりうることである。例えば、原子力供給国グループ（Nuclear Suppliers' Group, NSG）における政策変更に係る意思決定を例にとり、NSGがコンセンサス・ルールによって運営されることが影響したものとして、45の参加国のすべてが「拒否権」を有するとも言えるNSGにおいて、そのガイドラインを変更することが（場合によっては）極めて困難とする事例の指摘もある[47]。換言すれば、CD参加国数の65か国よりも更に少ない45か国という限られた国数であっても既にコンセンサス方式による決定は容易ではないことを示している。また、これはCDの参加国が倍増してからコンセンサス方式による意思決定が困難になり、機能不全に陥った事実にも符合するものである。以上から、意思決定に参加する国数が一定数以上になると、特に厳しい条件の軍縮条約の採択に向けてコンセンサスを形成することが困難に

---

(47)　浅田正彦「米印原子力協力合意と核不拡散体制」『国際立法の最前線』（有信堂、2009）323頁。

第1章　伝統的な軍縮会議（CD）による条約交渉枠組み

なり，条約案をどの国も受け入れることが可能な言わば穏健な内容でないとコンセンサスによる合意形成は出来ず，他方でそのような交渉結果を望まない国がある場合は当然の帰結としてコンセンサス方式の下での条約交渉は決裂することになる。

　第3点目はエクアドル議長の作業文書にも言及されていた現下の国際政治情勢に起因するものである。2009年1月に米国では政権交代が行われ，「核兵器のない世界」を提唱するオバマ政権が成立してから一時期は大幅な核軍縮の進展が期待されていた。しかしながら，新START条約に見られるように米露2国間戦略核兵器削減では一定の成果をあげたものの，多数国間の核軍縮の分野においては，2010年NPT運用検討会議では特に核軍縮関連の文言が当初案よりも後退した上にかろうじて最終文書が合意されたという現実，FMCT交渉が15年間に亘り開始できないCDの停滞等により新たな軍縮条約が合意されない状況が続く中で，残念ながら最近は核軍縮推進のためのモメンタムが失われつつあるのが実情である。このような国際政治情勢はたとえ外部的要因であっても，CDにおける条約交渉にはマイナス方向に働くことになる。

　第4点目は関係国を取り巻く地域情勢であり，特にパキスタンの場合は米国インド原子力協力により隣国インドが保有する兵器用核分裂性物質に差が生じて核戦力の不均衡が生じることになり同国の国家安全保障上の問題が生じたとして，2009年以降累次に亘りFMCT交渉に対する反対を表明しており，例えば2010年2月18日のCD本会議でのパキスタン代表による演説はその一例である[48]。このように1国のみの反対により，今日に至るまでCDでのFMCT条約の交渉開始すら出来ない状況にあるが，その背景には核問題を巡ってのインド・パキスタン間の対立といった地域情勢も影を落としている。もっとも，パキスタンはこれまでもCCW交渉でもコンセンサスをブロックしようとしたこともあり，上記の米印合意のみに責を帰するのは適切でないと思われ，より正確には当初からFMCT交渉には後ろ向きであったパキスタンにFMCT交渉反対の口実を与えたことになるものと思われる。

---

(48)　CD Doc. CD/PV.1170, 18 February 2010, p. 6.

第2章
CD以外の外交会議による条約交渉枠組み

　第1章で述べたように，CDの停滞状況が続くにつれて，CTBT及びATTの事例のように表決による条約採択が可能な国連総会での条約採択オプション，対人地雷禁止条約及びクラスター弾条約のようにCDとは別の条約交渉フォーラムにより有志国での交渉を検討するオプションも視野に入れた動きへと繋がっていくことになる。第2章では，このようなCDの最近の状況も踏まえ，CD以外の外交会議により軍縮条約が交渉される枠組みの事例を概観する。

第1節　対人地雷禁止条約交渉のための外交会議

　CTBT交渉が終了して以降，続くFMCT交渉の開始に向けた努力にもかかわらず，既に1990年代後半から軍縮会議での実質的交渉が行われない機能不全状況が顕著になりつつあった。そのような背景の下で，NGOを始めとする国際市民社会が積極的に条約交渉に関与した対人地雷禁止条約交渉のためのオタワ・プロセスが生まれた。これは従来から伝統的にジュネーブで行われてきた純粋な政府間交渉に代わる，新たなタイプの軍縮条約交渉であった。対人地雷禁止条約については，禁止対象となった対人地雷の定義としての関連では，CCW改正議定書IIが規制の対象とする地雷と比較してスコープが狭いこと，検証制度が不十分であること，普遍性における困難を伴うといった批判もあった[1]。しかしながら，同条約によって対人地雷使用等が禁止され多くの地雷が除去された結果，対人地雷による被害も減少し，対人地雷犠牲者支援も進むな

---

(1) Mario Bettati, "La convention sur l'interdiction de l'emploi, du stockage, de la production et du transfert des mines antipersonnel et sur leur destruction (Ottawa, 18 septembre 1997)," *Annuaire français de droit international*, Vol. 43 (1997), pp. 218-226.

第2章 CD 以外の外交会議による条約交渉枠組み

ど一定の成果を挙げていることも事実であり、同条約交渉をモデルにしたクラスター弾条約交渉とともにコンセンサス方式による軍縮会議に代わる新たな条約交渉方式として注目された。

対人地雷そのものは古くから兵器として使用されており[2]、特に第2次世界大戦後の大規模な使用例として、米軍による朝鮮戦争及びベトナム戦争での使用があげられる。朝鮮戦争では北朝鮮軍による国連軍に対する人海戦術に対抗すべく、米軍が M18 クレイモア型指向性地雷を配備した例がある他、ベトナム戦争ではラオス及びカンボジアを経由し北ベトナムから南ベトナムへ人員・物資の流通を阻止するため広範囲にわたり使用された最初の事例であるとされる[3]。このように長い陸地国境や海岸線を有する国にとり、対人地雷により外敵から防御することの戦術的利点のみならず、対人地雷を配備することにより継続的な防御が可能となり、敵を心理的に畏怖させることによる心理的効果を含めて戦術上有益な手段とみなす軍事当局も少なくはなかった。その一方で、対人地雷禁止条約が提唱された背景には世界的な対人地雷の使用と拡散により人間が死傷し犠牲者となるといういわば「人道的危機」の状況が現実のものとなっていたことがあげられる。対人地雷の使用による問題点として、特に対人地雷が有する時間軸と目標という2つの無差別性、犠牲者支援等による社会的・経済的コストの大きさ及び対人地雷が敷設された場所では牧畜・農業が不可能になり経済的打撃をうけるとの3点から問題視された[4]。そのような状況下で、対人地雷の全面禁止を目標に6つの NGO が国際的に連携した地雷禁止国際キャンペーン (ILCB) が生まれ、有志国政府に働きかけ、所謂「オタワ・プロセス」が開始されることとなる。

---

(2) Stuart Maslen, *Commentaries on Arms Control Treaties: The Convention on the Prohibition of the Use, Stockpiling, Production, And Transfer of Anti-personnel Mines And on Their Destruction*, 2nd edition (Oxford University Press, 2004), p. 2.

対人地雷について、紀元前からローマ人が原始的な対人地雷を使用していたとされる。なお、対人地雷禁止条約第2条1は、対人地雷とは、人の存在、接近又は接触によって爆発するように設計された地雷であって、1人も若しくは2人以上の者の機能を著しく害し又はこれらの者を殺戮するものを言うと定義している。

(3) *ibid.*, pp. 4-5.

(4) 足立研機『オタワ・プロセス、対人地雷禁止レジームの形成』(有信堂、2004年) 35-36頁。

第 1 節　対人地雷禁止条約交渉のための外交会議

　このような動きの加速化との関連で無視できないのは，CCW 運用検討会議での議定書 II の改正交渉の限界であった。フランス等の要請を受け，1993 年 12 月 16 日から CCW 運用検討会議が開催され，6 日後には同議定書改正のための優先事項を検討する目的で政府専門家会合を設置することが提案された[5]。事前協議を経て 1995 年から 1996 年にかけて 2 会期にわたり交渉が行われ，パキスタンが国内紛争に適用されるのは主権侵害であるとして強く反対したものの，最終段階で改正議定書がコンセンサス採択された。この改正議定書は国内紛争や内戦にも適用されること，探知不可能な対人地雷が禁止されたこと，対人地雷に限り一定期間内の自己破壊又は自己不活性化装置を付けることが義務化されるなど対人地雷に係る規制強化が図られた点もあるものとされる。

　しかしながら，人道上の危機に十分に応えるものでなく，必要以上に複雑な規定となっているとして[6]，多くの国が同改正議定書には否定的な評価を行っていた[7]。また，探知不可能な地雷の使用が禁止されたことや対人地雷を全面禁止するものではないこと，更には，自己破壊又は自己不活性化装置が義務化されたスマート地雷への規制は先進国と後進国間で事実上差別をもたらすものとして，実質事項についても批判が見られた[8]。また，手続面からも全ての決定がコンセンサス方式で行われる CCW 運用検討プロセスによる交渉はこれまでも遅々として進まず困難を極めたことも多く，このため CCW の枠組みによる交渉には懐疑的な見方もあった[9]。

---

(5)　同提案では，自己破壊及び自己無力化機能を有さない対人地雷の使用制限の強化，同議定書の検証規定設立の検討及び国際的性格を有さない紛争にまで適用範囲の拡大が提案された。

(6)　Mario Bettati, "Examen de la convention sur l'interdiction des armes classiques produisant des effets traumatiques excessifs," *Annuaire français de droit international*, Vol. 41 (1995), pp. 189-191.

(7)　Maslen, *supra* note 2, p. 20.

(8)　足立『前掲書』(注 4) 121-122 頁。

(9)　Maslen, *supra* note 2, p. 21.
　同コメンタリーによれば，1979 年から 1980 年に開催された CCW 交渉のための外交会議準備プロセスにおいて，多くの代表団が表決による決定も可能であると強く主張したものの，非公式かつ定義されていないコンセンサスをベースに合意が目指されたこともあり意思決定にかかる規則のため合意が出来なかったことを挙げる専門家もいたなど，当初からコンセンサス方式による CCW プロセスの限界が指摘されていた。

第2章 CD以外の外交会議による条約交渉枠組み

その一方で，フランス，米国，イタリアのように安全保障問題と密接に関係する対人地雷の規制についてはコンセンサス方式で意思決定がなされる軍縮会議での交渉を支持する国もあった[10]。しかしながら，最終的に改正議定書による対人地雷への規制が不十分であるとの不満から対人地雷の全面禁止への動きに繋がり，1996年10月にはアックスワージ（Axworthy）カナダ外相（当時）が対人地雷の全面的禁止に向けて1997年末までの期限付きで交渉を行うことを提唱した[11]。これを受けて多くの国がCDでの交渉に代わりオタワ・プロセスでの交渉を選好し，オタワ会議からオスロでの外交会議までの期間に，数次にわたる予備交渉が開催された他，NGO等による地域セミナー等が開催され，交渉へのモメンタムが維持される中で条約案の検討が行われた。このような事前交渉を踏まえ，ノルウェー政府の後援により対人地雷禁止条約交渉のためのオスロ外交会議が1997年9月1日から18日まで開催された。その結果，米国が最終日に条約案を受け入れることは困難であるとして交渉からの離脱を表明したものの，最終的に現行条約の文言で合意されている。

同条約交渉のための外交会議の手続規則については，当初フランスがコンセンサス方式を主張したものの，最終的に議場配布案（APL/CRP.2）のとおり多数決による採択を可能にする手続規則が無修正でコンセンサス採択されている[12]。同会議手続規則の規則35が会議の全ての実質事項については出席しかつ投票する3分の2の多数決で決定されると規定している。このため，最終段階で合意が成立したため実際には同規則に基づく表決には至らなかったものの，同条約に反対する国に対しては表決による条約採択の可能性が抑止力として機能した。このようなオタワ・プロセスに対する識者の見方は，コンセンサス方式を拒否し，これまでにない軍縮について新たな国際交渉の実施モデルである

---

(10) 足立『前掲書』（注4）143頁。

(11) Notes for an Address by the Honourable Lloyd Axworthy, Minister of Foreign Affairs at the Closing Session of the International Strategy Conference towards a Global Ban on Anti-personnel Mines, OTTAWA, Ontario, 5 October 1996, at http://www.international.gc.ca/mines/process-ottawa-processus/1996-10-05.aspx?lang=eng (as of 15 January 2012).

(12) Maslen, *supra* note 2, p. 42.

とするもの⁽¹³⁾，NGO の役割について対人地雷の真の全世界的な禁止に至るまで，各国政府及び国際機関とともに啓蒙等を通じてオタワ・プロセスにおいて決定的な役割を果たしたとするもの⁽¹⁴⁾，「国際市民社会」の概念を提唱した上で，国際市民社会，対人地雷禁止に賛同する国及び国際機関間のパートナーシップの重要性を指摘するもの等がある⁽¹⁵⁾。ちなみに同時期に CD において対人地雷についての特別調整官を指名して同問題を扱う試みも行われたものの⁽¹⁶⁾，オタワ・プロセスによる対人地雷禁止条約交渉による成功のため影が薄くなり，当時停滞状況が生じつつあった CD の外での条約交渉の妥当性を強調する結果となった。

第 2 節　クラスター弾条約交渉のための外交会議

　クラスター弾はフットプリントが広く，対装甲・対物・対人の全ての効果を備え，子弾も開発されているため一定規模の攻撃を与えるには最適の兵器であるとされる⁽¹⁷⁾。他方，特に 1999 年に NATO によるコソボ領域への空爆の際にクラスター弾が使用されたこともあり，その非人道性につき国際社会の関心を引くこととなった。このようにクラスター弾が面の制圧という特徴を持つ効果，戦闘行為とは関係のない一般市民を無差別に巻き込んでしまう可能性が高く，意図しない地域にも子弾が散布されて，実際に対人地雷と同様に無差別性を高めてしまうこと，更には飛散する子弾が不発弾として残存し，実質的に対

---

(13) Maurice Bleicher, "le processus d'Ottawa : succès sans lendemain ou nouveau modèle de conduite des négociations en matière de désarmement," *Disarmament forum* (UNIDIR, 2000), p. 81.

(14) David Atwood, "Mise en œuvre de la Convention d'Ottawa: continuité et changement dans le rôle des ONG," *Disarmament Forum* (UNIDIR, 1999), p. 21.

(15) Kenneth Anderson, "The Ottawa Convention banning landmines, the Role of international Non-governmental Organisations and the Idea of International Civil Society," *European Journal of International Law*, Vol. 11 (2000), p. 109.

(16) CD Doc. CD/1452, 27 March 1997, p. 1.

(17) 福田毅「国際人道法における兵器の規制とクラスター弾規制交渉」『レファレンス』(2009 年) 63 頁。

第 2 章　CD 以外の外交会議による条約交渉枠組み

人地雷と同様の被害をもたらし得ることが問題とされていた。この条約交渉も CD の外で行われたが，クラスター弾の規制を巡って規制に積極的な国及び国際 NGO とクラスター弾の禁止により軍事作戦の制限を好まない消極的な国の間で見解の対立が生じた。

このようなクラスター弾禁止条約を「人道的軍縮」であると位置付けた見方もあり[18]，クラスター弾禁止条約及びその交渉については，国際人道法と軍縮の境界に位置するものとして様々な独自性が看取されるとする見解もある[19]。更にオタワ・プロセスとの違いとして，オスロ・プロセスは人道問題として取上げられたものの，各国政府ではその問題が包含する影響度を問題としていなかったため，クラスター弾問題の人道的問題は総体的に認識されながらも，部分禁止派と全面禁止派の対立を始め複雑な様相を呈していた。特にオタワ・プロセスの 2 つ目の大きな違いは，クラスター弾の定義問題であり[20]，この論点が条約交渉において最初に解決する必要に迫られたことであったとされる[21]。

当初，クラスター弾の規制の問題は CCW の関連で戦争性残存物についての規制を行う CCW 議定書 V の問題の一部として取上げられた。しかしながら，同議定書の内容はクラスター弾の使用を直接規制するものではなく，締約国の義務は弱く，クラスター弾の規制に前向きな国には満足の行くものではなかった。CCW 議定書 V の交渉における意思決定につき，手続規則の規則 29 は，

---

(18)　Cornelio Sommaruga, "Le désarmement humanitaire," 28 septembre 2010, p. 2. at http://www.gichd.org/fileadmin/pdf/other_languages/french/About_GICHD/Staff/Staff_Statements_Articles/ SOC-100928-DIH-Mauritanie-fr.pdf（as of 16 January 2012）

(19)　Camille Grand, "La convention sur les armes à sous- munitions et le processus d'Oslo: une négociation atypique," *Annuaire Français de Relations Internationales*, Vol. 10（2009），p. 1.

(20)　交渉の結果，クラスター弾条約第 2 条 2 はクラスター弾の定義をそれぞれの重量が 20 キログラム未満の爆発性の子弾を散布し，又は投下するように設計された通常の弾薬であって，これらの爆発性の子弾を内蔵するものをいうとし，フレア，煙，料薬火工品若しくはチャフを放出するように設計された弾薬若しくは子弾又は防空の役割のためにのみ設計された弾薬を始めとする詳細な除外規定が置かれている。

(21)　Gro Nystuen and Stuart Casey-Maslen, *The Convention on Cluster Munitions: A Commentary, 2nd edition*（Oxford University Press, 2010），pp. 1-2.

会議は活動及び決定を条約の適正な条項に従う規定としており[22]、CCW関連会議の慣行から、本会議前に事前協議を行う政府専門家会合においても意思決定はコンセンサスで行われるため、自ずと妥協の連続にならざるを得なかった。このため、CCWの枠組みで本格的な規制に向けた交渉が行われない実態に不満な国々は、オタワ・プロセスを想起しつつ、他の条約交渉枠組みを模索することになる。

　オスロ・プロセスはこのようなCCWによる交渉の限界も推進要素となり、支持を増やしていくが、その過程で主要な推進役となったのは国際NGOのクラスター弾連合（CMC）であった。このNGOは90か国に所在する約300の市民団体から構成されるNGO連携体であり、軍縮、平和と安全保障、人権、被害者支援、地雷除去等の分野で活動を行っており、CCW議定書Vによるクラスター弾規制への不満から同団体はクラスター弾禁止に向けて大規模なキャンペーンを開始した。更に、主要な推進派により国際的なキャンペーンが行われていた最中の2008年夏にクラスター弾を使用したヒズボラ派への空爆により多くの文民被害者が発生したこともあり、クラスター弾の非人道性が注目された。このため同年10月に開催されていた第3回CCW運用検討会議においてオーストリア、アイルランド、メキシコ、ニュージーランド、法王庁及びスウェーデンがクラスター弾に対する人道的懸念に応えるために、法的拘束力のある文書の交渉マンデートについての提案を行った[23]。しかしながら、中国、ロシアが反対したためコンセンサスが得られずこの提案も廃案となった[24]。このような経緯もあり、CCWの枠組みでのクラスター弾規制は困難なことが多くの国の共通認識となり、オスロ・プロセスへの指向が更に加速化された。オスロ・プロセスによる会合は、4回に亘る準備会合を経て、条約案採択のためのダブリン外交会議が2008年5月19日から30日に開催され、ほぼ1年で

---

(22)　CCW Doc. CCW/P.V/CONF.2007/1 Annex II, 12 November 2007, p. 13.
(23)　CCW Doc. CCW/CONF.III/WP.1*, 26 October 2006, p. 1.
　　　同提案はコンセンサス合意が得られず廃案になった。
(24)　CCW Doc. CCW/CONF.III/11（Part III）, 7-17 November 2006, p. 15.
　　　同規則により、決定はCCW第8条に従うものとされており、コンセンサスが得られず廃案になった。なお、CCW第8条(b)は、出席するすべての国の完全な参加を得て追加の議定書を合点することができると規定している。

第 2 章　CD 以外の外交会議による条約交渉枠組み

条約交渉を終了させている[25]。これは，近年 CD で行われた CWC 交渉や CTBT 条約交渉に要した期間との差異を際立たせる結果となった。

　同会議の手続規則については[26]，会議冒頭に議長からウェリントン会議で提示され暫定合意済みの案について，最近の国際人道法の新たな文書採択のための外交会議での手続を踏まえたものであるとの説明がなされた後に採択された[27]。同会議の意思決定については，一般的合意の必要性を規定する規則 36-2 は実質事項につき，全ての実現可能な努力が失敗した場合，議長は一般委員会に諮った上で当該問題を表決に付すことを含め取るべき措置を勧告すると規定している。更に規則 38-1 は，規則 36 に従い，実質事項に係る決定は出席かつ投票する代表の 3 分の 2 の多数決により行われるとし，コンセンサスが得られない場合でも表決による意思決定が可能となるよう規定されている。交渉記録によれば，前日の全体会合及び本会議で事前に合意された議長提案（CCM/PT/15）に技術上の修正が加えられた条約最終案（CCM/77）が拍手を以って採択されており[28]，交渉途中では定義，第 3 国との関係等で議論が紛糾したものの，最終段階で合意が成立し，結局条約案は表決に付されることなくコンセンサス採択されている。

第 3 節　国連総会決議により召集された条約交渉会議

　国連総会はその全ての国連加盟国で構成され，この憲章の範囲内にある問題若しくは事項又はこの憲章に規定する機関の権限及び任務に関する問題若しくは事項を討議し（国連憲章第 10 条），また序論でも述べたように，特に国連憲章第 11 条が軍縮との関連で，総会は軍縮に関与する権限を有することを認め

---

(25)　Grand, *supra* note 19, p. 8.
(26)　CCM Doc. CCM/2, 19 May 2008, at http://www.clustermunitionsdublin.ie/pdf/CCM2_001.pdf (as of 29 March 2012).
(27)　CCM Doc. CCM/SR/1, 18 June 2008, at http://www.clustermunitionsdublin.ie/pdf/ClusterMunitionsSR1.pdf (as of 29 March 2012).
(28)　CCM Doc. CCM/SR/4, 18 June 2008. at http://www.clustermunitionsdublin.ie/pdf/CoW4May21am.pdf (as of 29 March 2012).

第3節　国連総会決議により召集された条約交渉会議

ている。国連憲章は第11条1,第26条及び第47条において軍縮問題に言及しているものの,軍事参謀委員会に関連する第26条及び第47条はこれまで一度も適用されたことがなく事実上形骸化している。このため,上記3条項の中では,国連総会による平和と安全に維持に係る権能について規定した国連憲章第11条1が軍縮問題との関係で主要な役割を果たしている。同規定は国際の平和と安全に関連する「軍備縮小及び軍備規制」が総会の権限に帰属することを明確化する目的で挿入されており,実際に第11条1は軍備管理軍縮の一般原則を扱うことに限定されず,同分野の一般的かつ特定の問題を含めて全ての問題を取り扱うこととされている[29]。

国連総会は条約交渉のためのフォーラムではないものの,独立した審議機関として採択された手続規則（最新のものはA/520/Rev.17）に従って機能している。表決については,国連憲章第18条及び同規定を引用した関連する総会手続規則により,重要問題に関する総会の決定は,出席しかつ投票する構成国の3分の2の多数決により行われる（同規則1）が,その他の問題は出席しかつ投票する構成国の過半数によって行われる。（同規則2）ものとされている。国連総会決議は国際機関の加盟国に対して直接的に拘束力を持つものではないものの,上記の手続規則が適用された結果として決議等が採択され,多数決によりその見解の表明が政府の見解の証拠を構成することより,国際法の一般的な規範との関連において拘束力を持つことになると理解されている[30]。また,国連総会の多数決に基づき決議を採択することにより,委員会又は会議に対して条約交渉を指示することもあるとされる[31]。軍縮分野におけるこのような条約交渉の具体例としてはCCW及び附属議定書の交渉,非核兵器地帯条約の交渉,並びにATTの交渉が代表的な事例として挙げられる。

---

[29]　Bruno Simma et ali., *The Charter of the United Nations: A Commentary, 3rd Edition*, Vol. I (Oxford University Press, 2012), pp. 494-495.

[30]　Ian Brownlie, *Principle of Pubic International Law, 7th edition* (Oxford University Press, 2008), p. 15.

[31]　M.J. Peterson, "General Assembly majorities on the preferred nuclear order," *The United Nations and Nuclear Orders* (United Nations University Press, 2009), p. 54.

第2章　CD以外の外交会議による条約交渉枠組み

1　CCW

　CCWの交渉経緯を遡ると，CCWは頻繁に発生する武力紛争に対して，人道的性格を有する新たな国際条約又は武力紛争時の文民，捕虜及び戦闘員の保護強化のための法的文書を作成し，戦争の方法の特定手段を制限する必要性という国際人道法の文脈から交渉が行われた[32]。まず，赤十字国際委員会及び国連による準備会合に基づいて，スイスの召集した国際人道法外交会議が開催された。同会議では，通常兵器に関するアドホック委において主に非同盟諸国が兵器問題の検討を要求したものの，西側諸国及びソ連・東欧諸国の消極的態度の結果，この会議で採択された追加議定書にはこの問題は取り入れられなかった[33]。このため，上述の国際人道法外交会議での議論も踏まえて，国連総会決議（A/RES/32/152）に基づき1978年及び1979年の準備会合，更に国連主催による外交会議が開催された結果[34]，1980年10月10日にCCW並びに同議定書Ⅰ及び議定書Ⅱが採択された[35]。CCWの規制対象は大量破壊兵器ではなく通常兵器であるものの，この条約交渉の成果に対しては，多くの国の兵器庫に存在しかつ現実に広範に使用され，しかもその主要な使用法に従えば文民に極めて大きな危険をもたらしうる若干の兵器の使用制限に成功したものといった評価がなされている[36]。

　CCWは上記の交渉経緯もあり軍縮国際法と国際人道法の両側面を有している。また，CCWが枠組条約の役割を果たし，禁止の対象となる兵器毎に附属議定書が作成される構造となっており，新型兵器の出現といった恒常的な技術的進歩に適合する必要性に配慮したものとされる[37]。CCWは当初交渉された

---

(32)　UN Doc. 2444 (XXIII), 19 December 1968, para.1 b), p. 55.

(33)　藤田久一『軍縮国際法』（日本評論社，1985年）173頁。

(34)　UN Doc. A/RES/32/152, 19 December 1977, p. 1, para. 2.

(35)　Yves Sandoz, "Convention du 10 octobre 1980 sur l'interdiction ou la limitation de l'emploi de certaines armes classiques qui peuvent être considérées comme produisant des effets traumatiques excessifs ou comme frappant sans discrimination (Convention du 10 octobre 1980)," 2009, p. 3, at http://untreaty.un.org/cod/avl/pdf/ha/cprccc/cprccc_f.pdf (as of 3 January 2012).

(36)　浅田正彦「特定通常兵器使用禁止制限条約と文民の保護（二）・完」『法学論叢』114巻4号（1984年1月）65頁。

(37)　Sandoz, *supra* note 35, p. 3.

本体条約，議定書Ⅰ（検出不可能な破片を利用する兵器に関する議定書），議定書Ⅱ（地雷，ブービートラップ及び他の類似の装置の使用の禁止又は制限に関する議定書）及び議定書Ⅲ（焼夷弾の使用の禁止又は制限に関する議定書），並びにその後に交渉された議定書Ⅳ（失明をもたらすレーザー兵器に関する議定書）及び議定書Ⅴ（爆発性の戦争残存物に関する議定書）の5つの附属議定書が作成され，これらは何れも既に発効している。

CCW関連の条約交渉枠組みについては，CCWが作成されるまでは上記国連総会決議により交渉マンデートを与えられた外交会議が重要な役割を果たすが，条約が作成されて以降の改正及び追加的な議定書交渉についてはCCWに規定された交渉メカニズムに基づき条約交渉が行われる[38]。最近行われた条約交渉の実例を見ると，2011年にはクラスター弾の規制のための政府専門家会合によるCCW議定書Ⅵ交渉が行われた事例があげられる。2011年11月に開催されたCCW運用検討会議では同議定書が既に発効しているクラスター弾禁止条約を骨抜きにしかねないとして反対意見も表明される一方で，米国等は自国の安全保障が脅かされる可能性があるとしてコンセンサス方式による意思決定が行われるCCWの下での議定書交渉を主張した[39]。このような見解の相違もあり最終的に同議定書案はコンセンサスが得られず廃案となり交渉は頓挫している[40]。

2 非核兵器地帯条約

更に，国連総会決議により条約交渉枠組みが設定される事例として，一部の

---

[38] 例えば，CCW議定書Ⅵ案（CCW/GGE/2011-Ⅲ/WP.1/Rev.1）の最終交渉の場となった第4回CCW運用検討会議の手続規則（CCW/CONF.IV/2）の規則8は，会議はCCW第8条に従って議事及び決定を行う旨規定しており，CCW第8条に基づき交渉される。

[39] Farrah Zuni, "Cluster Bomb Protocol's Status Uncertain," *Arms Control Today*, October 2011, at http://www.armscontrol.org/act/2011_10/Cluster_Bomb_Protocol_Status_Uncertain (as of 15 January 2012).

[40] "*Cluster Bombs: Nations Reject Weakening of Global Ban/ Proposed US Treaty Fails as Ban Supporters Stand Firm*," November 25 2011, at http://www.hrw.org/news/2011/11/25/cluster-bombs-nations-reject-weakening-global-ban (as of 16 January 2012).

第 2 章　CD 以外の外交会議による条約交渉枠組み

非核兵器地帯条約の例があげられる。非核兵器地帯条約は特定の地域を対象として主要な交渉は地域機関の主導により交渉されることが多いため，その条約交渉枠組みは厳密には国連総会決議により召集された会議には該当しないものの，特に近年作成されたペリンダバ条約等は国連総会決議に基づき交渉が行われている。これまでに，ラテン・アメリカ及びカリブ地域を対象とするトラテロルコ条約，アフリカ地域を対象とするペリンダバ条約，南太平洋地域を対象とするラロトンガ条約，南東アジア地域を対象とするバンコク条約，中央アジアを対象とするセメイ条約が作成されている。いずれも国連の支援を得つつ地域機関の主導により作成されているが，特にトラテロルコ条約[41]，ラロトンガ条約[42]，ペリンダバ条約[43]はそれぞれの下注に引用されている国連総会決議に基づき召集された専門家会合等により条約交渉が行われた。

　このような非核兵器地帯条約の具体的交渉枠組みについて，ペリンダバ条約を例に取ると，1990 年の国連総会決議（A/RES/45/56, A）により条約の起草，準備及び方法について検討するため，アフリカ各地域の代表，アフリカ連合（AU）及び IAEA の代表からなる専門家会合が召集され，既に作成されていたトラテロルコ条約及びラロトンガ条約締約国の代表も知見を提供する目的でオブザーバーとして参加招請され，条約交渉が行われた[44]。その後合意ずみの条約案についての勧告を含む報告書が AU 閣僚会議に提出の上審議され，最終的に採択された後に署名開放されている。このような条約交渉は，限定された交渉国による交渉であり，仮に交渉途中で見解の相違があっても最終的には文言調整が行われて全ての交渉国の同意，即ちコンセンサス方式により採択されているものと推察される。

　また，これらの条約はいずれも本体条約により非核兵器地帯を設定した上で，核兵器国との間では議定書を作成することにより，その実効性を高めるメカニズムとなっている。他方で，現実問題として非核兵器地帯条約が作成されても

---

(41)　UN Doc. A/RES/1911（XVIII），27 November 1963, para. 2.
(42)　UN Doc. A/RES/3477（XXX），11 December 1975, para. 2.
(43)　UN Doc. A/RES/45/56 A, 4 December 1990, para. 9.
(44)　Sandra Szurek, "De Rarotonga à Bangkok et Pelindaba. Note sur les traités constitutifs de nouvelles zones exemptes d'armes nucléaires," *Annuaire français de droit international*, Vol. 42（1996），p. 186.

第3節　国連総会決議により召集された条約交渉会議

核兵器国側のコミットメントを確保することが容易でないこともある。例えば，バンコク条約の場合は，大陸棚及び排他的経済水域（EEZ）が条約適用地域に含まれることにより国連海洋法条約に規定された航行の自由が制限されることへの危惧，議定書に含まれる消極的安全保証の内容が不明瞭であったこと及び同適用地域には地域紛争が存在したことが核兵器国の関与を困難にし，長年に亘り障害となっていた[45]。そのような中で，ASEANと5核兵器国との間で長年に亘り交渉が行われてきたバンコク条約議定書交渉が2011年11月にようやく妥結したとの報道もあり，オバマ米国大統領もこの交渉妥結を歓迎する談話を発表した[46]。しかしながら，本書脱稿の時点（2014年9月末）でも署名に至っておらず，このことからも交渉が容易でないことが伺われる。

3　ATT

国連総会決議により招集された条約交渉会議で最近の事例としては，2013年4月2日に国連総会がATTを採択した事例があげられる[47]。同条約の採択は，2回に亘る条約交渉会議でコンセンサス合意に至らず条約交渉が決裂した直後に開催された国連総会において表決により同条約が採択された最終段階での展開もあり[48]，軍縮関係者のみならず国際法研究者等も含め衆目を集めた条約交渉であった[49]。軍縮関連条約については，15年以上にも亘るCDの停滞状況が続く中で，CDの枠外で軍縮分野の多数国間条約が作成された3回

---

(45)　*Ibid.*, p. 169.
(46)　Fact Sheet: East Asia Summit The White House Office of the Press Secretary, 19 November 2011, at http://www.whitehouse.gov/the-press-office/2011/11/19/fact-sheet-east-asia-summit（as of 18 January 2012）.
(47)　UN Doc. A/67/PV.71, 2 April 2013, pp. 12-13.
(48)　UN Doc. A/RES/67/234 B, 2 April 2013, p. 1.
(49)　Arms Trade Treaty Project, Lauterpact Center for international law, University of Cambridge. at http://www.lcil.cam.ac.uk/projects/arms-trade-treaty-project（as 6 of August 2013）, pp. 1-77.
　　例えば，英国ケンブリッジ大学ローターパクト国際法センターはATTリサーチ・プロジェクトを推進。また，米国国際法学会はカントリーマン米国務次官補を招聘してATTセミナーを開催し，ATTが合衆国憲法修正第2条には抵触しない点等につきブリーフィングを行っている例が挙げられる。（at http://www.asil.org/activities_calendar.cfm?action=detail&rec=291（as of June 20, 2013）

43

第 2 章　CD 以外の外交会議による条約交渉枠組み

目の事例である(50)。また，通常兵器の輸出入管理については特定の有志国によるソフト・ロー形式のワッセナー・アレンジメント（The Wassenaar Arrangement on Export Controls for Conventional Arms and Dual-Use Goods and Technologies）のような事例はあるものの，普遍的な多数国間の国際約束により武器貿易を規制する条約はこれまで作成されていない。

　このため同条約の歴史的意義について，植民地への武器移譲を規制した 1889 年ブリュッセル会議一般協定（l'Acte général de la Conférence de Bruxelles de 1898）(51) 以来の成果であり，これまで国内措置に限定され法的拘束力を有する国際的規制が存在しない中で，非常に機微な分野での史上初の試みと歴史的観点から評価する見方もある(52)。国連総会での ATT 採択直後に，いわゆる ATT プロセスを主導した英国政府はキャメロン首相自らが世界中で発生する武力紛争により計り知れない人類の苦しみ緩和し人命を救う画期的な条約であるとして ATT 採択を歓迎する談話を発表した(53)。また，同プロセスの展開に不可欠な役割を果たした国連についても，パン・ギムン（Ban Ki-moon）国連事務総長が ATT 採択を高く評価し歓迎するメッセージを発出している(54)。

　ATT プロセスは国連総会で採択された決議により開始されたが，その過程では国連総会第 1 委員会における ATT 決議の審議(55)，政府専門家会合によ

---

(50)　ATT の主要な関連先行研究としては，*Academy briefing paper No.3, The Arms Trade Treaty*（2013），(Geneva academy of international humanitarian law and human rights, June 2013); Sylvie Lorthois Louembet, "Vers un traité international réglementant les transferts d'armes classiques en 2012," *Revue Générale de Droit International Public*, CXIV / 2010, 4, pp.723-724 等があげられる。

(51)　Conférence internationale de Bruxelles, 18 novembre 1889 – 2 *juillet 1890: Protocoles et acte final*（Livre numérique Google）at http://books.google.fr/books/about/Conf%C3%A9rence_internationale_de_Bruxelles.html?hl=fr&id=1qcMAAAAYAAJ（as of 17 June 2013）

(52)　Emmanuel Moubitang, *le traite sur le commerce des armes, un tournant historique:* Dossier Special, 20 avril 2013, Sentinelle, p. 5.

(53)　Adoption of Arms Trade Treaty welcomed by Prime Minister Cameron, Prime Minister's Office, 2 April 2013. at https://www.gov.uk/government/news/adoption-of-arms-trade-treaty-welcomed-by-prime-minister-cameron（as of 08 June 2013）

(54)　Secretary-General's Statement on the adoption of the Arms Trade Treaty, 2 April 2013 at http://www.un.org/sg/statements/index.asp?nid=6708（as of 08 June 08 2013）

(55)　これまで ATT プロセスで採択された関連国連総会決議としては，A/RES/46/36 L,

第 3 節　国連総会決議により召集された条約交渉会議

る検討，国連軍縮部による各国政府からの見解取纏め，オープンエンド作業部会，4 回に亘る準備委員会及び当初から予定されていた 2012 年 7 月条約交渉会議が開催された。更に同会議での交渉が決裂したため，事実上の再開会期として 2013 年 3 月に条約交渉最終会議が開催されたものの，コンセンサス合意が出来ず交渉は再度決裂した。このためコスタリカを始めとする ATT 推進派の諸国が中心となり同条約採択のための決議を国連総会に提出し，ATT は最終的に表決により採択された。ATT は条約第 21 条 1 の規定に従い，2013 年 6 月 3 日にニューヨーク国連本部において署名開放され，同日中に 63 か国が署名し，その後 2014 年 9 月の国連総会ハイレベルウィーク中に 50 か国の発効要件国数に達し，同年 12 月 24 日に発効することとなった[56]。

国連軍縮機関（UN Disarmament Machinery）については，第 1 章で述べたとおり，1978 年に開催された軍縮特別総会最終文書に基づき軍縮交渉機関として CD が，軍縮審議機関として軍縮委員会（UNDC）が恒常的な軍縮関係機関として設置されている。更に国連総会第 1 委員会が総会の下部機関として設置されているものの，CD 及び UNDC の停滞状況に加えて第 1 委員会の活動についても厳しい評価がなされている[57]。しかしながら，国連総会が 2 回に亘る条約交渉会議の失敗により関係者の長年の努力が水泡に帰する可能性があった ATT 交渉プロセスを救済したのは紛れもない事実である。今回の国連総会による ATT 採択は，憲章の範囲内にある全ての問題（憲章第 10 条）を扱う国連総会が国連憲章第 11 条に基づき予め付与された権限の範囲内で，上述

A/RES/51/45 N, A/RES/51/47 B, A/RES/56/24 V, A/RES/60/69, A/RES/ 60/82, A/61/89, A/RES/63/240, A/RES/64/48, A/RES/ 67/234 等があげられる。

(56)　2014 年 9 月末の時点で締結国 53 か国，署名国 121 か国（なお，19 か国が条約発効前の暫定適用を宣言）。at http://treaties.un.org/pages/ViewDetails.aspx?src=TREATY&mtdsg_no=XXVI-8&chapter=26&lang=en (as of 31 September, 2013)

(57)　Bruno Simma et ali., *The Charter of the United Nations: A Commentary*, 3rd Edition, Vol. I (Oxford University Press, 2012), p. 497.

　国連総会第 1 委員会については，軍備管理・軍縮問題の特定分野では目覚ましい成果を上げているものもあるが，その非効率性が批判されている。特に核兵器関連決議が極端に多いこと，多くの決議が実質的な変更を伴わず繰返し提出されるためもはやインパクトを与えるものとなっていない現状，決議が多数の国連加盟国の支持する見解を反映している一方で少数国には受入れ難いものとなっており国家間の交渉・合意の進展がかえって阻害される状況が発生している点が同コメンタリーでも指摘されている。

第 2 章　CD 以外の外交会議による条約交渉枠組み

のような批判も多い軍縮分野において積極的に貢献しえた事例として評価されるべきものと思われる。なお，ATT の対象となる兵器の中には銃器も含まれるが，厳密には軍縮条約ではないものの，小型武器軍縮と関連する国際組織犯罪防止条約の補足議定書の 1 つである銃器議定書も，国連総会において採択されている(58)。

4　今後の条約交渉の可能性

最後に，通常兵器の関連で最も新しい動きとしては，自律型致死兵器システム（Lethal Autonomous Weapons Systems, LAWS）を巡る動きがあげられる。

近年，軍事用ロボット及び無人機については，例えば，2010 年 5 月に開催された第 14 会期人権理事会に提出された超法規的・即決・恣意的な処刑問題特別報告者による標的殺害（targeted killing）についての報告書に基づき相互対話が開催され(59)，無人機によるテロリスト殺害の是非が議論された。また，最近では第 23 会期人権理事会に提出された自律型致死ロボット（Lethal Autonomous Robotics: LARs）についての特別報告者報告書に基づき(60)，2013 年 5 月には相互対話が行われるなど国際人権法および国際人道法等の観点から，このような兵器の規制を念頭に置いた議論が開始された。

また，無人機の使用に関しては，対テロ関連基本的人権擁護・推進についての特別報告者による国連総会での報告に引続き(61)，2014 年 3 月の第 25 会期人権理事会においても問題提起され(62)，人権理事会としてこの問題を議論するハイレベル・パネルの開催が決定された。この問題は国際人権法及び国際人道法の文脈のみならず，2013 年 10 月に開催された国連総会第 1 委員会においても規制のあり方を問題提起する国もあり(63)，その直後の 2013 年 11 月に開催

---

(58)　UN Doc. A/RES/55/255, 31 May 2001, pp. 1-11.
(59)　HRC Doc. A/HCR/14/24/Add.6, 28 May 2010, pp. 1-29.
(60)　HRC Doc. A/HRC/23/47, 28 May 2010, pp. 1-29
(61)　UN Doc. A/68/298, 19 July 2013, para. 32, pp. 1-18.
(62)　HRC Doc. A/HRC/25/59, 10 March 2014, pp. 1-20.
(63)　"Armes conventionnelles," Intervention de M. Jean-Hugues Simon-Michel, Ambassadeur, Représentant permanent de la France après de la Conference du Désarmement à Genève, 29 October 2013, p. 3.

第 3 節　国連総会決議により召集された条約交渉会議

されたCCW締約国会議において，2014年5月に非公式専門家会合によりこのLAWS問題のあり方について検討されることが決定され[64]，同問題については特に人的統制等関連する問題も含めて引続き議論される必要が確認された[65]。

今後CCWの枠組みでこのような兵器の規制のあり方を検討する場合であっても，CCW関連会合ではコンセンサス方式により意思決定が行われるため，クラスター弾規制に関連する議定書Ⅵ交渉が頓挫した事例に見られるように，具体的な国際約束の形で合意するのは容易ではなく，条約交渉マンデートに合意出来ても，現時点で完全な形で存在しないいわゆる「殺人ロボット兵器」を如何に規制するかといった問題にまず直面することとなる[66]。更に，具体的な条約交渉となると先ずはその定義といった難易度の高い論点で合意する必要があり[67]，そのような中で「殺人ロボット兵器」問題を巡る今後の動向を予断すること困難であるものの，CCWの枠組みでの交渉方式になるのか，対人地雷・クラスター弾同様他の通常兵器条約と同様に同志国による交渉が行われるのか，更には劣化ウラン弾問題のように時間の経過とともに，市民社会の関心が薄れることとなるのか本稿脱稿の時点（2014年9月末）で予断は容易ではない。いずれにせよ，この問題もCDの停滞問題と同様にコンセンサス方式の是非といった軍縮条約交渉のあり方を考える上で，ATT交渉と同様に有益な教訓をもたらす可能性があり，今後の動向を注目する必要があるものと思われる。

---

(64)　UN Doc. CCW/MSP/2013/10, 15 November 2013, para. 32, p. 4.
(65)　UN Doc. CCW/MSP/2014/3, 11 June 2014, pp. 1-10.
(66)　この点について，殺人ロボットキャンペーン等の市民団体は失明をもたらすレーザー兵器に関する議定書（CCW議定書Ⅳ）は，交渉当時に同兵器が存在しなかった事実を取上げ，現時点で殺人ロボット兵器が存在しないからといって交渉可能性を否定すべきではないとしている。
(67)　ジュネーブ安全保障協力センター（GCSC）関係者へのインタビュー，2014年3月20日，於：ジュネーブ。同研究員によれば，LAWSを巡っては重要な人的統制（meaningful human control）の様態をどのように捉えるのか等多くの技術的かつ法的論点を明確化する必要があり，定義の問題をクリアするだけで容易ではなく，仮にCCWのわく組又は外交会議での交渉になった場合でも長期間を要することになるとしていた。

第3章
その他の軍縮分野の条約等に係る交渉枠組み

　前述の第1章及び第2章では伝統的な条約交渉機関としてのCD，更には国連決議等の交渉マンデートにより開催される外交会議等の軍縮分野の国際立法を行う機関を概観した。本章ではそれ以外の条約交渉機関として機能しうるIAEA，更には条約ではないものの安保理決議の中でも法的拘束力を有するものは軍縮条約に準ずるものとして機能しうることもあり，安保理決議についても取上げる。

第1節　国際原子力機関

　国際原子力機関（International Atomic Energy Agency, IAEA）は，全世界における平和，保健及び繁栄に対する原子力の貢献を促進し，及び増大する目的のため設置されており（機関憲章第2条），意思決定機関として後述の保障措置モデル協定を初めとする原子力分野の国際文書等の交渉機関として機能している。特に軍縮との関係では，平和及び国際協力を助長する国際連合の目的及び原則に従い，並びに保障された世界的軍備縮小の確立を促進する国際連合の政策に従って締結される全ての国際協定に従って，機関の事業を行うこと（IAEA憲章第3条 B-1）と規定されている。このため，同規定を踏まえてNPTの検証制度に関連する核不拡散分野の条約の形成に重要な役割を果たしている。また同機関は，特殊核分裂性物質その他の物質，役務，設備，施設及び情報がいずれかの軍事的目的を助長するような方法で利用することを確保するための保障措置に係る権限を有しており[1]，これらのIAEAの活動は同機関の設立

---

(1)　保障措置の定義についてはIAEA憲章第12条に詳細な規定が置かれている。例えば，66型保障措置モデル協定（INFCIRC/66/Rev.2）では，IAEA及び複数の加盟国との間

第3章　その他の軍縮分野の条約等に係る交渉枠組み

文書である IAEA 憲章に従い実施される。

アイゼンハワー米国大統領がいわゆる「平和のための原子力（Atom for Peace）」を提唱する前の 1955 年初頭に正式な憲章交渉の事前協議を行っていた。更に，米国は英国，ベルギー，カナダと核燃料供給及び支援協定の交渉を行っており，英国とは戦時協力の継続との側面もあった。他方で，ベルギー及びカナダについては米国の核兵器用のウラン供給に重要な役割を果たしたとの背景も伺われる[2]。その後 IAEA 憲章についての米国及び英国の提案を基にワシントンにおいて，米国，英国，フランス，カナダ，オーストラリア，ベルギー，南アフリカ及びポルトガルによる 8 か国グループにより交渉が開始され，同グループによる準備作業に加え，総会決議（AG 810A（IX））による準備プロセスにより憲章交渉が加速された。他方，国連は 1955 年にジュネーブにおいて原子力エネルギーの平和的利用に係る第 1 回ジュネーブ会合を開催したほか[3]，その後の交渉を経て，1956 年 2 月 27 日から 4 月 18 日の 8 週間の上記外交会議により IAEA 憲章が採択された。同憲章の署名開放後に同憲章附属書 I に基づき IAEA 準備委員会が設立され[4]，1967 年に IAEA 憲章の発効後に，第 1 回 IAEA 総会が開催され，IAEA が活動を開始した。

IAEA の活動の中で中核的な活動である保障措置に係る保障措置協定は IAEA が加盟国と締結する二国間条約であるが，NPT 第 3 条に基づき締結され，同協定を締結する加盟国による不遵守が発生していないか検認する法的枠組みを提供するものである。また，条約交渉自体は加盟国と国際機関である IAEA 事務局との間で行われることから[5]，検証制度が条約の附属議定書等の

　　で締結される国際約束であり，特定の物質が軍事目的に転用されないようにし，それに対し IAEA は検認する権利を有すると規定されている（第 82 条）。
[2]　David Fisher, *History of the International Atomic Energy Agency: The First Forty Years*（IAEA, 1997）, pp. 288-293.
[3]　Sheel Kant Sharma, *The IAEA and the UN family: Networks of nuclear co-operation* at http://www.iaea.org/Publications/Magazines/Bulletin/Bull373/sharma.html（as of 21 January 2013）
[4]　Laura Rockwood, "The treaty on the Non-proliferation of Nuclear Weapons（NPT）and IAEA Safeguards Agreement," *Making treaties work: Human rights, Environment and Arms Control*（Cambridge University Press, 2007）, p. 301.
[5]　IAEA 憲章第 3 条 5 は保障措置の適用につき規定しており，他方それに対応する形で，

第 1 節　国際原子力機関

形で規定されていない NPT を補完するものとの位置づけられる。このような IAEA と IAEA 加盟国との間でそれぞれ締結される保障措置協定が網の目のように張り巡らされ全体がいわば NPT の検証制度として機能している。従って，主に CD で交渉された CWC 及び CTBT のような軍縮条約で検証制度を伴う国際約束とは異なり，同一の条約により定められた検証制度のために一律に法的義務が課される形態を取らず，IAEA の多数国間交渉機関で採択されたモデル協定に基づき，IAEA と個々の加盟国と間で交渉され二国間条約として締結される[6]。このため，保障措置モデル協定は IAEA が締結する保障措置適用に関する協定に引用される範囲で機関及び当該国を拘束する指針となる性質の文書である[7]。このため，保障措置モデル協定は厳密には多数国間条約ではないものの，それに準ずるものとして多数国間交渉を経たものであると位置づけうる。その作成過程では IAEA はモデル協定の交渉機関として機能している他，核物質防護条約や核テロ防止条約など原子力関連条約の交渉機関としても機能することもある。

　保障措置制度は 1968 年に NPT が作成される前から存在しており[8]，初期の保障措置を更に改良する形で 66 型保障措置モデル協定が作成された[9]。その後，1968 年に署名開放された NPT との整合性を取る形で，非核兵器国における保障措置の適用を目的とした 153 型保障措置モデル協定が作成された[10]。しかしながら，その後イラク，南アフリカ及び北朝鮮による未申告核物質及び

　　NPT 第 3 条 1 は IAEA 憲章及び IAEA 保障措置制度に従い国際原子力機関との間で交渉しかつ締結することを規定しており，両者が協同して NPT の検証制度の一環として保障措置が実施されるメカニズムなっている。
(6)　IAEA Doc. INFCIRC/153 (corr.), March 1975. at http://www.iaea.org/Publications/Documents/Infcircs/Others/infcirc153.pdf (as of 22 January 2012)
　　同文書の説明ノートは，153 型保障措置について，理事会はこの資料に記載されているテキストを，IAEA と NPT 上の非核兵器国との間で交渉される保障措置協定の交渉のベースとして使用することを要請する旨その用途を明記している。
(7)　矢田部厚彦『核兵器不拡散条約論』(有信堂，1971 年) 227 頁。
(8)　IAEA Doc. INFCIRC/66, 3 December 1965. at http://www.iaea.org/Publications/Documents/Infcircs/Others/infcirc66.pdf (as of 22 January 2012)
(9)　IAEA Doc. INFCIRC/66/Rev. 2, 16 September 1968. at http://www.iaea.org/Publications/Documents/Infcircs/Others/inf66r2.shtml (as of 22 January 2012)
(10)　IAEA Doc. INFCIRC/153 (corrected), *supra* note 6.

第3章　その他の軍縮分野の条約等に係る交渉枠組み

核開発計画の存在に対処するためには不十分であることが認識された[11]。このように153型保障措置の限界が露呈した結果，IAEA は 92+3 計画を踏まえて具体的な強化措置を検討し[12]，追加議定書モデル協定が採択されるに至った[13]。

　この追加議定書モデル協定も，全世界的な核不拡散体制の維持・強化のために保障措置を実効性を強化し効率化を図ることを目的としており，統合保障措置（Integrated Safeguard）の導入に不可欠であり，IAEA においてこれらの保障措置モデル協定の交渉が行われている。このモデル追加議定書は IAEA 加盟国が保障措置協定を有する場合のモデル議定書であり，IAEA 理事会は IAEA 事務局長に対して，IAEA との包括的保障措置協定の締約国又はその他の締約国との追加議定書の標準として使用することを求めている。同議定書の交渉による案文の確定及び理事会による承認といったプロセスは，153型保障措置モデル協定交渉においても同様に踏襲されている。ちなみに，IAEA 加盟国と実際に締結される保障措置協定がどの程度モデル協定との乖離が許容されるかの問題については，保障措置協定の締結に際して理事会の承認が必要とされることから，個々の保障措置協定の事例毎にモデル協定からの乖離の許容範囲が検討された上で理事会により承認されるものと理解されている[14]。

　IAEA 憲章第5条及び同第6条は，政策決定機関としてそれぞれ総会及び理事会の設置を規定しており，その意思決定については，総会はこの憲章に従うことを条件として，総会の手続規則を採択する（第5条C）ものとされ，採択

---

(11) U.N. Doc. S/RES/687 (1991) Iraq; 3 April 1991. at http://www.un.org/depts/unmovic/documents/687.pdf (as of 22 January 2012)
　　同安保理決議本文段落12は，イラクが無条件に核兵器又は核兵器に使用可能な資材等の取得等を行わないことに合意し，国連事務総長及び IAEA 事務局長に対し，それらの場所，数量及びタイプ等につき報告することを求めており，秘密裏の核開発を防ぐことが喫緊の課題とされていた。

(12) Laura Rockwood, "The IAEA's strengthened Safeguards system," *Journal of Conflict and Security Law*, Vol. 1 2002, pp.123-126.

(13) IAEA Doc. INFCIRC/540 (corr.1), 12 October 1998. at www.iaea.org/Publications/Documents/Infcircs/1997/infcirc540c.pdf (as of 22 January 2012)

(14) ユトレヒト大学紛争，安全保障法センター関係者よりのインタビュー，2014年8月10日，於ユトレヒト。

されたIAEA総会手続規則（最新のものはGC（XXXI）/INF/245/Rev.1）に従って行われている。理事会についても同様の規定があり，この意思決定の一環としてIAEA関連条約案が承認される形で条約案文が確定し，批准等各国からの同意を得る手続に付される。その関連では，意思決定方式について，IAEA総会手続規則は，出席しかつ投票する加盟国の3分の2多数決による場合と単純多数決による場合の2段階の意思決定方式を想定している。また，規則69は重要事項として5つの事項を列挙し，これらについては3分の2多数決による決定が行われる[15]。このため，例えば新たな事項として加盟国から提案なされる時は表決に付された上で決定されることとなるが，同様の意思決定に際してコンセンサスが求められるCD手続規則に比して緩い規定となっていることが伺われる。

第2節　国連安全保障理事会（安保理）

国連安保理の主要な任務は国際の平和及び安全の維持であり，平和に対する脅威の状況が発生すると規範形成のための機関としても機能する[16]。一般に安保理決議は条約ではないものの，国連加盟国に対して法的拘束力を有する安保理決議といった条約に類するような機能を果たしうる文書が作成されることもある。特に軍縮問題との関係において国連憲章における安保理関連の規定を見ると，安保理は，軍備規制の方式を確立するため国連加盟国に提出される計画について，第47条に掲げる軍事参謀委員会の援助を得て，作成する責任を負う（憲章第26条）としているものの，同条の実際の適用例はない。他方で，IAEA憲章，CWCを始めとする軍縮分野の大量破壊兵器分野の多数国間軍縮条約においては，重大な問題が発生した場合には国際の平和と安全に対する脅

---

(15) IAEA手続規則は，全ての財政問題，憲章改正の提案，理事会の報告に基づいて加盟国の特権・権利を停止すること，同条に言及されている問題から改正提案までの提案の決定及びその表決が割れたとき，規則第15条，第19条，第66条，第102条に規定された決定（憲章改正，規定適用の停止等）をあげている。

(16) Jean-Marc Sorel, "Le caractère discrétionnaire des pouvoirs du Conseil de sécurité : remarques sur quelques incertitudes partielles," *Arès*, Vol.21-3（2005）, p. 19.

第 3 章　その他の軍縮分野の条約等に係る交渉枠組み

威に該当することも多いため、一定の条件を満たす場合は安保理に報告することが等が規定されている(17)。国連憲章上も安保理には調査権限が付与され（憲章第34条）、国連加盟国側からも安全保障理事会及び国連総会の注意を喚起することが出来る旨規定しており（憲章第35条）、軍縮条約の不遵守の場合においても平和的解決を慫慂することとされている。

しかしながら、同第6章にある紛争の平和的解決に向けての試みが功を奏しない場合、平和に対する脅威、平和の破壊及び侵略行為に関する行動を規定する国連憲章第7章に基づく安保理の機能が重要な役割をはたすことになる。安保理はそのような危機的状態が生じると、事態是正のため議長声明を発出し、状況に応じて法的拘束力を有する安保理決議を採択することとなる。軍縮分野の安保理決議は、例えば北朝鮮による核実験といった軍縮分野の問題であるのみならず国際の平和と安全に対する脅威となる事例に対して(18)、特に既存の条約では解決出来ない状況が発生した場合も実効的に対応することを可能にするものである。安保理決議は条約ではないものの、一定の条件を満たす安保理決議が法的拘束力を有することから条約の内容が引用されることにより、実態面で軍縮条約の規定が部分的に適用されることがあり(19)、これは軍縮条約の遵守を確保する上で有益な手段であると思われる。

---

(17)　IAEA憲章第12条Cは、理事会は、その違反が全ての加盟国並びに安全保障理事会及び総会に報告しなければならない旨規定。CWC第12条4は、会議（注：締約国会議）は、特に重大な場合には、問題（関連する情報及び判断を含む。）につき、国際連合総会及び国際連合安全保障理事会の注意を喚起するとしている他、脱退の条件に安全保障理事会への通報を義務付けている（CWC第9条2）。CTBTは事態の是正の関連で、会議又は事態が緊急である場合には執行理事会は、問題（関連する情報及び判断を含む）について国際連合の注意を喚起出来ると規定しており、これは安全保障理事会への報告を含むものと解され、CWCと同様に脱退規定に安全保障理事会等に6か月前の通告を義務付けている（CTBT第9条3）。

(18)　北朝鮮はCTBTに署名すらしておらず、条約法条約第18条の規定に基づき条約の目的に反するとして核実験を行わないことを求めることは不可能であったものの、核実験実施の発表そのものが国際の平和と安全の維持への脅威を構成するとして、同決議は北朝鮮の核実験を非難している。

(19)　James D. Fry, "Dionysian Disarmament : Security Council WMD coercive disarmament Measures and their legal Implications," *Michigan Journal of International law* (2008), p. 261.

第 2 節　国連安全保障理事会（安保理）

　また，安保理による決定に係る法的拘束力は，憲章第 25 条が加盟国に対して，安全保障理事会の決定をこの憲章に従って受諾しかつ履行することに同意すると規定していることから生じ，特にその拘束力については決定の際に加盟国により ad hoc に表明される受諾によりに依存すると説明される[20]。更に，ナミビア事件 ICJ 勧告的意見は，国連憲章第 25 条との関係においては，安保理において反対票を投じた国及び安保理理事国でない加盟国もその決定に従うと判示し[21]，安保理決議の有する法的拘束力を明示的に確認している。国連憲章第 25 条の規定については，その「決定」の意味するところが曖昧であるとの批判もある。また，全ての安保理決議が拘束力を有する訳ではなく，加盟国に対して一定の行為又は不作為につき recommend, call upon, urge と言った表現が使用される場合のみ強制力を有するとするとする見解[22]，法的拘束力があるかないかは国連憲章第 25 条で使用されている decide に類する determine と言う動詞が用いられているかが解釈に際し重要な点であるとする見解等若干の差異が見られる[23]。いずれにせよ，軍縮分野での法的拘束力を有する安保理決議の場合も，特に制裁措置を盛り込んだ決議案の場合は制裁対象国，その他の国連加盟国に対して決議により決定された措置の履行義務が生じ[24]，制裁対象国には自ずと不遵守是正の方向に圧力がかかる。

---

(20)　Bruno Simma, et ali., The Charter of the United Nations: a Commentary: 3rd Edition, Vol. I (Oxford University Press, 2012), p. 458.

(21)　C.I.J. l'avis consultatif du 21 juin 1971, relatif aux conséquences juridiques pour les États de la présence continue de l'Afrique du Sud en Namibie (Sud-ouest africain) nonobstant la résolution 276/1970 du Conseil de sécurité, p. 56, para. 116.

　　国連憲章第 25 条は，国際連合加盟国は，安全保障理事会の決定をこの憲章に従って受諾しかつ履行することに同意すると規定しているのみならず，ナミビア事件 ICJ 勧告的意見は，安全保障理事会が決定を採択すると，国連憲章第 25 条との関係では，安全保障理事会で反対票を投じた国のみならず，議席を有していていない加盟国も拘束すると安保理決議が法的拘束力を持つことを明示的に確認している。

(22)　Alan Boyle and Christine Chinkin, *The Making of International law* (Oxford University Press, 2007), p. 229.

(23)　杉山晋輔「国連安保理の法的拘束力と国内実施に関する一考察」『国際法の新展開と課題：林司宣先生古稀祝賀』（信山社，2009 年）136 頁。

(24)　国連憲章第 7 章第 41 条は，非軍事的措置（兵力の使用を伴わないいかなる措置）を規定しており，同第 42 条が軍事的措置（国際の平和及び安全の維持又は回復に必要な空軍，海軍又は陸軍の行動）を規定しており，決議が対象とする国際規範の不遵守国

第 3 章　その他の軍縮分野の条約等に係る交渉枠組み

　軍縮分野の安保理決議については，核実験禁止との関連では，まず 1998 年 5 月にインド及びパキスタンが核実験を強行した際に採択された安保理決議（S/RES/1172）がコンセンサスで採択されている[25]。また，北朝鮮については 2006 年ミサイル発射を踏まえての安保理決議（S/RES1695）が採択され[26]，加えて北朝鮮による核実験実施発表を受けて非難する安保理決議（S/RES/1718）が[27]，2009 年 5 月 26 日に行われた第 2 回目の核実験時には安保理決議（S/RES/1874）が，第 3 回目の核実験の際も同様の決議が採択されている[28]。また一般的な軍縮関連安保理決議としては，非国家主体による不正入手防止を念頭においた大量破壊兵器の不拡散に係る安保理決議（S/RES/1540）が[29]，更に核兵器のない世界を提唱したオバマ米大統領のイニシアティブも背景にあり作成された核不拡散軍縮安保理決議（S/RES/1887）が採択されている事例があげられる[30]。また，イランの核開発疑惑を巡っても一連の安保理決議が採択されている[31]。

に対しては法的拘束力のある制裁が発動される。
(25)　UN Doc. S/RES/1172（1998），6 June 1998.
　　同決議本文段落 1 は，インドが 1998 年 5 月 11 日及び 13 日に，パキスタンが同年 5 月 11 日及び 13 日に実施した核実験を非難する旨明示。
(26)　UN Doc. S/RES/1695（2006），15 June 2006.
　　同決議は北朝鮮によるミサイル発射を非難するとともに，同国に対してミサイル開発計画に関連する全ての活動の停止を求めている。
(27)　UN Doc. S/RES/1718, 14 October 2006.
　　同決議は北朝鮮による核実験実施発表を非難し，北朝鮮に対する非軍事的制裁措置を課している。
(28)　UN Doc. S/RES/1874（2009），12 June 2009; UN Doc. S/RES/2987（2013），22 June 2013.
　　同決議は北朝鮮による 2 回目及び 3 回目の核実験実施を非難し，同様に非軍事的制裁措置を課している。
(29)　UN Doc. S/RES/1540（2004），28 April 2004.
　　同決議は大量破壊兵器の不拡散について非国家主体といった新たな対象も含めて，既存の大量破壊兵器不拡散体制の強化を図っている。
(30)　UN Doc. S/RES/1887, 24 September 2009.
　　同決議は初の核軍縮・不拡散決議であり，核のない世界を提唱したオバマ大統領が議長を務めたテーマ別討論の際に採択された（S/PV.6191 参照）。
(31)　UN Doc. S/RES/1373（2006），31 July 2006; S/RES/1747（2002），24 March 2007; S/RES/1803（2008），3 March 2008; S/RES/1929（2010），9 June 2010; S/RES/2049（2012）

第 2 節　国連安全保障理事会（安保理）

　国連憲章第 7 章との関係では，インド及びパキスタンが 1998 年に実施した核実験を非難する安保理決議第 1172 号の場合，前文で憲章第 7 章についての明示的な言及はないものの，国連憲章が安保理に対して国際と平和の安全の維持に主要な役割を果たすことを認識するものと理解とされていることから，憲章第 7 章に間接的に言及しているものと解される。また，国連憲章第 7 章との関係では，北朝鮮による一連の核実験関連決議を例にとると，これらの決議は前文最終段落において，国連憲章第 7 章の下で行動し及び第 41 条の措置を取るとし，国連加盟国に対して憲章第 41 条に基づく非軍事的措置を求める形で経済制裁措置の範囲を超えないように制約が課されるよう文言の工夫がされている。このように国連憲章第 7 章に基づく法的拘束力のある形で NPT 及び IAEA との保障措置協定からの脱退表明をした北朝鮮に対して NPT 及び保障措置協定への復帰を要請することに加えて，各種経済制裁の実施も法的義務として北朝鮮及び国連加盟国に要請される。

　このように制裁措置を伴う法的拘束力を有する安保理決議は，安保理暫定手続規則（S/96/Rev.7）の規則 40 に従って表決又は無投票で採択され[32]，国連加盟国による不拡散を含めた広義の軍縮条約を補完するものとなっている。他方で，国連憲章は表決方法につき厳格な手続を規定していないこともあり，決議が正式な表決又はコンセンサスで採択された場合には，たとえ国連憲章に反するものであっても，慣習法をベースに合意が形成されうるといった問題点も指摘されている[33]。

　こうした安保理の意思決定に際しての決議案の交渉プロセスについて，ウッド（Wood）は特に国連事務総長報告が実質事項に影響を与えうるものとして頻繁に引用され，その理由としては安保理決議が事務総長報告を要請することが多いためであると説明している。また，更に国連事務局法務局は法的見解を積極的に示さず，関係代表部担当者も法務局に相談することなく代表部のみで

---

　　7 June 2012.
（32）　安保理暫定規則 40 は，安保理における投票手続は国連憲章及び国際司法裁判所規程の適切な条項に従う旨規定しており，国連憲章第 27 条が定める表決手続に則ることが定められている。
（33）　Benedetto Conforti, *supra* note 3, p. 82

第3章　その他の軍縮分野の条約等に係る交渉枠組み

協議を行う傾向にあり，安保理決議は，事務総長報告と議長声明が重要な構成要素となるといった事情があるとする[34]。このように，安保理常任及び非常任理事国を中心に決議案交渉が行われ，最終的に決議が採択され意思決定が行われる。もっとも，安保理における常任理事国はいわゆる拒否権（*veto*）を行使せずとも，それをちらつかせることにより，安保理での意思決定に政治的に大きな影響を与えることとなる。

　以上が，主要な軍縮条約及びそれに類する国際文書の検討・採択を行う交渉枠組みとしてあげられる。第1章で取上げた CD，CD 外での条約交渉枠組み，更には IAEA 及び安保理以外にも，軍縮条約交渉機関に類するフォーラムもある。例えば，本書冒頭で述べたように，2010年北京条約，SUA 条約改正議定書といった厳密には軍縮条約ではないものの，それに類するものとして機能する条約も作成されていることから，国際民間航空機関（ICAO）及び国際海事機関（IMO）といった専門機関も広い意味での軍縮条約に関連する条約の交渉機関の役割を果たしうることもある。

---

(34)　Michel Wood, "The interpretation of Security Council Resolution," *Max Plank United Nations yearbook of international law*, Vol.2 (1998), pp. 80-81.

第 2 部

軍縮条約の多様性

第4章　大量破壊兵器関連条約

　第2部（第4章から第6章）においては軍縮分野の多数国間条約の内容について概観する。具体的には，大量破壊兵器関連条約[(1)]，通常兵器関連条約，並びに，IAEA保障措置協定，非核兵器地帯条約といったその他の条約，及び厳密には条約でないものの法的拘束力を有する軍縮条約に類する安保理決議の3カテゴリーにつき比較を行う。また，比較を行う項目については，詳細な検証制度の規定を含むCTBTを例として比較指標を設定する。即ち，条約文書の形式，基本的義務と国内実施措置，検証制度に付随する事務局及び意思決定機関，遵守の確保のための事態是正措置，信頼醸成措置を含めた紛争の解決手続，条約の運用検討メカニズム，最終規定等の具体的項目について比較を試みる。

---

(1)　大量破壊兵器については，核兵器・生物・化学兵器（NBC兵器）が該当すると一般的に理解されているが，例えば，わが国の国内法令上は，例えば外国為替及び外国貿易管理法（外為法）第25条を補足する輸出貿易管理令第4条第1項第3号イは，核兵器，軍用の化学製剤若しくは細菌製剤若しくはこれらの散布のための装置若しくはこれらを運搬することができるロケット若しくは無人航空機であってその射程若しくは航続距離が300キロメートル以上のものを大量破壊兵器に相当する貨物として規定する事例がある。
　　また，他国の法制度の事例としては，米国は米国法典（US Code）第18編第1部113B章§2332aに同様の規定を設けているものが一例としてあげられる（なお米国では人命に危険を与えるレベルの放射性物質放出兵器も含む（同条d項））。at http://www.law.cornell.edu/uscode/html/uscode18/usc_sec_18_00002332---a000-.html（as of 26 August 2012）

第4章 大量破壊兵器関連条約

第1節　核兵器関連条約

核兵器関連条約については，軍縮行動計画の課題として優先的に検討されてきた経緯もあり[2]，核兵器の不拡散を目的としたNPT[3]，更には核兵器開発，特に核兵器の質的な改善を阻害することを目的とした核実験禁止条約としてPTBT及びCTBTの多数国間条約として計3条約が作成されている。それ以外にも米国・ソ連（ロシア）2国間で作成されている核兵器削減・核実験制限条約等があげられる。

1　核兵器不拡散条約（NPT）

第2次世界大戦末期に広島，長崎において実際に核兵器使用により生じた甚大な被害を目の当たりにして，国際社会はその不拡散の必要性を強く認識した。このため，1961年に国連総会は核兵器保有国を限定する核兵器の不拡散を求める決議を採択した[4]。この決議がNPTの端緒となり，その後，いくつかの条約案が8か国軍縮会議で検討された[5]。当時すでに核兵器製造に必要とされる技術及び物資を取得していた国も，国際社会における政治的立場を強化することに繋がる核兵器独占への目論見もあり，この準備交渉には積極的に貢献し

---

[2]　UN Doc A/S-10/2, 23 May-30 June 1987, p. 7, para. 45.
　　第1回軍縮特総最終文書第3章の行動計画は，全面完全軍縮に向けての軍縮交渉の優先度について，核兵器，化学兵器を含むその他の大量破壊兵器，過度に障害を与えかつ無差別的な通常兵器，戦力削減としている。
[3]　矢田部厚彦『核兵器不拡散条約論』（有信堂，1971年）15-21頁。
　　NPTは核兵器そのものの定義を規定していないものの，その他の核爆発装置については平和的核爆発を念頭においた装置とされ，原爆，水爆等の「核爆弾」及びロケット等の輸送手段から「分割されまたは分割されうる部分」である部分が核弾頭と解釈されている。他方，多数国間条約ではなく特定の地域を対象とした非核兵器地帯条約であるトラテロルコ条約第5条は，核兵器を核エネルギーを制御されない方法で放出することができ，かつ戦争目的に使用することに適した一群の性質を有する装置をいうと定義している。
[4]　UN Doc. A/RES/1665（XVI）, 4 December 1961, pp. 5-6.
[5]　Arms Control and Disarmament Agreements: Text and Histories of the Negotiations,（United States Arms Control and Disarmament Agency, 1961）, pp. 89-92.

た。このように核兵器の非人道性と核兵器を巡る政治的思惑という奇妙な組合せが推進力となり条約交渉が行われ、国連総会は1967年6月にNPTを採択した[6]。

NPTが有する法的性格が他の核兵器関係条約と異なる特徴として、核不拡散体制を創設するための立法的条約（traité-loi）であると同時に、核兵器国と非核兵器国の2つの異なったカテゴリーの締約国間の関係を調整する契約法条約（traité-contrat）としての2重の性格を有することがその1つとしてあげられる[7]。更に、非核兵器地帯条約及びIAEA保障措置協定のような関連条約との関係を整理する核不拡散体制の秩序を定める立憲的（constitutional）性格も有する。特に前者の核兵器の独占的保有を認められた核兵器国と非核兵器国との間で核軍縮・核不拡散及び原子力の平和的利用についての権利・義務関係は、契約条約（traité-contrat）としての性格に着目してグランド・バーゲン（grand bargain）として説明されることもあるが、核兵器国と非核兵器国間の差が相殺される見返り（quid pro quo）関係にある。

NPTの基本的義務について、核不拡散の義務は核兵器国（第1条）及び非核兵器国（第2条）のそれぞれ独立した条項に規定されて課されており[8]、更に核兵器国と非核兵器国の定義による相違はカットオフ・デートにより明確に峻別されている[9]。また、第3条1は、IAEA保障措置を受け入れるため、非核兵器国に対してのみIAEAと交渉することを義務付けており、この点もNPTにおける核兵器国と非核兵器国の義務の明確な差となっている。その一方で、

---

(6) UN Doc. A/RES/2373 (XXII), 12 June 1968, pp. 5-7.
(7) Daniel Joyner, *International law and the proliferation of Weapons of Mass destruction* (Oxford University Press, 2009), p. 9.
(8) NPT第1条は核兵器国に対して、同第2条は非締約国に対して、核兵器その他の核爆発装置又はその管理をいかなる者に対しても直接又は間接に移譲しないこと等を禁止し、核兵器国から非核兵器国に核兵器が拡散することを防止するため夫々に対して双方向から義務を課すように規定されて核兵器国と非核兵器国の間にある総務契約的な要素。
(9) 核兵器国の定義については、NPT等9条3後段が、この条約の適用上、「核兵器国」とは、1967年1月1日前に核兵器その他の核爆発装置を製造しかつ爆発させた国をいうと明確に定義してあるため、NPTを適用する限りにおいてはインド、パキスタン及び北朝鮮は核兵器国となりえない。このためこれらの国が核兵器国との法的地位を有するためにはNPT上同条が改正される必要がある。

第4条1は，核兵器国及び非核兵器国の双方に対して平等に平和的目的のための原子力の研究，生産及び利用を発展させることについての全ての奪い得ない権利を認めている。しかしながら，同時に解釈の指針として，この条約の第1条及び同2条に従うとされ，原子力の平和的利用の権利についても，NPT第4条2に加えて，同1条及び第2条による核兵器国と非核兵器国の差異は厳格に反映される形で規定されている。

　他方で，核兵器国または非核兵器国を問わず全ての締約国に課される平等な義務として，第6条が核軍備競争の早期停止及び核軍備の縮小に関する効果的な措置につき，並びに厳重かつ効果的な国際管理の下における全面的かつ完全な軍備縮小に関する条約について，誠実に交渉を行うことを約束すると規定している点があげられる。同条の条約交渉経緯を見ると，この第6条の文言は米国及びソ連が準備した案文には含まれておらず，同文言は非核兵器国の要請により挿入されたとされ[10]，このような条約交渉経緯はNPTの契約条約としての性格が強いことを裏付けるものである。NPT運用検討会議の際には核軍縮の進展状況を巡って対立的な見解が見られるのはその延長上にある証左でもあり，同条約の差別性を主張する議論とも符合するものである。また同条の誠実に交渉を行う法的義務については，核軍縮を完結する義務を求めるものとされ[11]，核軍縮は核兵器国及び非核兵器国が対立する構造の中で，双方が交渉義務を負うこととなる（もっとも，核兵器を実際に保有するのは核兵器国のみであり，核兵器の廃絶に向けて，核兵器の削除を行う義務を負うのは核兵器国のみとなることは明らかである）。

　NPTの条約改正手続については，全ての締約国が条約改正を提案する権利を有するものの，全締約国の3分の1による要請に基づき条約寄託国（英，米，ロシア）により招請される条約改正会議の承認を経てのみ可能とされる。また，条文改正については，NPT第8条2は，すべての締約国の過半数の票（締約国であるすべての核兵器国の票及び改正案が配布された日に国際原子力機関の理事

---

(10) Daniel Joyner, *International law and the proliferation of Weapons of Mass destruction* (Oxford University Press, 2009), pp. 56-57.

(11) Les avis consultatifs rendus par la CIJ, le 8 juillet 1996 *sur la licéité de la menace et de l'emploi d'armes nucléaires*, p. 41, para. 99.

第1節　核兵器関連条約

国である他のすべての締約国の票を含む。）による表決を必要としている。このため核兵器国は改正を阻止しうる事実上の「拒否権」を有しているものの，核兵器国の中でも米国，ロシア及び英国の寄託国は，国連（軍縮部）とともにNPT関連会合の事務局的機能も一部担うことになり，改正案の配布，改正会議の招集に関与するなど，全締約国の中でも特別な地位を占めている。

NPT運用検討会議は，前文の目的の実現及びこの条約の規定の遵守を確保するようにこの条約の運用を検討するため5年毎に開催される[12]。第1回NPT運用検討会議は1975年にジュネーブにおいて開催され，直近のものは2010年にニューヨークで開催された。運用検討会議ではNPTの運用状況について議論されることから，核兵器国と非核兵器国の対立の中で，核軍縮，核不拡散及び原子力の平和的利用について活発な議論が展開され，過去の運用検討会議では1995年無期限延長・運用検討会議で採択されたNPT無期限延長の決定並びに原則及び目標[13]，2000年運用検討会議では13の実践的措置を含む会議最終文書[14]，2010年運用検討会議で採択された行動計画の事例が成功例としてあげられる[15]。

NPTは不遵守の際の事態是正措置についての規定を有しないものの，安保理がその役割を果たしている。例えば，北朝鮮が核実験を実施した際に採択された安保理決議は北朝鮮のNPT脱退に対して復帰を要請している。更に，条約の不遵守は条約の運用に関連するため，運用検討会議でも取上げられることとなる。このため，NPT及び保障措置協定に違反しての秘密裏の核兵器開発

---

(12)　日本ではNPT運用検討会議をかつて再検討会議と称していた。しかしながら，2000年NPT運用検討会議に向けての準備過程で「検討」の表現はNPTの内容を再検討するとの印象を与えかねないとして，NPT第8条の文言をより忠実に反映させるため運用検討会議への訳語変更が行われた。

(13)　NPT Doc. NPT/CONF.1995/32 (Part I), Annex
1995年に採択された3つの決定は，以下のとおり。
決定I：条約の運用検討プロセスの強化；
決定II：核不拡散及び核軍縮の原則と目標；
決定III：核兵器不拡散条約の延長

(14)　NPT/CONF.2000/28 (Parts I & II), p. 13, para. 15.

(15)　NPT/CONF.2010/50 (Vol. I), "Conclusions and recommendations for follow-on actions," p. 20.

第4章　大量破壊兵器関連条約

といった条約不遵守事案に対する事態是正措置については，運用検討会議及び安保理による二重の事態是正メカニズムが想定されている。

　NPTの最終規定の関連では，当初のNPTの有効期限が25年とされていたため，1995年NPT無期限延長・運用検討会議の際に，無期限の延長，一定期間の一度の延長，一定期間の延長の継続の3オプションが提案された[16]。同会議においては最終的に，NPT第10条2に従い，会議が定足数に達していることを確認し，条約の無期限延長を支持する締約国が過半数存在するので，NPT第10条2に従い，条約は無期限に効力を有するものと決定するとして，NPT無期限延長が無投票で決定された[17]。このように，この運用検討会議による無期限延長の決定は，NPT第10条2の規定に基づき法的効果が生じるものと言える。

　NPTは発効要件として40か国の批准を必要としており[18]，条約の発効に際しても条約寄託国が特別な地位を有している。このようにNPTは核兵器の独占的所有を認める条約寄託国を含めた核兵器国に有利な規定となっているため，核兵器国にとりNPTを批准するインセンティブを内包し，実際に署名開放から3年で発効している[19]。もっとも，NPT署名開放の段階で中国及びフランスは高度な核兵器開発計画を有しておらず，両国は必ずしもNPTに前向きではなかったものの，NPTの条約寄託国に指定されていなかったため条約発効の阻害要因にはならなかった。他方で，条約改正の発効については，NPTは全ての核兵器国に加えてIAEA理事国を含む全ての締約国の批准を必要とする高い敷居を設定している。

　NPTはこの条約の対象である事象に関連する異常な事態が自国の至高の利益を危うくしていると認める場合には，その主権を行使して，この条約から脱

---

(16)　浅田正彦「NPT延長会議における無期限延長の決定――そのコンセンサス採択を巡って――」『岡山大学法学会雑誌』，第45巻1号，1995年12月，503-509頁。

(17)　NPT/CONF.1995/32 (Part I), New York, 1995, Annex, Decision 1.

(18)　NPT第9条3は，この条約は，その政府が条約の寄託者として指定される国及びこの条約の署名国である他の40の国が批准しかつその批准書を寄託した後に，効力を生ずる（以下略）と規定している。

(19)　NPTは1968年7月1日にロンドン，モスクワ，ワシントンで署名開放され，1970年3月5日に発効した。

第1節　核兵器関連条約

退する権利を締約国に認めている。具体的な脱退手続については，他の全ての締約国及び国連安保理に対し3か月前にその脱退を通知する（自国の利益を危うくしていると認める異常な事態についても記載）と規定されている[20]。北朝鮮がNPTからの脱退宣言を行ったことにより，脱退手続を巡る議論は現実のものとなり，その後の運用検討会議はこの問題に対応することを余儀なくされた[21]。

　脱退規定の交渉経緯を見ると，その起源は部分的核実験禁止条約（PTBT）第4条に遡ることが出来る[22]。PTBT交渉時のソ連提案は脱退に特定の条件を課すものではなかったが，英米提案は3つの可能性を示唆していたとされる[23]。PTBT条約交渉では，脱退を阻止するのに十分な敷居を設けるように試みられたものの，更にNPTの場合は，自国の至高の利益を危うくしていると認める異常な事態についても記載することを含めた安保理への通報する条件が付加されている。その結果，安保理としても脱退問題に関与しうるのみならず，脱退要請の手続は脱退の権利の乱用を避けるための障壁として機能してお

---

(20)　北朝鮮が脱退を宣言した際には，他のすべての締約国及び国連安保理に対し3か月前にその脱退を通知することが条約上規定されていることから，同条件を満たしていたとする手続上の瑕疵があるとして北朝鮮の脱退が有効でないとする解釈もあった他，このような行為を追認するもの等複数の見解が見られた。しかしながら，国連法務局条約データベースは北朝鮮が脱退した国として既に長期に亘り分類されている事実，北朝鮮による核実験の際に採択された安保理決議では北朝鮮に対してNPT及びIAEA保障措置協定からの脱退の復帰を要請しており，これは北朝鮮が既にNPTから脱退している事実を裏付けるものと解される。

(21)　北朝鮮による脱退問題を巡る議論を回避するため，実際的措置として，議長の指示に基づきNPT運用検討会議事務局が北朝鮮の名札を保管している。

(22)　PTBT第4条後段は，締約国は，この条約の対象である事項に関連する異常な事態が自国の至高の利益を危うくしていると認めるときは，その主権の行使として，この条約から脱退する権利を有する。各締約国は，そのような脱退をこの条約の他のすべての締約国に対し3か月前に予告するものとすると規定。

(23)　浅田正彦「NPT体制の危機と対応策の法的評価」『法学論叢』156巻3・4号，2005年，235頁。

　　同著者は，NPTの脱退規定の基になったPTBTの脱退規定について英米草案では，①他の締約国の不履行の場合，②非締約国による核爆発が締約国（脱退国）の国家安全保障を危うくするような状況で行われる場合，③核爆発国を識別出来ない場合で①乃至は②に相当するような場合を想定していたとされる。

第4章　大量破壊兵器関連条約

り，これは規範性の強化に資するものでもある。

　NPT 自体は条文数の少ない簡潔な条約であり，条約実施のための事務局も設置されていないものの，非核兵器地帯条約，IAEA 保障措置協定といった法的拘束力を有する国際約束及びソフト・ロー形式の共同書簡に基づく原子力供給国グループ（NSG）等 NPT に付随する一連の補完的措置と共に運用されている。NPT が署名開放されてから 40 年以上が経過し，NPT は核兵器の不拡散を通じて核戦争の危険を回避することに貢献にしている。しかしながら，インド，パキスタン及びイスラエルは NPT 未加入のままであり，北朝鮮による3回にわたる核実験実施，カーン博士による核技術の地下ネットワーク（核闇市場），イランによる原子力の平和的利用を隠れ蓑にした核開発疑惑等がこれまでも判明し，既に IAEA や安保理でも取り上げられている。このように NPT 体制は徐々に綻びが発生しつつあるのが現状であり，喫緊の課題として NPT 体制の維持強化の必要性が求められている。

2　部分的核実験禁止条約（PTBT）

　核実験禁止関連条約として最初に作成された PTBT は，初期の段階では東西冷戦の最中に核開発競争を行っていた米国及びソ連二国間で交渉されていたものの，その後の軍縮委員会での交渉には英国等その他の国も参加した。このように，PTBT は原締約国（Original Parties）として限定された国家間で交渉が行われていたものの[24]，最終的には多数国間条約として交渉が行われている[25]。ちなみに，中国及びフランスは同条約に加入せず核実験を継続していた時期もあったものの，CTBT が作成されて以降は核実験を行っていない。本書脱稿（2014 年 9 月末）の時点では，締約国数は 163 か国となっている一方，中国とフランスは未批准のままである。もっとも，フランスについては

---

[24]　PTBT 第 3 条 3 は，この条約は，署名国により批准されなければならない。批准書及び加入書は，ここに寄託国政府として指定される原締約国の政府，すなわち，アメリカ合衆国，グレート・ブリテン及び北部アイルランド連合王国及びソヴィエト社会主義共和国連邦の政府に寄託するものとすると規定し，これら 3 か国に特別な地位を付与している。

[25]　Osler Hanpson, *Multilateral Negotiations lessons from arms control, trade, and environment* (the John Hopkins University press, 1995), p. 55.

第 1 節　核兵器関連条約

CTBT を既に批准しており，CTBT 発効の暁には CTBT に基づく法的義務が課されることとなるため，実質的には両国とも PTBT で課される義務はカバーされることになる。

　PTBT の前文は，地下核実験による核実験封込め（confinement）について重要な 2 点を指摘している。即ち，第 1 点目は，法的拘束力を有する国際約束の形で，厳重な国際管理のもとで，全面かつ完全な軍縮を達成する条約を目指して中間的措置として核軍縮を進展させることとしている。第 2 点目は，PTBT が放射性物質により人に有害な汚染を終了させることである。特に後者は厳密には軍縮分野の問題ではないものの，環境法分野の判例は国境を越えた汚染が許容されないことを確認しており[26]，大気中核実験は大量の放射能を発生させることから，その禁止は理にかなったものである。

　条約の基本的義務について，PTBT は全ての締約国に対して，核実験の実施場所を限定し，更に他国への放射性残滓放出を禁止する形で核実験禁止が実現した[27]。PTBT は地下核実験を直接表現する形で禁止していないものの，第 1 条 2 (b)の規定から地下核実験の場合であっても，放射能の放出（vent）を防止する義務を遵守する必要があり，例えば，米国は PTBT 発効後に 4 回の地下核実験の封込めに失敗しており，特にその放出が大規模であった Baneberry 核実験の際には当時ソ連から PTBT 違反であるとして外交ルートを通じ抗議を受けている[28]。

　PTBT は事務局，意思決定機関のみならず検証制度についても規定していない。このため，核実験禁止を強化する観点から 1991 年 1 月に PTBT 改正会

---

(26)　Recueil des sentences arbitrales, 1905-1982, *affaire de la fonderie de Trail*, un tribunal d'arbitrage canado-américain 1938 et 1941.
　　同判決はいかなる国家の管轄外の地域または他国の環境を破壊した場合に，当該国家の責任を認める国際慣習法の規則をなすことを認めている。
(27)　PTBT 第 1 条(1)は，この条約の各締約国は，その管轄または管理下にあるいかなる場所でも以下の環境で核爆発実験その他の核爆発を禁止し，防止し，かつ実施しない義務を負う。(a)大気圏内，宇宙空間を含む大気圏外並びに領水（領海）及び公海を含む水中，(b)このような爆発が，その管轄または管理下で行った国の国境外に放射能残渣を存在させる場合には，その他すべての環境を含むと規定する。
(28)　Larry Ramspott, *The Baneberry Vent: A Geologist Remembers*（Actaea Press, 2010), pp. 147-153.

議が開催され、基本的義務の範囲を拡大して、あらゆる場所での核実験を包括的に禁止する改正が試みられた[29]。しかしながら、このような国際的な努力にもかかわらず、米国、英国及びソ連が反対し、条約改正には原締約国を含めて過半数の賛成が必要であったことから、最終的には改正には至らなかった。改正に要する単純多数の賛成は実質事項の意思決定に頻繁に使用される3分の2多数決に比較してそれほど高くないものの、原締約国による承認条件が改正を阻止した結果であった。

　PTBTは事態是正措置及び遵守確保についての具体的な規定を置いていない。更に、PTBTの有効期限については無期限（第15条）と規定されているため、今日においても有効である。このためPTBTはCTBT未発効状態が続く中でCTBTを補完するものとも位置づけられうる。また、発効要件については原締約国の批准が必要とされていたものの、PTBTに批判的であったフランスと中国は原締約国に含まれていないため、NPTの場合と同様に条約発効の障害にはならなかった。なお、異常な事態により至高の利益が侵害される場合は脱退の権利も認められており、その効力発生のために3か月前の通報義務が脱退手続として課されている[30]。

3　包括的核実験禁止条約（CTBT）

　上述のとおり、地下核実験を含めたあらゆる核実験を禁止するため開催されたPTBT改正会議が失敗したこともあり、CTBTへの期待が高まった。CTBT交渉はCDにおいて交渉マンデート（CD/1212）に基づいて1993年8月から開始された[31]。その後1996年8月まで条約交渉が行われたものの、インドは特に同国の批准が発効要件にされていることに強く反対し交渉から離脱を表明したため、コンセンサス方式で意思決定が行われるCDでの交渉は頓挫し

---

(29)　Rebecca Johonson, "A Comprehensive Test Ban Treaty: Signed but not Sealed," *Acronym Report* No.10, May 1997.

(30)　藤田久一『軍縮の国際法』（日本評論社、1985年）、306頁。PTBT第4条2につき、状況の展開により要求される必要な措置をとる余地を残しておこうとする米国の要求で挿入された経緯もあり、法的には厳密さを欠いているとの指摘もある。

(31)　UN Doc. A/51/27（supplement No.27）, 1996, p. 26, para. 20.

た⁽³²⁾。このため最終的に同内容の条約案を附属とする国連総会決議により表決され，CTBT が採択された⁽³³⁾。

CTBT は条約本体（2 つの附属書及び 17 条からなる条文），検証制度の技術的な詳細を規定した 3 部構成の議定書及び 2 つの議定書附属から構成される⁽³⁴⁾。これらは条約と不可分の一体をなすものとされ⁽³⁵⁾，法的事項を中心とするものとして，附属書 1 が執行理事会の衡平な地理的配分を目的とする「2 条 28 項の適用のためのリスト」，附属書 2 が CTBT 発効のために必要とされる国の「14 条の適用のための国家リスト」として作成されている。

CTBT の目的は全ての地下核実験を含む核実験の包括的な禁止であり⁽³⁶⁾，CTBT 第 1 条は，核兵器の実験的爆発又は他の核爆発を実施せず並びに自国の管轄又は管理の下にあるいかなる場所においても核兵器の実験的爆発及び他の核爆発を禁止し及び防止することのみならずその幇助の禁止も基本的義務として規定している。CTBT により禁止される核実験の爆発威力についても交渉時に活発に議論され，P5 は核弾頭の機能を維持するために未臨界実験，スーパーコンピューター，実験施設での流体力学実験といった一連の実験の除外を試みたとされる⁽³⁷⁾。特に核軍縮の進展を重視する非同盟諸国は完全な核

---

(32) Arundhati Ghose, "India's Security Concerns and Nuclear Disarmament," *the Journal of International Affairs* (1997), p. 51.
(33) UN Doc. A/50/PV.125, 10 September 1996, p. 10.
  同総会記録によれば，CTBT は賛成 158，反対 3（インド，パキスタン，リビア），棄権（キューバ，レバノン，モーリス及びタンザニア）で採択された。
(34) 議定書の内容は，第 1 部が国際監視制度と国際データ・センターの機能，第 2 部が現地査察及び第 3 部が信頼醸成措置についてその詳細が規定されている。また，2 つの附属書は，議定書の附属書 1 が IMS を構成する監視観測所のリスト，附属書 2 は，国際データ・センターによる事象の標準的な選別のための特徴付けの要素となっている。
(35) 留保の許容性について，この条約の議定書及びその附属書及びその附属書については，留保を付すことはできない。この条約の議定書及びその附属書については，この条約の趣旨及び目的と両立しない留保を付すことができないと規定している。
(36) Anthony Aust, *The Handbook of International law*, second edition (Cambridge University Press, 2010), p. 84.
  CTBT 第 1 条の規定する基本的義務が核兵器の使用禁止を含むかの点につき必ずしも明確でない点につき，条約法条約第 31 条 2 の文脈の基準により，条約の名称から使用の禁止を指すものではないとする解釈されている。
(37) Rebecca Johnson, *Unfinished Business: The Negotiation of the CTBT and the End*

第 4 章　大量破壊兵器関連条約

実験禁止を要求したものの未臨界実験の探知が技術的に困難である等の理由から，最終的に未臨界実験を許容しうる形で基本的義務が合意された[38]。このように，CTBT は実験施設での実験及びシミュレーションが禁止されていないため，核兵器国等は今日の備蓄核兵器の性能及び安全性テストを継続している[39]。

また，事務局を含む機関については，CTBT の条約発効後に包括的核実験禁止条約機関（CTBTO）の設立が予定され，CTBT 第 2 条 2 は，この条約の趣旨と目的を達成し，この条約の規定の実施を確保し並びに締約国間の協議及び協力のための場を提供する設立目的を明らかにしている。また，核実験を監視する際に重要な役割を果たす放射性核種分析は，IAEA の知見を活用することを通じたシナジーが期待されることもあり，事務局はウィーンに設立されることとなった。更に，機関の内部機関として締約国会議，51 か国からなる執行理事会及び国際データ・センターを含む技術事務局が設立予定である。準備委員会は条約発効時に向けて検証制度整備等の準備を行う必要があるため，暫定技術事務局を含めた準備委員会が CTBT 署名国会合で採択された決議により設立され，既に検証制度を構築中である[40]。

ちなみに，機関の意思決定機関として締約国会議及び執行理事会が活動予定であり，両者の意思決定方式には差異がある。締約国会議では，実質事項の決定はコンセンサス方式によって行われるが，コンセンサスが得られない場合には表決となる。他方，執行理事会では，出席しかつ投票する締約国の 3 分の 2 の多数決により表決を行う旨規定されており，条約発効後に実施される可能性がある現地査察に際しての決定を含め，手続規則についてもこのような意思決

---

　of Nuclear Testing（UNIDIR, 2009), p. 58.
(38)　Paul Tavernier, "L'adoption du traité d'interdiction complète des essais nucléaires," *Annuaire Français de Droit International*, Vol. 42 (1996), pp. 118-136.
(39)　福井康人「備蓄弾頭維持管理計画――核抑止力及び核軍縮の狭間で――」『外務省調査月報』2010 年度第 4 号（2011 年 3 月）14-17 頁。
(40)　CTBT Doc. CTBT/MSS/RES/1, 9 November 1996.
　　なお，オーストは，英国が同決議に署名したことにより，条約法条約第 11 条の定める同意方法のうち「その他の手段」に該当するとして，英国に対しても法的拘束力を持つものとの解釈を示している（Anthony Aust, *supra* note. 36, p.61)。

定方法が採用されている。

　CTBTの国内実施については，CTBT第3条が，自国の憲法上の手続に従いこの条約に基づく自国の義務を履行するために必要な措置を取ること，国内当局の指定等各締約国が国内実施措置として求められる義務を定めている。批准手続については，CTBT第12条がそれぞれの自国の憲法上の手続に従って行われることを規定しており，これはいわゆる憲法条項の典型であるが，世界各国の法体系が異なる多様性にも配慮した規定である。また，この条項は国内実施措置に実効性を持たせるため，基本的義務履行のために禁止されるべき事項を締約国が犯罪化する義務も規定している。CTBT第3条1は，特に核実験禁止を実施するため3つの状況を想定して禁止している。先ず，一般的な場合を念頭に同条1(a)は，自然人及び法人に対する両罰規定の形で，この条約によって締約国に対して禁止されている活動，すなわち核実験を行うことを犯罪化し，これらの活動が自国内のいかなる場所又は国際法によって認められる自国の管轄下にあるその他のいかなる場所において行われることも禁止している。その上で，締約国が核実験禁止を確保するために適用範囲を更に限定し，管轄権の属地主義を反映する形で，自然人及び法人が自国の管理の下にあるいかなる場所においても禁止するのみならず（同条1(b)），自国の国籍を有する自然人がいかなる場所において（同(c)）も核実験を禁止しており，わが国の刑法上も国外犯の規定により国外で核実験を実施した場合も処罰の対象となる[41]。

　CTBTは非常に複雑な検証制度を有しており，第4条は68項にもわたる条項を有し，更に別途議定書及びその附属書，運用手引書といった3階層に分かれ詳細に規定されている。この検証制度について，CTBT第4条1はCTBTの検証制度として，国際監視制度，協議及び説明，現地査察，信頼醸成措置からなることを規定すると同時に，この条約が効力を生ずるときに検証についてこの条約が定める用件を満たすことが出来るとされている。このため，CTBTは発効前の段階から検証制度整備を行う必要があり，条約発効時には機能することが可能となることが前提とされ，CTBTには暫定適用等の規定がないも

---

(41) CTBT国内担保法である原子炉等規制法改正（平成9年法律第80号（未施行））は，国内のみならず，国外においては刑法第4条の2に規定される「条約による国外犯」として，核実験を行った者を処罰の対象としている。

第4章 大量破壊兵器関連条約

のの条約発効前に事実上の準備を行うものと解釈されている[42]。

核実験探知の検証技術については，条約交渉開始前の1976年から実証実験を含めて科学者専門家会合（Group of Scientific Expert, GSE）により技術的検討が開始されていた。当時既に地下核実験以外は禁止されていたため，検証技術の中で重要な役割を果たしうるとされていたのは地震学的監視技術であった。他方，CTBTはあらゆる場所での核実験を禁止するため，近年の検証技術の進歩も踏まえて4つの検証技術を採用している。CTBT第4条16は，国際監視制度は，地震学的監視制度，放射性核種監視施設（公認された実験施設を含む），水中音波監視施設及び微気圧振動監視施設並びにその各通信手段によって構成され，並びに技術事務局の国際データ・センターの支援を受けると規定し，監視データが337か所の監視観測所から国際データ・センターに転送されて処理された後に，各国に提供される。

CTBTで採用されている検証技術との関係で，CTBT第4条5は国内検証技術（NTM）及び検証制度を改善し及び追加的な監視技術（電磁衝撃波監視及び衛星による監視を含む。）の潜在的な検証能力の検討についても規定している。NTMによって得られた情報の使用は条約上許容されている一方で[43]，一般的に認められている国際法の原則（国の主権の尊重の原則を含む。）に従うものとされている。これについては核実験監視の文脈から，例えば，国家主権を侵害する形態での諜報行為や偵察等による情報収集の事例が想定されるものと解される。

また，事態の是正及び遵守の確保について，CTBT第5条は事態を是正し

---

(42) David S. Jonas, "The Comprehensive Nuclear test ban Treaty: Current Legal Status in the United States and the implications of a nuclear test explosion," *International Law and Politics*, Vol. 39 (2006), p. 1032
　　同文献は，条約発効前に署名国に一定の義務を課した先例としてGeneral Act of the Conference of Berlin concerning Congo, 1985をあげている。
(43) CTBT第4条11は，締約国は，適当な場合にはこの条約の検証制度の効率及び費用対効果を高めることとなる特定の措置を開発するため，検証制度を改善し及び追加的な監視技術（電磁衝撃波監視及び衛星による監視を含む。）の潜在的な検証能力を検討することについて機関及び他の締約国と協力することを約束すると規定しており，将来の新たな検証技術を採用する可能性を予め想定している。

及び改善する措置を規定し(44)，最終的には国連総会及び安保理への付託も可能な3段階のプロセスが想定されている(45)。従って，CTBT の事態是正措置として，事態の状況が深刻な場合には最終的に国連憲章第7章に基づき法的拘束力を有する安保理決議により強制的な措置を取ることも可能である。更に，核実験の実施発表自体が「国際の平和と安全」に対する脅威となるため，CTBT の規定如何にかかわらず，国連憲章に基づき核実験を非難する安保理決議が採択されることにより，核実験を実施した国に対して経済制裁等が課され，CTBT 採択後に強行されたインド・パキスタン及び北朝鮮のいずれの核実験に際しても安保理に付託されている。

　紛争の平和的解決については，その対象が CTBT の適用及び解釈に関して生ずる紛争に限定されており，適用すべき国際法として CTBT 関連規定及び国連憲章が明示されている。その前提で，交渉又は当該関係当事者が選択するその他の平和的手段によって紛争を速やかに解決するために協議を行う。また，あっせんの提供や係争案件の解決に向けての勧告を含めた適当な手段も規定されている。執行理事会は締約国会議と比較して開催頻度が多いことから，実際には執行理事会が主要な役割を果たすことになる。他方，執行理事会と異なり，締約国会議は紛争に関連して補助機関を設置し又は補助機関に任務を委託することが出来るとされる。なお，機関の活動の範囲内において生ずる法律問題に係る勧告的意見を ICJ に要請する権限については締約国会議及び執行理事会の双方に平等に付与されている。

　また，条約の改正についてはいずれの締約国も，この条約が効力を生じた後

---

(44) CTBT 第5条1は，会議は，特に執行理事会の勧告を考慮して，この条約の遵守を確保し並びにこの条約に違反する事態を是正し及び改善するために必要な措置を取ることを規定している。

(45) まず事態の是正が締約国会議又は執行理事会によって要請され，当該国が自主的に応じることが期待されるが，応じない場合は更に第2段階として，締約国会議が，特に，当該締約国がこの条約に基づく権利及び特権を行使することを，別段の決定を行うまでの期間制限し又は停止することを決定することが出来るとしている。更に，基本的義務の違反によってこの条約の趣旨及び目的に対する障害が生ずる可能性がある場合は，国際法に適合する集団的措置を勧告することが出来るとするのみならず，国際連合の注意を喚起することが出来ると規定しており，国連総会及び安全保障理事会に付託することが出来るといった段階的な措置を規定している。

第4章 大量破壊兵器関連条約

いつでも改正の提案をすることができるとされる。しかしながら，改正案は改正会議においてのみ検討され，改正案採択はいかなる締約国も反対票を投じることなく締約国の過半数が賛成票を投ずることによって採択されるとの条件が付されており[46]，実際には難易度の高い手続である。他方，技術的な事項の詳細等を規定する議定書については，条約の実施可能性及び実効性を確保することを目的として，改正とは異なった修正手続が取られる。即ち，執行理事会が修正についての勧告を行った後90日以内に異議申し立てがない場合はその修正案は承認されるとした簡素化された手続が採用されている。このようにCTBTでは後述のCWCと同様に2段階の条約内容の変更手続が規定されている。

条約の運用検討メカニズムについて，CTBT第8条は，前文の趣旨及び目的の実現並びにこの条約の遵守を確保するようにこの条約の運用及び実効性を確保するために条約発効後10年後に運用検討会議が開催されることを規定している。その際に考慮すべきこととして，条約に関連する科学及び技術の進歩が明記されており，検証技術が陳腐化しないための更新メカニズムが組み込まれており，科学者専門家会合の設置についても同様の趣旨から規定されている[47]。なお，CTBT交渉時にも議論が紛糾した論点のひとつであった平和的核爆発の扱いを巡っては，2000年NPT運用検討会議において，将来のCTBT運用検討プロセスに委ねることで合意されている。

また，CTBTの有効期間については，例えば，米国は条約交渉時に必要に応じて核実験が再開できるように条約発効10年後のオプト・アウト選択が可能となる方式を当初提案していたが[48]，最終的に無期限とされた。また，脱退の権利については，締約国はこの条約の対象である事項に関係する異常な事態が自国の至高の利益を危うくしていると認める場合には，主権の行使により

---

(46) 意思決定の表決については，CTBT第7条5は，改正は，改正会議において，いかなる締約国も反対票を投ずることなく締約国の過半数が賛成票を投ずることによって採択されると規定しており，コンセンサスはブロックしないが参加しない（disassociate）こと及び明示的な反対がない条件で改正案が採択されることとなっている。

(47) CTBT条約第2条51は，事務局長が特定の問題について勧告を行うための科学の専門家の臨時の作業部会を設置することができることを規定している。

(48) CD Doc. CD/1777, 19 May 2006, p. 4.

第 1 節　核兵器関連条約

脱退が認められ，有効期限とのバランスを取る形で規定されている。もっとも脱退の権利の濫用を防止するため，他の全ての締約国，執行理事会，寄託者及び安全保障理事会の全てに対して 6 か月前の事前通報が義務付けられており，これらの条件も含めて PTBT 及び NPT の脱退規定に倣ったものである[49]。

CTBT は 1996 年 9 月に署名開放されてから 15 年以上経過しているものの，厳格な発効要件のため条約発効の見通しが全く立っておらず[50]，本稿脱稿時（2014 年 9 月末）の時点で発効要件国のうち 8 か国が未批准なままである[51]。このような CTBT の未発効状況が続く中で「暫定発効」のアイデアを提唱する見解が表明されたこともある。例えば，欧州通常兵器削減条約（CFE）及び国連海洋法条約第 11 部実施協定の例をもって，CTBT 暫定発効のための協定を国連総会において単純多数で採択することにより，未発効状態の中で条約の基本的義務を事実上課すとするアイデアである[52]。これは理論上は可能であるものの，事実上別途の国際約束を作成するもので，CTBT 発効に向けての非締約国への圧力を減ずるものであり，広く賛同を得るに至っていない。

もっとも条約交渉時に発効要件交渉が容易でなかったことから，CTBT の発効には時間を要することは予見されていた。最終的な発効要件はカナダの提案した文言をベースに未発効状態が続く際には署名開放 3 年後に発効促進会議

---

(49)　但し，PTBT，NPT，BWC 及び CWC は 3 か月前の事前通報を義務付けている。
(50)　条約の附属書 2 には，第 14 条に規定する国の一覧表は，1969 年 6 月 18 日現在の軍縮会議の構成国であって，同会議の 1996 年の会期の作業に正式に参加し，かつ，国際原子力機関の「世界の動力用原子炉」の 1996 年 4 月版の表 1 に掲げられているもの及び同会議の 1996 年の会期の作業に正式に参加し，かつ，同機関の「世界の研究用原子炉」の 1995 年 12 月版の表 1 に掲げられているものとして軍縮会議参加しかつ潜在的な核開発能力を有する 44 か国が批准することが発効要件とされている。
(51)　UN Doc. A/50/PV.125, 10 Septembre 1996, p. 3.
　　国連総会での CTBT 条約採択の際に，インド代表は差別的な CTBT に二度と署名することはない旨投票理由説明を行った。このためインドが核政策を根本的に変更することがない限り，CTBT を締結する可能性が極めて小さく，CTBT が発効することは非常に困難。なお，未締結国の 8 か国のうち，インド，パキスタン及び北朝鮮の 3 カ国が未署名であり，米国，中国，エジプト，イラン及びイスラエルの 5 か国が未批准国。
(52)　Rebecca Jonson, "Le moment est-il venu d'envisager une application à titre provisoire du TICE," *Disarmament Forum*（UNIDIR, 2006), pp. 31-39.

第4章 大量破壊兵器関連条約

が開催される形で第14条が合意されている[53]。この条項は条約の解釈の観点から興味深い事例を提供しており，署名開放の日かの後3年を経過することにつき，初年を含めて算定すべき（1年プラス3年）または（3年のみ）かの点が第1回発効促進会議準備プロセスで議論された。最終的には初年を含めないとされ[54]，第1回CTBT発効促進会議が1999年に開催され，最近では2013年9月に第8回CTBT発効促進会議が開催されている。

第2節　生物兵器及び化学兵器関連条約

生物兵器及び化学兵器の定義については，それぞれBWC第1条及びCWC第2条1に規定されている。両兵器は全く異なった兵器である一方で，いくつかの共通点もある。核兵器と比較し，生物・化学兵器は大量破壊兵器であるにもかかわらず，個人レベルの実験施設でも製造可能であり，特に生物兵器は製造コストが低いため「貧者の兵器」とも称される。また，武力紛争やテロ行為において使用された場合，破滅的な結果をもたらすことになり，日本でも1995年に東京においてオーム真理教教団がサリンやVXガスといった化学剤を使用したテロ事件が発生し，その危険性がいかに大きいか実際に目の当たりにすることになった。

---

(53) CTBT第14条2は，この条約がその署名のための開放の日の後3年を経過しても効力を生じない場合には，寄託者は，既に批准書を寄託している国の過半数の要請によってこれらの国の会議を招集する。この会議は，1に定める要件が満たされている程度について検討し並びに，この条約が早期に効力を生ずることを容易にするため，批准の過程を促進するため国際法に適合するいかなる措置をとることができるかについて検討し及びコンセンサス方式によって決定すると規定し，更に同条3において，2に定める手続は，2に規定する会議又はその後のそのような会議が別段の決定を行わない限り，この条約が効力を生ずるまで，その後のこの条約の署名のための開放の日に対応する各年の日について繰り返し適用されると規定している。

(54) Anthony Aust, *Modern Treaty Law and Practice* (Oxford University Press, 2000), p. 231.

第2節　生物兵器及び化学兵器関連条約

1　1925年ジュネーブ議定書

　BWC交渉は1969年から1971年にかけての期間に軍縮委員会において行われたが，その際に英国は1925年ジュネーブ毒ガス議定書の範囲や戦争時に使用される生物兵器の拡大を念頭において提案を行った[55]。第1次世界大戦中に特にマスタードやイペリットといった化学兵器が大量に使用され，それにより多くの人命が失われたこともあり，CWCが最終的に作成された意義は大きい。また，その過程ではBWCも作成されるなど，生物・化学兵器分野の軍縮は使用の禁止も含めて一定の成果を上げていると評価されるべきものである[56]。

　化学兵器の使用については，古代の戦闘における硫黄による亜硫酸ガス攻撃から始まり近年のイペリット剤に見られる化学兵器の使用に至るまで，戦闘時の有用性から様々な形で使用されてきた。このため特に第1次世界大戦時の大量の毒ガス使用もあり，1919年6月28日に署名されたヴェルサイユ条約は，ドイツに対してガス性毒物の製造及び輸入を禁止した[57]。このような契機から，窒息性ガス，毒性ガス又はこれらに類するガス及び細菌学的手段の戦争における使用についての法的拘束力を有する国際文書により禁止するための交渉の機運が生れた。その結果，生物・化学兵器の軍縮は開始され，1925年にジュネーブ毒ガス議定書は作成された。

　この議定書は前文3段落及び本文5条という非常に簡潔な宣言形式の国際約束である。まず前文により，窒息性ガス，毒性ガス又はこれらに類するガス及びこれらと類似の全ての液体，物質又は考案を戦争に使用することが非難され，これらを禁止する必要性が謳われている。更に，この議定書により，この禁止が，諸国の良心及び行動を等しく拘束する国際法の一部として広く受諾される

---

(55)　Protocole concernant la prohibition de l'emploi à la guerre de gaz asphyxiants, toxiques ou similaires et de moyens bactériologiques. Genève, 17 juin 1925, at http://www.icrc.org/dih.nsf/FULL/280?OpenDocument (as of october 30 2011)

(56)　浅田正彦「化学兵器使用禁止規範の歴史的展開とシリア内戦」『軍縮学会ニュース・レター』(16号，2014年) 7-15頁。

(57)　Jean-Marc Laveille, *Droit international du Désarmement* (Le Harmattan, 1997), p. 251.

ためとの兵器禁止の立法化の意義についても強調されている[58]。同議定書は兵器の使用等を詳細に規制・禁止する近年の軍縮条約に比して簡潔な文書形式であり，兵器の使用禁止も「戦争的手段」として使用される場合のみに限定されている。このため，この議定書は開戦宣言が行われない武力紛争といった戦争でない状況での使用を許容しかねない弱点を有していることは広く知られているものの，生物兵器・化学兵器の禁止に向けた重要な出発点である。

2 生物兵器禁止条約（BWC）

生物毒については，ふぐのテトロドトキシンに見られるように自然界に多種多様なものが存在するなかで，具体的に何が生物兵器に該当するかについても議論されてきた。代表的な生物剤としてはバクテリア（炭素菌等），ウイルス（天然痘），リケッチア（チフス菌），毒素（ボツリヌス菌）等があげられる。1971年に作成されたBWCは第1条の基本的義務の規定により禁止・規制の対象となる生物兵器として，(1)防疫の目的，身体防護の目的その他の平和的目的による正当化ができない種類及び量の微生物剤その他の生物剤又はこのような種類及び量の毒素（原料又は製法のいかんを問わない。）及び(2)微生物剤その他の生物剤又は毒素を敵対的目的のために又は武力紛争において使用するために設計された兵器，装置又は運搬手段と定義している。この定義については異論は見られずほぼ確立されたものとされている一方で，兵器，装置又は運搬装置の定義については議論の余地が残されているとされる[59]。

BWCは，生物・毒素兵器の禁止を法的拘束力のある国際約束で具体的に禁止した最初の事例であり，条約案は1971年12月16日に国連総会において採択されているものの[60]，問題は検証制度が具備されていないことであった。

---

(58) ジュネーブ議定書第1条は，締約国は，前記の使用を禁止する条約の当事国となっていない限りこの禁止を受託し，かつ，この禁止を細菌学的戦争の手段の使用についても適用すること及びこの宣言の文言に従って相互に拘束されることに同意すると規定している。

(59) Jozef Goldblat, "La convention sur les armes biologiques-Vue générale," *Revue internationale de la Croix-Rouge*, No. 825, 1997. at http://www.icrc.org/fre/resources/documents/misc/57jnpa.htm (as of 31 October 2011)

(60) Nicolas Sim, *SIPRI chemical & Biological Warfare Studies 19: The evolution of*

第 2 節　生物兵器及び化学兵器関連条約

このため，検証措置を検討する政府専門家会合が 1991 年に開催された BWC 運用検討会議の決定に基づいて，アドホック検証政府専門家会合（Ad Hoc Group of Governmental Experts to identify and examine potential Verification Measures from A Scientific and Technical Standpoint, VEREX）が開催された[61]。更に BWC の検証制度を検討した上で 2 回目の試みは BWC 検証議定書交渉であり，2001 年の第 24 回アドホック委員会まで交渉が続けられ，トート（Tibor Tóth）アドホック委員会議長が取りまとめた統合テキストをベースに最終交渉が行われた[62]。しかしながら，自国の安全保障のみならずバイオ産業への訪問受入れ等に難色を示した米国の反対により検証議定書交渉は頓挫したまま今日に至っている。その後に米国の政権交代等にもかかわらず検証議定書交渉は再度行われることもなく，BWC の輸出管理分野の補完的協力枠組みとしてはオーストラリア・グループが活動している。

BWC もその前文において，BWC の意義といったいわば同条約の背景にある基本的哲学を明らかにしている。まず，全面完全軍縮との関係では，あらゆる種類の大量破壊兵器の禁止及び廃棄を含む全面的かつ完全な軍備縮小への効果的な進展を図ることの決意，更に，効果的な措置による化学兵器及び細菌兵器（生物兵器）の開発，生産及び貯蔵の禁止並びに廃棄が厳重かつ効果的な国際管理の下における全面的かつ完全な軍備縮小の達成を容易にすることを確認し[63]，全面完全軍縮を目指しつつ，その後の CWC 作成に向けた道筋も示すものである。

　　Biological Disarmament (Oxford University Press, 2001), p. 4.
　　国連総会は BWC 採択のための決議を表決 110-0-1（フランスが棄権）により採択した。
(61)　BWC Doc. BWC/CONF.III/23 PART 2, 27 September 1991, p. 17.
(62)　BWC Doc. BWC/AD HOC GROUP/CRP.8, 30 May 2001. pp. 4-209.
　　交渉最終段階での議長テキスト Protocol to the Convention on prohibition of the development, production and stockpiling of bacteriological (biological) and toxin weapons and on their destruction (Technically corrected version) は当時統合テキスト (composite text) と称されたローリング・テキストとして交渉されたものの，最終的にコンセンサスが得られず，検証議定書交渉は頓挫した。
(63)　1925 年ジュネーブ毒ガス議定書の重要性及び化学兵器について誠実に軍縮を進める義務については BWC 第 8 条及び同第 9 条に規定されている。

第4章　大量破壊兵器関連条約

　BWCの基本的義務については，生物剤・毒素の開発等の禁止（第1条），廃棄・平和目的への転用（第2条）及び移譲・取得援助等の禁止（第3条）の3条文が主要な義務を規定しており，NPTと異なり改正時の条件も含めて全ての締約国に平等に適用される。また，特に生物兵器の危険性もあり，BWC第2条はその廃棄等に際して，住民及び環境の保護に必要なすべての安全上の予防措置を取るものとすると規定しているほか，生物兵器等の廃棄期限についてもこの条約の効力発生の後できる限り速やかに，遅くとも9か月以内に廃棄または平和的目的のために転用することを義務付けている。

　また，BWCは条約の基本的義務の国内実施について必要な措置を取ることを締約国に要請しており，第4条は，自国の憲法上の手続に従い，その領域内及びその管轄又は管理の下にあるいかなる場所においても，第1条に規定する微生物剤その他の生物剤，毒素，兵器，装置及び運搬手段の開発，生産，貯蔵，取得又は保有を禁止し及び防止するために必要な措置を取ることを義務付けている。わが国の場合は，国内実施のために生物兵器禁止条約法が制定されていた。その後，爆弾テロ防止条約締結の際に生物剤が使用される可能性もあることから，テロリストによる爆弾使用の防止に関する国際条約の適確な実施を確保するため，生物兵器及び毒素兵器の製造，所持，譲渡し及び譲受けを禁止するとともに，生物剤及び毒素を発散させる行為を規制する等の措置についても禁止する法改正が行われ同法がカバーする範囲が拡大された[64]。

　また，紛争解決手続メカニズムについて，BWC第5条はこの条約の目的に関連して生ずる問題又はこの条約の適用に際して生ずる問題と限定した上でその解決のために相互に協議し及び協力することを義務づけている。その上でこの協議及び協力が，国連の枠内で及び国連憲章に従い，適当な国際的手続により行うことができると規定しており，協議プロセスにより解決できない場合は国際的手続により行われる。このように最終的には国連憲章第6章の紛争の平和的解決メカニズムに委ねているものの，今日（2014年）まで安保理に付託された事例はない。その一方で，1925年ジュネーブ議定書の関連では，化学兵

---

(64)　生物兵器禁止条約実施法は当初1987年に公布されていたが，2001年の爆弾テロ防止条約締結時に他の関連条約国内担保との横並びを考慮し改正が行われた（平成19年法律第38号）。

第 2 節　生物兵器及び化学兵器関連条約

器使用が安保理決議 S/RES/620（1988）に基づき非難されている事例がある。

　BWC の苦情・不服申立てについては，BWC 第 6 条により他の締約国がこの条約に基づく義務に違反していると認めるときは，国連安保理に苦情を申し立てることができると規定している。更に，その条件として，安保理に対する審議の要請のほか，その申立ての妥当性を裏付けるすべての証拠を含めるものとされ，またその一方で，締約国は，安保理がその受理した苦情の申立てに基づき国連憲章に従って行う調査に対し協力することを約束するとともに，その結果について安保理に通報する義務が課されている。このように異議申立ての段階では安保理の関与が想定されており，締約国は受理した苦情の申立てに基づき国連憲章に従って行う調査に対し協力することが義務付けられ，この調査の結果が締約国に通知される。

　軍縮条約は特に兵器及びその関連技術に対する制限又は禁止することが目的であり，各国が条約締結に躊躇しかねないこともあるため，普遍化の推進の観点から国際協力の促進は極めて重要である。BWC 第 10 条が国際協力義務を規定し，締約国は細菌剤（生物剤）及び毒素の平和的目的のための使用に資する装置，資材並びに科学的及び技術的情報を可能な最大限度まで交換することを容易にすることを約束し，また，その交換に参加する権利が認められている他，疾病の予防その他の平和的目的に資するため，細菌学（生物学）に係る科学的知見の拡大及び応用に貢献することに協力する権利についても認めている。特に生物剤は医療製品用として使用されるデュアル・ユース性を有するものもあるため，締約国の経済的若しくは技術的発展又は細菌学（生物学）の平和的利用に関する国際協力を妨げないような態様で実施される必要がある。この国際協力は，この条約に従つて平和的目的のため細菌剤（生物剤）及び毒素並びにこれらの加工，使用又は生産のための装置を交換することが各締約国の権利として認められており，これは条約普遍化の観点からも有益なものである。

　条約の改正手続については，締約国の過半数が改正を受諾した時に，受諾した締約国について効力を生ずるものとし，その後に改正を受諾する他の締約国については，その受諾の日に効力を生ずると規定され（BWC 第 11 条），全ての締約国に改正を提案する権利が認められている。もっとも，改正案の発効のためには 2 段階の条件をクリアする必要がある。まず締約国の過半数が改正を

第 4 章　大量破壊兵器関連条約

受諾する必要があり，その他の締約国については受諾した日にそれぞれの国毎に効力が生じる。結果として，全締約国に改正の効果が及ぶためにはこの 2 点を満たすことが条件となっており，条約としての統一性を確保することが必ずしも容易ではないとの側面がある。このため過半数の国が改正を受託した段階にはいわば暫定適用に類似する状況が生じ，更にその適用される締約国が広がるというイメージで捉えることができるものと思われる。

　条約の運用検討プロセスについては，BWC 第 12 条に，他の軍縮条約と同様に BWC 運用検討会議は，前文の目的の実現及びこの条約の規定（化学兵器についての交渉に関する規定を含む。）の遵守を確保するようにこの条約の運用を検討するため，この条約の効力発生の 5 年後又は寄託政府に対する提案により締約国の過半数が要請する場合にはそれ以前に，スイスのジュネーヴで締約国の会議を開催すると規定している。当初は CWC の交渉可能性についても検討課題に含まれていたこともあり，BWC 第 9 条は CWC について早期に合意するため誠実に交渉を継続することとしている一方で，同第 12 条後段に BWC の運用検討について，この条約に関連するすべての科学及び技術の進歩を考慮するものとすると規定され，BWC そのものが発展途上であると認識されていたことが伺われる。もっとも，2001 年の検証議定書交渉の頓挫にもかかわらず，生物兵器の使用禁止に解釈により合意し，使用禁止を事実上実現するなど運用検討会議はそれなりの成果をあげている[65]。

　BWC も有効期間を無期限としているが，条約からの脱退の権利との衡平を確保・乱用を防止する観点から，他のすべての締約国及び国連安保理に対し 3 か月前にその旨を通知するとの 2 重の条件を脱退手続に課している（但し，CTBT は 6 か月前，PTBT・NPT は 3 か月前）。NPT の場合と同様，脱退の権利の行使は，条約の脱退により BWC の課される義務から回避しようとする国に対して，同様レベルの制限がかけられている。もっとも，NPT と異なり，条約発効後から今日までに BWC からの脱退の事例は発生していない。

　BWC の発効要件について，BWC は寄託政府（英国，ソ連，米国）の概念を

---

[65]　BWC Doc. BWC/CONF.VI/INF.1, 11 July 2006, "Additional understandings and agreements reached by previous review conferences relating to each article of the Convention."

使用しており，NPTと同様に，寄託政府として指定される政府を含む22か国の政府が批准書を寄託した時に効力を生ずると規定されている。このため，22か国による批准が必要とされているものの，鍵となる3つの寄託政府の批准が確保されればBWCは発効することもあり，署名開放から3年後にBWCは発効した。しかしながら，2001年にBWC検証議定書交渉が頓挫した後に検証議定書交渉が再度行われる見込みはなく，近年は信頼醸成や科学者の行動規範といった観点から既存の条約の範囲内で基本的義務遵守の確保といった限定された範囲ではあるもののBWCの規範性強化が試みられている[66]。

なお，最近の興味深い動向として，2016年に開催が予定されている第8回BWC運用検討会議に向けイニシアティブとして，ロシアが，1994年に合意されたBWC検証議定書交渉を再開させるべく，BWC締約国の見解取纏めを行った結果が2014年のBWC専門家会合で発表された[67]。それによれば28か国から回答が（反対は3か国）あったとのことであり，交渉再開に到るのは容易ではないものと思われるものの，今後の動向が注目される。

3　化学兵器禁止条約（CWC）

CWCは1925年ジュネーブ議定書の作成以来，国際社会が追求してきた化学兵器軍縮を扱うはじめての条約である。CWCは比較的長い前文（10段落），24条及び詳細な3議定書からなり，CTBT等その後の検証制度を伴った条約交渉に際し有益な前例となっている[68]。締約国の権利義務関係といった検証制度の詳細を法的に規定する必要から，CWC全体の8割が条約本体ではなく，

---

[66] Treasa Dunworth, Robert J. Mathews and Timothy McCormack, "National implementation of the biological Weapons Convention," *Journal of Conflict and Security Law*, V. 11-1. (2006), p. 118
　例えば同論者はBWCの実効的な実施のためには，その法的義務のみならず，生物テロの防止，生物テロリストの「隠れ家」を許容しないことが重要であると結論付けている。
[67] Statement by the Russian delegation at the meeting of experts of the Biological and Toxin Weapons Convention, at http://www.the-trench.org/wp-content/uploads/2014/08/MX-Statement-Russia-20140804.pdf
[68] 3つの附属書は，化学物質に関する附属書，実施及び検証に関する附属書（「検証附属書」）及び秘密情報の保護に関する附属書（「秘密扱いに関する附属書」）が作成されている。

第4章　大量破壊兵器関連条約

附属書等に記載されている[69]。その結果，このような階層化された条約構造により，条約本体は大部のCWC全体と比較してバランスの取れたものとなっている。

化学兵器及び関連要素の定義については，CWC第2条に化学兵器，毒性化学物質，前駆物質，二成分又は多成分の化学系の必須成分，老朽化した化学兵器，遺棄化学兵器，暴動鎮圧剤，化学兵器製造施設，この条約によって禁止されていない目的，生産能力及び製造，加工，消費といった関連する化学産業の活動まで包括的かつ詳細な定義がおかれている。これらの定義との関係では，化学物質の毒性を戦争の手段として利用するものではない軍事的目的使用，国内の暴動の鎮圧を含む法の執行のための目的の場合は化学兵器の使用が禁止されていないことが条約の「抜け穴」になりかねないとの批判もある[70]。

この中で使用を前提とした化学兵器は備蓄された化学兵器と二成分又は多成分の化学系の必須成分の2カテゴリーの形態が想定されている。また，老朽化した化学兵器，遺棄化学兵器といった老朽化した化学兵器の区別となるカットオフ・デートについては，1925年ジュネーブ毒ガス議定書作成時，1946年の第2次世界大戦終了時が使用されている。また，それ以外にも海中投棄・地中埋設された化学兵器については，「締約国の裁量」に委ねるとする申告時の除外規定が設けられている[71]。このような規定の背景については，それ以前の化学兵器は大量に製造・使用されていたため製造場所及び製造年の特定が困難

---

(69) Lang Winfried, Gehr Walter, "La Convention européenne sur les armes chimiques et le droit international," *Annuaire Français de Droit International*, vol. 38 (1992), p. 137.

(70) *Ibid.*, Lang Winfried, Gehr Walter, La Convention européenne sur les armes chimiques et le droit international, p. 138.
　暴徒鎮圧剤の問題は交渉時の重要な論点のひとつであったが，第1条9(c)5は，化学兵器の使用に関連せず，かつ，化学物質の毒性を戦争の方法として利用するものではない軍事的目的での使用を禁止対象とせず除外している。

(71) 例えば，CWC第3条2に規定されている老朽化した化学兵器については，この条の規定及び検証附属書第4部の関連規定は，1977年1月1日前に締約国の領域内に埋められた化学兵器であって引き続き埋められたままであるもの又は1985年1月1日前に海洋に投棄された化学兵器については，当該締約国の裁量により適用しないことができると規定しており，ロシアといった国が化学兵器を大量に海洋投棄している歴史的事実を踏まえ，現実的な観点からこのような規定が設けられたとされる。

という事情もあるとされる[72]。

　CWCとBWCの前文を比較すると5つの共通点があることが伺われる。即ち，CWCが厳重かつ効果的な国際管理の下における全面的かつ完全な軍備縮小（あらゆる種類の大量破壊兵器の禁止及び廃棄を含む。）に向けたものであること，国際連合憲章の目的及び原則の実現に貢献するものであること，1925年ジュネーブ議定書により課された義務を再確認，国連総会が1925年ジュネーブ議定書の原則及び目的に反するすべての行為に対する非難，デュアル・ユース物資及び技術といった化学産業への配慮が言及されている。その一方で，条約交渉時に議論となった戦争の方法としての除草剤の使用の禁止が関連する協定及び国際法の原則において定められていることについて，ベトナム戦争での枯葉剤の使用を意識した規定となっているのは妥協の産物である。CWCの基本的義務について，第1条は化学兵器の使用等「いかなる場合でも」禁止されている行為を限定列挙した上で一般的義務として規定しており，更に2種類の化学兵器及び化学兵器生産施設の廃棄についても義務化している。

　また，条約の確実な履行を確保する観点から，CWC第3条，同第4条及び同第5条が基本的義務の履行を強化する形で規定されている。先ず，同第3条により検証活動が開始される時点の状況を把握するため，締約国からOPCWへの申告から検証プロセスが開始される[73]。更に，同第5条は化学兵器生産施設について化学兵器生産を直ちに停止，施設を閉鎖し，化学兵器生産施設並びに関連する施設及び設備を廃棄することを義務付けている。また，廃棄期限については実際には期限内の完全な廃棄が困難との実情を踏まえた10年間の猶予もあわせ規定されている[74]。更に，やむを得ず必要となる例外的な場合のみならず，工業，研究，医療又は製薬の目的その他の平和的目的のために使用する施設といった適用除外条件等について条約本体に詳細に規定されている。

　デュアル・ユース化学物資については，CWC第6条11は，この条の規定

---

(72) Walter Krutzsch and Ralf Trapp, *A Commentary on the Chemical Weapons Convention*（Martinus Nijhoff Publishers, 1994), p. 39.
(73) 化学兵器の廃棄の詳細については，検証附属書第4部(a)に記載されている。
(74) 例えば，米国は2007年4月29日までの化学兵器廃棄期限内の義務履行が困難であるとして2012年4月まで5年間の廃棄期限延長申請を行っている。 at http://2001-2009.state.gov/t/isn/rls/fs/64874.htm (as of 6 March 2014)

第 4 章　大量破壊兵器関連条約

については、締約国の経済的又は技術的発展及びこの条約によって禁止されていない目的のための化学に関する活動の分野における国際協力（この条約によって禁止されていない目的のための化学物質の生産、加工又は使用に関する科学的及び技術的情報、化学物質並びに装置の国際的な交換を含む。）を妨げないように実施すると規定して、査察の対象としつつも化学産業等への影響を最小限にする工夫がなされている。特に表 2 剤及び表 3 剤の前駆物質は化粧品等多様な民生用品にも使用されるため[75]、新製品の開発等に対応できるよう定期的な更新が想定された別途の附表に規定された上で簡素化された修正手続により改定される[76]。

　CWC の国内実施については、CWC 第 7 条がまず締約国に一般的に課される義務を規定し、その上で国内当局の指定といった締約国と機関の関係について 2 カテゴリーの国内実施措置を規定している。特に国内実施に際しては、人の安全を確保し及び環境を保護することを最も優先させるものとした上で、法律上の援助も含めて各国との協力を義務付けており、同条約は国内実施が各国の国内法立法により行われるとしている。これは、多くの国では罰則規定を伴う形で国内法担保が実施される実態に鑑みると、特に刑事司法分野は各国の主権が強く影響する分野であり、一般的規則を定めた CWC と多様な各国法体系の下での条約の国内実施に際して各国での対応を調和させる機能を果たしている[77]。

---

(75) 例えば、ジオジグリコールはマスタードガス製造にも使用されるため表 2B 剤の前駆物質として指定されている一方で、ボールペンのインク等にも使用される。

(76) CWC 第 2 条は、検証措置の実施のために特定された毒性化学物質及び検証措置の実施のために特定された前駆物質は、それぞれ化学物質に関する附属書の表に掲げるとして、技術的詳細を別途の附属書の表により規定している。もっとも、例えば、日本の解釈では毒性の有無を基準としており、表剤に該当しない旧軍毒ガス弾の赤剤、緑剤も化学剤に該当するとしている。（平成 19 年 11 月 2 日（金）の衆議院外務委員会における西政府参考人による国会答弁。 at http://www.shugiin.go.jp/internet/itdb_kaigiroku.nsf/html/kaigiroku/0005186820071102003.htm）

(77) Supreme Court Limits Holding in Bond, Not Reaching Constitutional Treaty Implementation Authority, ASIL News Briefing,Vol.18, 25 June 2014, at http://www.asil.org/insights/volume/18/issue/14/supreme-court-limits-holding-bond-not-reaching-constitutional-treaty（05 July 2014）.
　例えば 2014 年 6 月 2 日、米国最高裁は、不倫の配偶者パートナーに対する化学剤に

第2節　生物兵器及び化学兵器関連条約

　条約の実施機関として，CWC第8条は一般規定，締約国会議，執行理事会，技術事務局及び特権免除について規定している。まず冒頭で，締約国は，この条約の趣旨及び目的を達成し，この条約の規定（この条約の遵守についての国際的な検証に関する規定を含む。）の実施を確保し並びに締約国間の協議及び協力のための場を提供するため，この条約により化学兵器の禁止のためとするOPCWの設立目的を明らかにしている。その一方で，検証に際してはできる限り干渉の程度が低く，かつ，検証活動の目的の適時の及び効果的な達成に合致する方法で，この条約に規定する検証活動を行うとして，締約国の主権にも配慮した表現となっている。

　CWCの主要な意思決定機関として，この条約の実施を監督し，並びにその趣旨及び目的を推進するために行動することを目的として開催される締約国会議があげられる。同会議は，全ての締約国が参加して通常は年1回開催されるが，必要に応じて特別会合も招集される。また，広範な事項につき検討する権限が付与されており，この条約の範囲内のいかなる問題又は事項（執行理事会及び技術事務局の権限及び任務に関するものを含む。）も検討し，締約国が提起し又は執行理事会が注意を喚起するこの条約に関するいかなる問題又は事項についても，勧告及び決定を行うことができるとされている。更に，この条約に従いこれらのいずれの内部機関に対してもその任務の遂行に関し指針を与えることができるとされ，OPCWの最高意思決定機関として機能することが期待されている。

　他方，執行理事会は締約国会議のためにOPCWの主要な意思決定を適時に行う執行機関として機能する。同理事会は41か国から構成され，1年間に通常は3回開催され，締約国会議と比較して迅速に事態対処が可能である。また，執行理事会は，この条約によって付与される権限及び任務並びに会議によって委任される任務を遂行するとされており[78]，例えば，締約国会議が事前に承

　　よる傷害事件が米国CWC実施法に違反するとしていたBond vs. United States事件第2審判決を，当該犯罪は純粋に各州の刑事管轄権に属するものであり，連邦法の適用をすべきものではないとして破棄した。この例に見られるように，米国の場合は連邦制による留保（federalism reservation）が行われることが多いなど，各国により国内法実施も多様であるのが実情。

(78)　CWC第7条30は，（前略）執行理事会は，この条約によって与えられる権限及び

第4章　大量破壊兵器関連条約

認することを条件に他国及び他の国際機関との国際約束締結権能も付与されているほか，科学技術的側面からの監督も期待され，広範囲なOPCWの活動にかかる意思決定を行っている。なお，技術事務局の機能については，例えば，CWC第8条38及び同39は作業計画及び予算案の策定，報告書の作成，その他機関の技術的・行政的支援といった国際機関の事務局としての機能を遂行するための権限を定めている。

また，検証体制の概要は条約本体に規定されており，定義，手続といった主要な詳細部分は検証附属書により定められている。検証プロセスは，CWC第3条に従い，化学兵器，老朽化した化学兵器，遺棄化学兵器について締約国側からの申告により開始される。化学兵器生産施設については，CWC第4条の規定に従い同様の検証が実施される。更にCWC第6条の規定する化学産業に対する査察はデュアル・ユース物資も想定し，化学剤及び前駆物質が条約により禁止されている用途のため使用されていないか等を検証することが主要な任務とされ，その検証の目的は異なっている。

CWCは条約不遵守に対する2種類のメカニズムを想定している。即ち，協議及び協力，並びに事実調査，更により介入的（inpusive）なチャレンジ査察であり[79]，条約違反に対する抑止力としてのみならず不遵守を阻止する上で重要な役割を果たしている。前者について，締約国はあいまいと認められる事態又は他の締約国によるこの条約の違反の可能性について懸念を引き起こす事態を明らかにするための説明を他の締約国から得るよう執行理事会に要請する権利を有する。他方，後者のチャレンジ査察の場合は執行理事会の承認といった一連の手続きを経て[80]，他の締約国の領域内又は他の締約国の管轄若しく

　　任務並びに会議によって委任される任務を遂行する。執行理事会は，これらを遂行するに当たり，会議の勧告，決定及び指針に従って行動し，並びにこれらの勧告，決定及び指針の適切かつ継続的な実施を確保するとして，OPCWへの監督のみならず締約国会議に代わり様々な意思決定を行うと規定されている。

(79)　Masahiko Asada, "The challenge inspection system of the Chemical Weapons Convention: Problems and prospects," *The Chemical weapons Convention, Implementation, challenges and Operations* (United Nations University Press, 2003), p. 76.
　　CWC第8条1から7は協議の手続きについて，同条8条8から25はチャレンジ査察制度の事実調査について規定している。
(80)　いわゆる「レッド・ライト方式」により，第9条17は執行理事会は，査察の要請

第 2 節　生物兵器及び化学兵器関連条約

は管理の下にあるその他の場所におけるいかなる施設又は区域に対しても申立てによる現地査察を要請する権利を認めている[81]。もっとも，チャレンジ査察はこれまで実際に発動されたことはなく，今後も発動される可能性は小さいものと思われるものの，条約違反を防止する上で抑止力を提供している。

更に，CWC 第 12 条は事態の是正及び CWC の遵守確保のための措置（制裁を含む）を規定し，その実施のため締約国会議に主要な権限を付与している。具体的には，会議は，この条約の遵守を確保し並びにこの条約に違反する事態を是正し及び改善するため[82]，同条に規定した必要な措置を取ることが出来るとされる。また，是正措置が適切かつ効果的となるよう[83]，国際法に適合する集団的な措置と一般的な文言とされているため，その適用範囲が必ずしも明確でないためその解釈が問題となりうる。しかしながら，化学兵器の使用が国際の平和と安全に直結することから，国連憲章第 7 章の規定する措置をさすものと解される。

紛争の平和的解決について，CWC 第 14 条 1 が，条約の適用及び解釈上の問題は，この条約の関連規定に従い及び国際連合憲章の規定によって解決すると定め，適用すべき国際法として CWC 及び国連憲章を明示している。また，早期解決を図るために，交渉又は当該関係当事者が選択するその他の平和的手

が根拠がなく，権利を濫用するものであり又は 8 に定めるこの条約の範囲を明らかに超えると認める場合には，査察の要請を受領した後 12 時間以内に，執行理事会のすべての理事国の 4 分の 3 以上の多数による表決で，申立てによる査察の実施に反対することを決定することができると定めている。このため執行理事会が中止を決定すると査察は直ちに中止される。

(81)　CWC 第 9 条 19 は，チャレンジ査察を要請する法的根拠となっている。また，申立てによる査察は，検証附属書第 10 部の規定に従い又は化学兵器の使用若しくは戦争の方法としての暴動鎮圧剤の使用の疑いがある場合には同附属書第 11 部の規定に従って行う。査察団は，できる限り干渉の程度が低く，かつ，任務の効果的な及び適時の遂行に合致する方法で申立てによる査察を行うとの原則を指針とすると規定しており，9 条 8 は全ての締約国にとり査察要請国としての権利を保障している。

(82)　CWC 第 12 条 4 はこのように規定しているが，CTBT では国際連合に注意喚起をすることが出来るとしている。

(83)　Lisa Tabassi, "The Convention on the Prohibition of the Development, Production, Stockpiling and Use of Chemical Weapons and on their Destruction (Chemical Weapons Convention)," *Making Treaties Work: Human rights, Environment and Arms Control* (Cambridge University Press, 2010), p. 295.

第4章　大量破壊兵器関連条約

段（この条約に規定する適当な内部機関に対し提起すること及び合意により国際司法裁判所規程に従って国際司法裁判所に付託することを含む。）によることも示唆している。更に，執行理事会及び締約国会議も仲介のみならず，両機関とも国連総会の承認を得ることを条件に ICJ に法的見解を求めることが出来るとされる[84]。

条約改正手続について，第15条は2種類の改正方法，即ち，いわゆる一般的な条約改正のみならず簡素化された修正手続も想定している。CWC の条約改正については，①改正会議において，いかなる締約国も反対票を投ずることなく，すべての締約国の過半数の賛成票により採択されること，②改正会議において賛成票を投じたすべての締約国が批准し又は受諾することの2重の要件を満たすことが改正発効のために必要とされる。その一方で修正は，この条約の実行可能性及び実効性を確保するため，附属書の規定は，修正案が運営上の又は技術的な性質の事項にのみ関連する場合には修正の対象となるとされ（CWC 第14条4），事務局長による締約国への通知及び執行理事会の検討を経た勧告に対する黙示の承認を経て効力を発する。このような法技術は内容の定期的変更が求められる技術的条約には有益な手法であり，他の海事条約等でも活用されている[85]。

CWC 運用検討会議は，最近では 2003 年，2008 年及び 2013 年に締約国会議特別会期として開催された。運用検討会議の開催頻度については，軍縮分野では事実上の規範として NPT 及び BWC に見られるように，5年毎に開催される慣行が確立されているが[86]，CWC 交渉時には必ずしも明確にされていな

---

(84) 阿部達也「ブスターニ事件──ILO 行政第 2225 判決事件──」『外務省調査月報』，2007 年，第3号，12頁。
　　法律的な問題は CWC 第14条5の手続（即ち，国連総会の承認）を経て ICJ に付託されるが，法的問題であっても OPCW の職員雇用問題といった事務内部の行財政的な訴訟問題については ILO 裁判所等で処理される。

(85) Marlgosia Fitzmaurice and Panos Merkouris, "Amendment and modification of non-proliferation treaties," *Non-proliferation Law as a Special Regime: A contribution to fragmentation theory in International Law* (Cambridge University Press, 2012), p. 53.

(86) Robert Mathews, "*The First Review Conference of the Chemical Weapons Convention; a drafter's perspective, The Chemical Weapons Convention,*" (United Nations University

第2節　生物兵器及び化学兵器関連条約

かった。しかしながら、CWC も含めて今日では5年間の運用検討会議開催頻度は殆どの軍縮条約で慣行として確立されている。また、その開催目的として条約上の義務の不遵守に対する是正措置の検討のみならず、CWC も検証制度を中心とした技術的検討も必要とされるため、その検討においては、関連する科学的及び技術的発展を考慮するとする技術革新への対応の必要性を運用検討会議の任務のひとつとしている。これは CWC の検証制度をより効率的かつ実効的なものにするため、CTBT の検証制度と同様に CWC の検証制度を常に最新の状態に保つ観点から不可欠である。

　CWC の効力は無期限とされている一方で、脱退の権利を認めることにより締約国の権利義務関係の衡平を確保している。具体的には、CWC 第16条は、締約国がこの条約の対象である事項に関係する異常な事態が自国の至高の利益を危うくしていると認める場合には、その主権を行使してこの条約を脱退する権利を有することを認めている。具体的手続としては、他のすべての締約国、執行理事会、寄託者及び国際連合安全保障理事会に対しその90日前にその旨を通告すること及び国際法の関連規則、特に1925年ジュネーブ議定書に基づく義務を引き続き履行することについての国の義務に何ら影響を及ぼすものではないことを条件としており、CWC においても条約からの脱退による悪影響を最小化する工夫がなされている。

　CWC の発効要件は、軍縮分野では最大数の65か国による批准を発効要件とする単純多数方式を採用しており、インドが CTBT との関連で批判したように特定の国の批准等を条件としていない。CWC は署名開放4年後の1997年に発効しており[87]、この条約は詳細な検証制度を伴う軍縮分野では最初の条約である。このため、CTBT 等その後の条約交渉の有益な前例を提供している一方で、条文の詳細を見ると文言の重複等改善の余地もある。

　生物兵器・化学兵器軍縮については、化学兵器禁止条約の交渉は特に冷戦期は東西対立もあり必ずしも容易ではなかった。しかしながら1992年にようや

Press, 2006), p. 45.
(87)　2013年に化学兵器使用疑惑に起因する国際社会の圧力もありシリアが加入し、2014年9月の時点で締結国190か国であり、署名済み未批准国はイスラエル、ミャンマー、未署名国はアンゴラ、エジプト、北朝鮮及び南スーダンとなった。

第4章　大量破壊兵器関連条約

く合意されており，1991年のソ連邦崩壊による冷戦終結もCWC交渉妥結の無視し得ない背景要因のひとつであると思われる。その後の国際刑事裁判所（ICC）規程改正による，同第8条2の対象犯罪の拡大に伴う生物・化学兵器の戦争犯罪化[88]，「アラブの春」プロセスの中で2013年に生じたシリアの化学兵器使用の疑惑とその後の廃棄に向けての動きは国際社会からも高い評価を受けている[89]。BC兵器の軍縮は時間をかけつつも着実に進展しており，特にシリアにおける化学兵器問題解決に重要な役割を果たしたOPCWは2013年ノーベル平和賞を受賞した[90]。

以上，本章では大量破壊兵器関連条約の内容を概観したが，その一方で核軍縮は，NPT運用検討会議が成功と失敗を繰り返す中で北朝鮮等の核開発による挑戦に晒され，また，多数国間フォーラムでの核軍縮措置は大きな進展が見られない状態が続いている。CTBT発効の見通しが立たないのみならず，CDでのFMCT交渉開始の見通しがないのが実情である。このように大量破壊兵器関連軍縮全体で見ると，残念ながら大きな進展が見られないのが実状である。

---

(88) Julian Fernandez et ali., *Statut de Rome de La Cour Pénale Internationale : Commentaire collectif article par article*（Pedone, 2012），p. 164.
(89) UN Doc. A/67/997-S/2013/553, 16 September 2013, pp. 1-41.
(90) CWC press release, "Nobel Peace Prize 2013 received by OPCW Director-General: "Working Together for a World Free of Chemical Weapons, and Beyond," 10 December 2013. at http://www.opcw.org/news/article/nobel-peace-prize-2013-received-by-opcw-director-general-working-together-for-a-world-free-of-ch/ (as of 15 December 2013)

第 5 章 通常兵器関連条約

　通常兵器の範囲は非常に広く，銃器から戦車，軍用機等まで含まれる。換言すれば大量破壊兵器を除く全ての兵器が該当するとされ，例えば，国連軍備登録制度は通常兵器を具体的な 7 つのカテゴリーに分類している[1]。また，通常兵器関連条約としては，後述する 4 つの条約が既に作成されているが，小型武器については，米国やスイス等銃規制に強く反対する国もあり，通常兵器のなかでも使用制限・禁止のための軍縮条約作成にまで至っていないのが実情である。このため，国連小型武器行動計画といった法的拘束力のない指針のレベルでしか国際的に合意が形成されていない実状もあり，小型武器問題は後述の軍縮分野のソフト・ローの章で扱う。また，2013 年 4 月，国連総会により採択された ATT では国連軍備登録制度の 7 カテゴリーと小型武器が条約の適用対象とされており，小型武器の不法取引防止の観点から大きな進展であると評価されうる。近年においても攻撃型の無人機（drone）等新たな通常兵器が開発・使用されている中で，その中核となる通常兵器の範囲については，ATT により概ね共通の理解が生まれることとなった。通常兵器分野の軍縮はその攻撃能力の差等から大量破壊兵器分野の軍縮と比較して軽視されがちである。しかしながら，武力紛争での実際の使用頻度及び文民を含めた多数の犠牲者が生

---

[1]　UN Doc. A/52/316, 29 August 1997, p. 69.
　　同文書附属書 I には国連軍備登録制度の対象とする通常兵器の 7 つのカテゴリー（具体的には(1)戦車，(2)装甲戦闘車両，(3)大口径火砲，(4)戦闘用航空機，(5)攻撃ヘリコプター，(6)軍用艦艇及び(7)ミサイル及びその発射基）が定められているが，これらは 1997 年当時に検討された攻撃型の大型兵器を中心に対象とされたものである。例えば，最近人権理事会でその使用が文民被害者を生じかねないことから，非人道的であるとして問題提起された無人ロボット兵器等は対象外とされている。なお，後述のとおり，2013 年 4 月に作成された ATT では上記 7 カテゴリーに加えて，小型武器も含めて規制の対象となっている。

第5章 通常兵器関連条約

じている実情もあり，軽視すべきでないものと思われる。

第1節　特定通常兵器使用禁止制限条約（CCW）

　特定通常兵器使用制限禁止条約（CWC）は，その前文により，武力紛争の当事者が戦闘の方法及び手段を選ぶ権利は無制限ではないという国際法の原則並びに武力紛争においてその性質上過度の傷害又は無用の苦痛を与える兵器，投射物及び物質並びに戦闘の方法を用いることは禁止されているという武力紛争法の原則に立脚していることを明らかにしている。このように，CWC は国際人道法の側面を有する軍縮条約であり，CCW の原点は 1868 年のサン・ペテルスブルグ宣言，1899 年及び 1907 年ハーグ陸戦規則に遡ることが出来る。同条約の契機は国際赤十字委員会のイニシアティブにより開催された 1956 年会合で同条約草案が検討されたことを端緒としている。更にその後，国際赤十字主催外交会議での交渉を経て，1968 年に国連総会で最終的に採択されている[2]。このような経緯もあり，CCW 及び附属議定書が意図した主たる目的は国際人道法の観点から通常兵器の使用を制限・禁止することであった。CCW は本体条約及び 3 つの附属議定書が作成され，その後，更に 2 つの附属議定書が作成されている[3]。即ち，CCW 本体条約が枠組み条約として機能し，将来新たな兵器が開発・使用され，CCW による規制が必要とされた場合には，政府専門家会合での検討を経て議定書交渉が行われる。このように，CCW の下では附属議定書により規制対象の兵器が拡大されることもあり，本体条約は一般的な規定のみから構成されている。附属議定書には対象とする特定の通常兵

---

(2)　Jean-Marc Laveille, *Droit international du Désarment et de la maîtrise des armements* (Le Harmattan, 1997), p. 290.

(3)　個別の通常兵器について規制する附属議定書については，当初「検出不可能な破片を利用する兵器に関する議定書（議定書 I）」，「地雷，ブービートラップ等の使用の禁止又は制限に関する議定書（議定書 II，但し 1996 年に改正（改正議定書 II））」，「焼夷兵器の使用の禁止又は制限に関する議定書（議定書 III）」が作成されていたが，その後「失明をもたらすレーザー兵器に関する議定書（議定書 IV）」及び「爆発性戦争残存物（ERW）に関する議定書（議定書 V）が作成された。

第 1 節　特定通常兵器使用禁止制限条約（CCW）

器毎の使用制限・禁止事項に係る規定が置かれている(4)。最近の事例として最終的に交渉は決裂したもの，2011 年には第 4 回運用検討会議で交渉されたクラスター弾条約を対象とする議定書交渉が 2011 年に行われ(5)，更に 2013 年には条約交渉自体ではないものの，自律型致死兵器システムについても非公式協議により CCW での扱いについて議論することに合意されたことがあげられる(6)。

　また，前文冒頭には，国連憲章第 2 条 4 に由来する「国際関係における」武力行使の威嚇・使用の禁止等を想起すること，文民たる住民を保護するという一般原則，更に上述の国際法の原則並びに武力紛争においてその性質上過度の傷害又は無用の苦痛を与える兵器，投射物及び物質並びに戦闘の方法を用いることが禁止されるという原則について具体的に言及している。他方で，CCW は軍縮条約として，厳重かつ効果的な国際管理の下における全面的かつ完全な軍備縮小への進展に貢献するためにあらゆる努力を継続することの重要性を認識するとして，全面完全軍縮との関連についても言及している。

　CCW 本体条約自体は枠組み条約であるため，基本的義務の規定はそれぞれの議定書に委任されている一方で，適用範囲については，第 1 条及び第 2 条の他の国際取極との関係に言及されている。特に後者は，武力紛争の際に適用される国際人道法により締約国に課される他の義務を軽減するものではないと規定している。また，CCW 第 1 条 1 がジュネーブ条約共通第 1 条 1 を引用して

---

(4)　Convention sur certaines armes classiques : at http://www.unog.ch/80256EE600585943/(httpPages)/4F0DEF093B4860B4C1257180004B1B30#］(as of 25 May 1012)

(5)　Draft Protocol on cluster munitions Submitted by chairperson, Group of Governmental Experts of the High Contracting Parties to the Convention on Prohibitions or Restrictions on the Use of Certain Conventional Weapons Which May Be Deemed to Be Excessively Injurious or to Have Indiscriminate Effects, 13 August 2011.
　　この CCW 議定書 IV 交渉は，既に作成されていたクラスター弾条約を弱めるものであるとして反対する国と伝統的なコンセンサス方式による CCW の枠組みで交渉すべしとする国の間で対立が生じ，最終的に交渉は決裂した。

(6)　CCW Doc. CCW/MSP/2013/10, 16 Dec 2013, para32, p.5
　　なお，本件は 2014 年 CCW 締約国会議において，2015 年にも非公式協議が継続されることとなった（後掲注(44)参照）。

第5章 通常兵器関連条約

いることから，すべての宣言された戦争又はその他の武力紛争の場合に適用されるものと解される。他方で，締約国の領域の一部又は全部が占領されたすべての場合の適用範囲についての規定を踏まえると，地理的制限が生じる可能性があるものの，これは武力紛争が発生した場合を可能な限りカバーしようとする努力の結果である。

CCW の国内適用については明示的な規定が置かれていない。しかしながら，CCW 第6条は，武力紛争が生じているか生じていないかを問わず，自国において，できる限り広い範囲においてこの条約及び自国が拘束されるこの条約の補足議定書の周知を図ること並びに，特に，この条約及び当該附属議定書を自国の軍隊に周知させるため自国の軍隊の教育の課目にこの条約及び当該附属議定書についての学習を取り入れる締約国の義務を規定している。これらは同条約上の義務を履行する主体が各国の軍隊であることが想定されることから，同条が国内実施規定として機能することになる。

CCW は条約実施のための事務局についての規定を有しないものの，国連軍縮部 (UNODA) ジュネーブ支部の中に履行支援ユニット (Implementation Support Unit, ISU) が設立されている[7]。同ユニットは UNODA 職員が兼任しており，その通常予算は CCW 締約国からの分担金を活動のため原資としている。CCW の意思決定機関としては，締約国会議が最も重要な会合であり，実際の条約実施のための検討や新たな議定書交渉などは，政府専門家会合の形で協議が行われる。ISU の任務のなかには，CCW，改正議定書 II，議定書 V の締約国会合により開催が決定された会合へ必要な文書の準備といった事務的支援も含まれる[8]。

CCW 本体条約は枠組条約であり，実体的な規定は補足議定書に委任されているため，条約の不遵守が生じた場合の事態の是正についての規定は設けられていない。これまでも条約の実施に伴い遵守メカニズムの必要性が提案されることがあったものの，第3回締約国会議は新たに条約実施に際しての遵守確

---

[7] CCW/MSP/2009/5, 20 November 2009, p. 7, para. 34.
　　同文書により，CCW 締約国会議は各締約国による条約実施のための ISU を設立した。
[8] *Ibid.*, CCW/MSP/2009/5, p. 7, para. 36.

第1節　特定通常兵器使用禁止制限条約（CCW）

保のためのメカニズムを承認した(9)。この決定によりCCW締約国は、同決定に従い、二国間での協議及び協力、国連事務総長の仲介またはその他自由に選択された方法により事態の是正を図るものとされ、その主要任務、締約国の法的義務の履行または問題解決に係る全ての懸念の解消を目的としている。なお、同メカニズム設置の決定により、各国からのCCW及び附属議定書の履行状況についての報告書提出フォーマットも採択した上で提出を奨励しており、各締約国間の信頼醸成措置としても機能している(10)。

条約の運用検討メカニズムについては、CCW第8条3a）の規定を根拠にCCW運用検討会議が召集される。多くの軍縮条約の運用検討メカニズムの慣行に従い、2001年以降CCW運用検討会議は5年毎にジュネーブで開催されている。更に、同第8条1は条約改正手続についても規定しており、いずれの締約国も、この条約の効力発生の後いつでも、この条約又は自国が拘束されるこの条約の附属議定書の改正を提案することができるとされる。また、改正に必要な手続は、条約寄託者が提案を受けた改正案を全ての締約国に通知することから開始され、CCWの改正は締約国のみにより採択され、CCW附属議定書の改正は当該附属議定書によって拘束される締約国のみにより採択される旨規定されており、コンセンサスで採択されることが慣行となっている。

有効期間については、明示的に無期限とする規定がない。他方で、廃棄規定が設けられているものの、条約の終了が規定されていないことから、特段の反対がない限り効力は無期限であると解釈されている(11)。条約の廃棄についてCCWはいずれの締約国も寄託者に廃棄の通告を行うことにより、この条約又はこの条約のいずれの附属議定書も廃棄することができる旨規定されている。もっともこの廃棄の権利は無制限に認められている訳ではなく、一定の制限が課されている他（後掲注13参照）、ウィーン条約法条約第60条5も、人道的性

---

(9)　CCW/CONF.III/11（Part II）Annexe II, p. 15.
　　同文書により、条約の遵守を統制するメカニズムの設置が決定された。
(10)　CCW/MSP/2007/5, 3 December 2007, p. 9, paras. 31-32.
(11)　藤田久一『軍縮の国際法』（日本評論社、1985年）302頁。
　　同書では、一般に「廃棄」は二国間条約で「脱退」は多数国間条約で用いられるが、両者は必ずしも区別されず、条約から離脱する意味で、二国間条約ならそれにより一般的に終了することになると説明されている。

99

第5章　通常兵器関連条約

格を有する条約に定める身体の保護に関する規定，特にこのような条約により保護される者に対する報復（形式の如何を問わない）を禁止する規定については適用されないと規定しているため[12]，このような一定の制限が存在するものと解される。

CCWの発効要件については，20か国の締結が必要とされ，その9か月後に発効するものとされているが，各附属議定書については発効要件を満たした後6か月後に発効する一方で，CCWの場合，廃棄については他の条約に比較して詳細な条件が付されている[13]。締約国となる同意の方法はウィーン条約法条約第11条に示された方法と同じであるが，附属議定書については手続が簡素化され，同意の通報のみで十分とされる。その一方で，条約発効要件としては本体条約及び補足議定書の双方とも20か国による締結が必要とされている。

CCWの実質的な履行に際しては，補足議定書が重要な役割を占めるが，その役割には一定の制約もあるため，例えば，対人地雷やクラスター弾については十分に活用することが出来なかった。対人地雷問題の人道的問題に国際社会が賛意を示した同時期にCCW議定書II締約国会議が開催され，改正議定書IIが1996年に改正された。その改定により検知不可能な地雷や内戦への適用等適用範囲が拡大されることにより規制が強化されたにもかかわらず，対人地雷の使用は禁止されなかったことに規制推進派の国等には不満が残った[14]。この改正議定書IIについては，多くの国が対人地雷の使用が禁止対象となっていないことに加え，複雑かつ詳細な規定が作成されていたにもかかわらず，対象とする対人地雷の人道的危機には対処しえなかったためとされている[15]。

---

(12)　藤田『前掲書』（注11）3頁。

(13)　CCW第9条2は，廃棄を行う締約国は，当該1年の期間の満了の時において第1条に規定する事態に巻き込まれている場合には，武力紛争又は占領の終了の時まで，及びいかなる場合においても，武力紛争の際に適用される国際法により保護されている者の最終的解放，送還又は居住地の設定に関連する業務の終了の時まで，この条約及びこの条約の附属議定書の義務に引き続き拘束されると規定し，破棄が濫用されないように条件が付されている。

(14)　足立研幾『オタワプロセス──対人地雷禁止レジームの形成』（有信堂高文社，2004年）121頁。

(15)　Stuart Maslen, *Commentaries arms control treaties Volume I: Convention on the Prohibition of the Use, Stockpiling, Productions, and the transfer of Anti-Personnel*

例えば、国際赤十字委員会は改正議定書が対人地雷の使用制限に不十分であり、文民犠牲者を減らすことに貢献しえないことを指摘していた。このような国々の不満が募る中で、人道系国際機関、ICBLといった国際市民社会は有志国による対人地雷禁止条約交渉へと動き始めた[16]。このようにCCWが作成されて以降、気体爆薬、直接エネルギー兵器、ナパーム弾といった、多くのタイプの兵器がその検討対象となったが、これらはCCWの意図と枠組みに合致しているにもかかわらず、市民社会の関心をつかみきれなかった現状がある。[17]

第2節　対人地雷禁止条約

　上述の背景もあり、国家のみならず有志国、国際市民社会を含む対人地雷禁止キャンペーンとしてオタワ・プロセスが開始され、その後新たな国際法立法のモデルとなった[18]。条約法条約第9条は、条約文の採択はその作成に参加した全ての参加国の同意によると規定し、条約交渉において主要な役割を果たすことを前提としている。しかしながら同条約交渉では、国際機関、NGO等が参加する形で交渉が進められ、交渉国以外の主体も条約交渉に重要な役割を果たした事例である。

　対人地雷禁止条約は前文及び本文のみで構成され、附属議定書等は作成されておらず、全てが条約本体に組み込まれている条約である。同条約前文では、敷設後長年にわたってもたらす対人地雷によって引き起こされる苦痛及び犠牲を終止させるとの決意を表明している。そのために、世界各地に敷設された対人地雷を除去するという目標への取組及びこれらの対人地雷の廃棄及び地雷による被害者の治療及びリハビリテーション（社会的及び経済的復帰を含む。）に

　　Mines and their Destruction,（Oxford University Press, 2004）p. 22.
(16)　*Ibid.*, p.23.
(17)　J McCleilland MBE, "Conventional Weapons: a cluster of developments," *International and Comparative Law Quarterly,* Vol. 54 (2005), pp. 755-765.
(18)　Stuart Anderson, "the Ottawa Convention Banning landmines, the Role of International Non-governmental Organisation and the Idea of International Civil Society," *European Journal of International Law,* Vol.11 (2000), p. 109.

第5章　通常兵器関連条約

係る援助の必要性のみならず，対人地雷禁止に向けた一連の国連総会決議及び国際的な合意についても言及している。また，前文最後に，武力紛争の当事者が戦闘の方法及び手段を選ぶ権利は無制限ではないという国際人道法の原則，武力紛争においてその性質上過度の傷害又は無用の苦痛を与える兵器，投射物及び物質並びに戦闘の方法を用いることは禁止されているという原則並びに文民と戦闘員とは区別されなければならないという原則といった国際人道法の根幹にある原則が確認されており，同条約が広い意味での国際人道法の一部をなすという法的性格を有することも明示され，この点はCCWと類似している。

この条約の基本的義務については，第1条1により，締約国に対していかなる場合も，①対人地雷を使用すること，②対人地雷を開発し，生産し，生産その他の方法によって取得し，貯蔵し若しくは保有し又はいずれかの者に対して直接若しくは間接に移譲すること，③この条約によって締約国に対して禁止されている活動を行うことにつき，いずれかの者に対して，援助し，奨励し又は勧誘することを禁止している。また，同条2において，すべての対人地雷を廃棄し又はその廃棄を確保することを締約国に義務付けている。この一般的義務は条約の実施に際して実効的に機能するように，関連する定義規定のみならず，条約の趣旨と目的に反しない限りにおいて除外条件もあわせ規定されている。

第9条は国内実施措置として，この条約によって締約国に対して禁止されている活動であって，自国の管轄若しくは管理の下にある者によるもの又は自国の管轄若しくは管理の下にある領域におけるものを防止し及び抑止するため，立法上，行政上その他のあらゆる適当な措置（罰則を設けることを含む。）をとることを各締約国に要請している。同条は各国の憲法上の手続との関係について明示的に言及していないが，多くの国では罰則規定は罪刑法定主義（*Nulla crimen sine lege*）に基づき定められており，日本の場合は対人地雷禁止法の罰則により国内実施が行われている[19]。もっとも各国の法制度の多様性に配慮

---

(19) 日本国憲法第31条は罪刑法定主義を規定しており，既存の爆発物取締法，武器等製造法の改正のみでは不充分であったため新法立法により対応されることとなり，同条約の国内法担保のためには対人地雷禁止法が制定されている。同法第2条は製造の禁止を，同第3条は所持を禁止しており，これらに違反する場合は同法第23条から第28条

第 2 節　対人地雷禁止条約

して「適当な措置（罰則を設けることを含む）」を取ると規定されている。この表現は国内実施に曖昧さをもたらす可能性が生じる側面があるものの，CCW 改正議定書 II 第 14 条をモデルにしたとされる[20]。このように各国の主権及び法体系の相違に配慮することにより国内実施が容易となるように工夫されている。

対人地雷禁止条約の事務局として，同条約の履行支援ユニット（ISU）が設置されている。ISU はジュネーブ国際人道地雷除去センター（GICHD）の下に設置運営されており，各種会議及び締約国への支援業務を担当している。ISU は 2001 年締約国会議のマンデートにより設置されたが，ISU は締約国会議議長への支援をはじめとする同条約の意思決定機関への支援を幅広く行っている。その一方で，ISU は多目的機能を期待されているものの，わずか数名で運営されており，業務量に対する人員不足等で苦慮している現状に直面している[21]。

また，意思決定機関としては締約国会議が主要な責任を果たすが，締約国は定期的に会合し，その目的は，この条約の適用又は実施につき次の事項（注：同条約第 11 条 1 にはこの条約の運用及び締結状況等の 6 項目が具体的にあげられている）を含む問題を検討するために定期的に会合するとされ，2013 年末までに 13 回開催されている。更に，国連事務総長は特別会期として第 5 条に規定する対人地雷の廃棄との関係で，期間内に廃棄し又はその廃棄を確保することができないと認める場合には，廃棄期限の延長を最高 10 年の期間延長することについて締約国会議又は検討会議に対して要請を行うことができるとされている。さらに同条約交渉時のオタワ・プロセスを反映して，締約国会議及び締約国特別会議には，この条約の締約国でない国，国際連合その他関連する国際機関，地域的機関，赤十字国際委員会及び関連する非政府機関も手続規則に従い

　　に規定された罰則規定が適用される（なお，第 27 条により自然人のみならず法人をも対象とする両罰規定となっている）。
[20]　Stuart Maslen, *Commentaries arms control treaties Volume I: Convention on the Prohibition of the Use, Stockpiling, Productions, and the transfer of Anti-Personnel Mines and their Destruction, supra* note 15, p. 260.
[21]　これまで世界気象機関（WMO）ビル内に設置されていた GICHD は 2014 年 2 月に平和会館（La Maison de la paix）ビルに移転し，対人地雷禁止条約の ISU もクラスター弾条約の ISU とともに同センター内で活動することとなった。

第5章　通常兵器関連条約

オブザーバーとして出席するよう招請することができるとされ，締約国以外にも条約実施に貢献しうる主体の参加が期待されている。

　同条約の検証制度については，条約第8条は遵守の促進及び遵守のための措置を具体的に規定している。同条は各締約国が協調の精神の下で，この条約の実施に関して相互に協議し及び協力し並びに締約国がこの条約に基づく義務を履行することを促進するために協調の精神に基づいて協力することに合意した後，説明要請プロセスが開始され，締約国会議又は締約国特別会議で承認された場合にのみ事実調査団が派遣される。この事実調査団は他の軍縮条約に基づく現地査察と同様に一定の要件を満たした専門家等から構成され，被派遣国においては特権免除も享受する。

　他方，紛争解決については，まずその範囲がこの条約の適用・解釈に関して生ずる紛争と限定され，更に協議・協力することが義務付けられているものの，締約国会議に提起する権利も認められている。紛争の解決の手段については，大量破壊兵器関連軍縮条約と異なりICJに付託することは明示的に示されていない[22]。この点について，締約国会議は，適当と認める手段（あっせんを提供すること，紛争当事国である締約国に対し当該締約国が選択する解決のための手続を開始するよう要請すること及び合意された手続に従って解決するための期限を勧告することを含む。）により，紛争の解決に貢献しうると規定しており，締約国会議が主要な役割を果たすことが期待されている。もっとも，同部分の英語正文は *may bring* any such dispute before the Meeting of the States Parties であり，締約国がICJ規程に基づき付託することを完全に排除しておらず，ICJへの付託は許容されるものと思われる。

　条約改正手続について，締約国は条約発効後のいかなる時も改正案を提案することが出来るとされており，寄託者への通報後に過半数の支持が得られる場合は改正会議が開催される。締約国の過半数により早急の開催を要請される場合を除くほか，締約国会議または検討会議の後直ちに開催され，改正案が出席しかつ投票する締約国の3分の2以上の多数による表決で採択される。更に改

---

[22] Stuart Maslen, *Commentaries arms control treaties Volume I: Convention on the Prohibition of the Use, Stockpiling, Productions, and the transfer of Anti-Personnel Mines and their Destruction, supra* note 15, pp. 268-269.

第 2 節　対人地雷禁止条約

正案は締約国の過半数が寄託した段階で発効し，その後に寄託する国については寄託時に効力を生じる。

　対人地雷禁止条約の運用検討プロセスも，他の軍縮条約同様，5 年間隔で運用検討会議が開催される慣行が確立している。第 1 回目の運用検討会議は条約発効後 5 年目に開催され，それ以降は 3 分の 2 以上の締約国の要請があった場合には，検討会議の間隔をいかなる場合にも 5 年以上とすることを条件として召集される。この条約の運用検討プロセス規定の特徴は開催目的が明示的に列挙されていることであり，この条約の運用及び締結状況を検討すること，運用検討会議を更に開催する必要性及び会議の間隔を検討すること，第 5 条に規定する締約国の要請（地雷廃棄期限の延長）について決定すること，必要な場合には，この条約の実施に関する結論を最終報告において採択することの 4 点があげられている。なお，2014 年 6 月にマプトで開催された第 3 回運用検討会議ではマプト＋15 宣言が採択された他[23]，同会議会期中に米国が将来の批准の可能性を示唆する対人地雷禁止条約関連政策の変更を表明するなどの新たな動きも見られた[24]。

　また，条約の発効要件については 40 か国が批准，受託，承認又は加入により条約に拘束されることに同意した場合は 6 か月後に発効する。また，同条約には暫定適用規定が予め設けられており（条約第 18 条），発効前の状況においても，保有地雷の廃棄以外の基本的義務については，その受託時から暫定適用されることが規定されている。

　この条約の有効期限については，他の軍縮条約と同様に無期限であり，主権の行使として脱退の権利が認められている。その事前通報については，他の全ての締約国，寄託者及び安全保障理事会に対して 6 か月前に行われる必要とされる。もっとも無条件で脱退の権利が認められているわけではなく，脱退する締約国が当該 6 か月の期間の満了の時において武力紛争に巻き込まれている場合には，脱退は，武力紛争の終了の時までは脱退の効力を発しないこと，更に

---

(23)　UN Doc. APLC/CONF/2014/WP. 7, 16 June 2014, pp. 1-3.
(24)　Fact Sheet: Changes to U.S. Anti-Personnel Landmine Policy, June 27, 2014. at http://www.whitehouse.gov/the-press-office/2014/06/27/fact-sheet-changes-us-anti-personnel-landmine-policy（as of 05 July 2014）

は，国際法の関連規則に基づく義務を引き続き履行することについての国の義務に何ら影響を及ぼすものではない，との条件が付されており，脱退の権利の行使には一定の制約が課されている（条約第20条2及び3）。

第3節　クラスター弾条約（CCM）

　クラスター弾条約（CCM）は前文と23条からなり，別途の議定書は作成されていない。先ず，前文を見ると国際人道法の精神及び人命への懸念を契機とする条約作成の目的が示されている。更に，前文末尾においても[25]，国際人道法の主要な原則との明確な関係についても明らかにしており，CCMも国際人道法の側面も有する軍縮条約といえる。

　この条約の基本的義務については，一般的義務及び適用範囲を規定している第1条1により規制対象される兵器が異なる点を除けば，対人地雷禁止条約が求める基本的義務とほぼ同一である。その上でCCMでは，航空機に取り付けられたディスペンサーから散布され，又は投下されるよう特に設計された爆発性の小型爆弾について準用するとされ，他方で，地雷については，適用しないと規定されており，禁止の対象からは除外されている。クラスター条約は条約に技術的「抜け穴」が生じないようにすると同時に，関連兵器の運用性を確保することを目的として，CCM第2条は詳細かつ精緻な定義の規定を設けている。これは米国のように同条約に必ずしも前向きでない国と協力関係にある国も存在する現実も考慮し，このような規定が作成されたものである。

　クラスター弾については，それぞれの重量が20キログラム未満の爆発性の子弾を散布し，又は投下するように設計された通常の弾薬であって，これらの

---

(25)　CCMにも国際人道法の原則について言及されている。CCM前文には，国際人道法の諸原則及び諸規則，特に武力紛争の当事者が戦闘の方法及び手段を選ぶ権利は無制限ではないという原則並びに紛争の当事者が文民たる住民と戦闘員とを及び民用物と軍事目標とを常に区別し，かつ，軍事目標のみを軍事行動の対象とするという規則並びに軍事行動を行うに際しては文民たる住民，個々の文民及び民用物に対する攻撃を差し控えるよう不断の注意を払うという規則並びに文民たる住民及び個々の文民が軍事行動から生ずる危険からの一般的保護を受けるという規則に立脚してと言及されている。

第3節　クラスター弾条約（CCM）

爆発性の子弾を内蔵するものと定義され、あわせて詳細な除外規定が設けられている。これは今日でもレーダ追尾を妨害するため等の目的でチャフ等の放出のため、人道上の問題を生じさせない形での使用が想定される実情もあり除外されている。更に、対人地雷禁止条約の場合に加えて、追加的な義務が課されている。例えば、貯蔵されているクラスター弾の廃棄（第3条）、クラスター弾残存物の除去及び廃棄並びに危険の低減を目的とする教育（第4条）及び国際協力及び支援（第6条）は同条約特有のものであり、その他には犠牲者支援（第5条）についても規定されている（但し、努力規定となっている。）。

備蓄されているクラスター弾の破壊について、締約国は国内法令に従い、作戦上の使用のために保有する弾薬から自国の管轄及び管理の下にあるすべてのクラスター弾を区別し、かつ、当該クラスター弾に廃棄のための識別措置を取った上で8年以内に行うこととされている。またその廃棄を確保することができないと認める場合には、当該クラスター弾の廃棄の完了の期限を最長4年までの期間延長出来るなど、廃棄期限延長についても現実的な規定となっている。更に、近年の環境への配慮を勘案して公衆の健康及び環境保全にも留意することが求められており、環境問題への関心の高まりに配慮されている。

備蓄されたクラスター弾以上に危険をもたらしかねないのはクラスター弾汚染地域に存在するクラスター弾残存物であり、これまでも野外で遊ぶ子供等がクラスター弾残存物に接触して犠牲者になるといった非人道的な事件が発生していたことは広く知られている。このためクラスター弾汚染地域に存在するクラスター弾残存物の除去が義務付けられているものの、汚染地域に広く散乱した残存物を回収して破壊するのは現実には必ずしも容易でない。そのような実状を考慮し、廃棄期限については、できる限り速やかに、その日から遅くとも10年以内に、このような除去及び廃棄を完了すると備蓄されたクラスター弾よりも廃棄期限が柔軟に設定されている（CCM第4条）。さらに、今日においても武力紛争が絶えないこともあり、条約発効後にクラスター弾が自国領域に散布される可能性もある。その場合は、できる限り速やかに、当該クラスター弾がクラスター弾残存物となった現実の敵対行為が終了した後遅くとも10年以内に、このような除去及び廃棄を完了する義務を課す等、この条約は多くの点で実現可能性を考慮した現実的な規定となっている点は評価されるべきもの

第5章　通常兵器関連条約

と思われる。

　基本的義務以外の義務のなかには，国際的な協力と援助を規定する第6条に関連するものもある。同条3に，この条約の実施に関する装置並びに科学的な及び技術に関する情報を可能な最大限度まで交換することを容易にすることを約束するものとし，CCW締約国はそのような交換に参加する権利を有する。締約国は，除去その他この条約の実施に関する装置及び関連する技術に関する情報の人道的目的のための提供及び受領を不当に制限してはならないとし，条約実施のための情報交換等の義務を定めるとともに，国際協力を必要とする分野を特定している。もっともこの条文においても可能な（in a position to do so）国のみが協力等を行うこととされており（CCM第6条4），義務的な表現となっていない。

　透明性について規定する第7条は締約国間の信頼醸成に資するものであり，条約上の義務の遵守を促す効果も有する。各締約国は，国内の実施措置，すべてのクラスター弾（爆発性の子弾を含む。）の総数（それらの型式，型式ごとの数量及び可能な場合には型式ごとのロット番号の内訳を含む。）等を，条約が自国について効力を生じた後できる限り速やかに（遅くとも180日以内に）国連事務総長に報告する義務が定められている。また，この報告制度は同データにはその他の国にもアクセスがあるため，相互の信頼醸成として機能しうるものである。

　上記に加え信頼醸成措置として，CCM第8条は遵守の促進及び遵守についての説明について規定し，同条2は他の締約国によるこの条約の遵守に関する問題を明らかにし，及びその解決を求めることを希望する場合には，当該他の締約国に対し，国連事務総長を通じて，そのような問題についての説明の要請を行うことができると定めている。更に，国連事務総長による要請された説明を促進するためのあっせんといった段階を経て，締約国会議は，問題となっている事項が要請を受けた締約国にとってやむを得ない事情によるものであると認める場合には，適当な措置（第6条に規定する協力のための措置の利用を含む。）を勧告することができると定めている。これは最終的には締約国会議により，この条の規定の遵守についての説明（事実を含む。）及びこの条約に違反する事案の解決のための他の一般的な手続又は特別な仕組みであって適当と認

第3節　クラスター弾条約（CCM）

める措置を含めて対応策が取られるメカニズムとなっている。

第9条の国内実施の規定については，対人地雷禁止条約の規定とほぼ同じであり，CCM条約交渉が対人地雷禁止条約交渉をモデルに行われていることの帰結でもある。唯一の違いは，「立法上，行政上その他の…あらゆる適当な措置（罰則を設けることを含む。）」に加えて，「この条約を実施するため」とされており，同条約の適用範囲を限定するためにこのような措置が取られることが明確にされている。まず，作戦上の使用のために保有する弾薬から全てのクラスター弾を区別し（CCM第3条1），第2点目は被害者支援のために必要な規則を適用することが求められている（CCM第5条1）。

条約事務局については，CCMは国連事務総長に意思決定機関及び締約国支援のための事務局といった複数の任務を付与しており，特に締約国を支援するために，履行支援ユニット（ISU）が設置されている。第2回締約国会議での決定を踏まえてジュネーブ地雷除去センターに同ユニットを設置するため締約国会議議長に交渉権限が付与されるとともに[26]，第3回締約国会議までにその設置が決定された。

意思決定機関としては，CCM第11条は，締約国会議がこの条約の適用又は実施に関する次の事項を含む問題について検討するため及び必要な場合には決定を行うために定期的に会合すると規定しており，主要な意思決定機関となっている。国連事務総長は条約発効後1年以内に第1回締約国会議を招集し，その後は毎年定期的に開催される。また参加方式については，同条3には合意された手続規則に従うことが規定されており[27]，同手続規則を踏まえて，非締約国からNGOまで広くオブザーバーとして参加することができる。

紛争解決手続については，他の軍縮条約と同様にまずは紛争当事国間の協議が行われる旨規定されている。具体的には，交渉又は当該関係締約国が選択するその他の平和的手段（締約国会議に提起すること及びICJ規程に従ってICJに付託することを含む。）によって紛争を速やかに解決するため，協議するものとされ，ICJへの付託も明示的に可能とされている。他方，同規定は締約国会議が積極的な仲介を行うことは想定しておらず，紛争解決の期限を設定することに

---

(26) CCM/MSP/2011/5, 16 septembre 2011, p. 6, para. 29.
(27) CCM/MSP/2010/3, 5 October 2010, pp. 1-8.

第 5 章　通常兵器関連条約

より紛争解決の促進を促すものとされている[28]。

　また，条約改正についても，対人地雷禁止条約の条約改正規定をベースに作成されている。CCM 第 13 条の規定は，赤十字国際委員会，国際赤十字・赤新月社連盟が加筆されていること，および国連事務総長の通報後に，締約国の過半数が当該提案を更に検討することを支持する旨を当該提案の通報の後 90 日以内に同事務総長に通報する場合に開催会議が召集されることを定めている。これは，事務総長がすべての締約国が招請される改正会議を招集するとの 90 日の事前通報の条件に対応するものである。この点は対人地雷禁止条約の場合は 30 日と異なるものの[29]，改正手続（CCM 第 13 条 4）については対人地雷禁止条約とほぼ同じである。

　CCM も運用検討メカニズムを有しており，国連事務総長が条約発効後 5 年後に運用検討会議を招集し，その後は 5 年毎に開催される。運用検討会議の主要な目的は，条約の運用及び締結状況を検討すること等として明文で規定されている。まず，CCM 第 12 条 2 (a)により，運用，適用といった条約の実施について殆どの部分がカバーされているものと理解されている[30]。運用検討プロセスについての同第 12 条 2 (a)と締約国会議についての第 11 条 1 (a)の内容は類似しているものの，前者の目的はあくまでも運用状況を検討することであり，他方で締約国会議は必要に応じて決定を行うこととされている。

　CCM の有効期限については，他の軍縮条約同様に無期限であり，脱退の権利により衡平が図られている。CCM は対人地雷禁止条約をモデルに作成されているため表現はほぼ同一であるが，対人地雷禁止条約にあった「この条約からの締約国の脱退は，国際法の関連規則に基づく義務を引き続き履行することについての国の義務に何ら影響を及ぼすものではない。」の文言は削除されている。交渉記録によれば，同条の規定の草案は対人地雷禁止条約をモデルにしたとされるが，元来は CCW 補足議定書 II の表現に由来するものであり，同

---

(28)　第 10 条 2 はこのように規定しているが，同規定は対人地雷禁止条約と同様であり，CWC の文言に起源するもの。

(29)　Gro Nystuen and Stuart Maslen, *Oxford commentaries on international law: the Convention on cluster munitions: A Commentary* (Oxford University Press, 2010), p. 511.

(30)　*Ibid.*, p. 508.

条約は地雷を扱うものではないとの意見があり最終的に削除されている(31)。

　暫定適用も含め発効要件について両条約を比較すると、唯一の相違点は発効要件国数である。両者とも単純多数方式で対人地雷禁止条約は40か国、クラスター弾条約は30か国と発効に必要な批准国数が異なることであり、発効要件国数が下がったことは条約の発効に向けての障壁が下がったことを意味する。ダブリン外交会議では20か国から60か国の間で様々な提案が行われたが、意見が収斂せず最終的に議長裁定により30か国とすることが提案されて承認された(32)。

　最後にこの条約の特徴のひとつとして、クラスター弾条約に参加が困難な国も現実に存在するという国際情勢を勘案して、非締約国との関係についての規定が設けられていることである。第21条3は、第1条の規定（注：基本的義務）にかかわらず、及び国際法に従い、締約国又はその軍事上の要員若しくは国民は、この条約の締約国でない国であって締約国に対して禁止されている活動を行うことのあるものとの間で軍事的な協力及び軍事行動を行うことができると規定している。この条項により締約国は非締約国との間で、二国間関係又はNATOのような多数国関係において軍事協力の余地が確保され、クラスター弾条約締約国と非締約国との間で軍隊の相互運用が可能となり、同条約の普遍性の確保の観点からも重要な役割を果たしている(33)。

第4節　武器貿易条約（ATT）

ATTは前文に続き、条約の趣旨及び目的、適用範囲及び禁止といった実質

---

(31)　CCM/CW/SR/7, 18 June 2008, p. 2.
(32)　Gro Nystuen and Stuart Maslen, *Oxford commentaries on international law: The Convention on cluster munitions: A commentary*, supra note 32（Oxford University Press, 2010）, pp. 527-528.
(33)　*Ibid.*, p. 522.
　　　条約交渉時にオーストラリア、カナダ、日本、ポーランド及び英国といった複数の代表団により提起された相互運用性の問題は、第1条の規定する使用等の禁止行為を除外することにより解決されている。

第5章　通常兵器関連条約

規定，更には伝統的な条約の手続規定を踏襲した28条からなる簡潔な条約であり，ATTが対象とする通常兵器の定義を明らかにする附属書や補足議定書等は作成されていない[34]。ATT第2条1によりいわゆる国連軍備登録制度の7カテゴリーの通常兵器に小型武器を加えたものが，ATTが対象とする武器である[35]。また，ATTの国内実施については，ATT第5条3に基づき，ATT発効時の国連軍備登録制度又は国連の関連文書において用いられている定義よりも狭くない範囲の通常兵器について，各国は国内措置を取ることが奨励されており，上述の同第2条1に規定された範囲の通常兵器が各国の国内法令を通じて武器貿易の規制対象となる。その結果，例えばATT第6条は対象となる通常兵器の移転を禁止するものであり，いわばATTの心臓とも見なしうるものである規定である[36]。安保理によって採択された措置に基づく自国の義務（特に輸出入禁止）及び自国が当事国である国際協定に基づく自国の関連する国際的な義務（特に，通常兵器の移転又は不正な取引に関連するもの）等に違反する場合は，締約国に対して移転を許可してはならないと定めている。

　ATTにおける移転に係る義務はATT第7条（武器の輸出及び輸出評価），同第8条（輸入），同第9条（通過又は積替え）及び同第10条（仲介）により具体的に規定され[37]，武器貿易に係る国際約束であるATTにおいては移転（transfer）の概念が重要な位置を占める[38]。ATTの場合は輸出及び輸入，通過・積替え並びに仲介貿易取引といった具体的な行為を国際貿易の活動としてあげた上で移転と定義しており，同一国内での貿易活動は規制の対象外となる。更に国家が引き続き所有する武器の移動はATTの規制の対象外とされている（ATT第2条3）。このようにATTにおける移転について5つの形態が例示さ

---

(34)　ATT第7条に規定された輸出及び輸出評価の基準の関係で，人権条約，国際人道法，テロ防止条約及び国際組織犯罪防止条約等の関連条約が引用されている。

(35)　UN Doc. A/52/316, *supra* note 1, p. 69.

(36)　*Academy Briefing No. 3: The Arms Trade Treaty* (2013) (Geneva Academy of International Humanitarian law and Human Rights, 2013), p. 23

(37)　ATT第2条2は，この条約の適用上，国際貿易の活動は，輸出，輸入，通過，積替え及び仲介から成り，以下「移転」というと規定。

(38)　Brayan A. Garner et al., *Black's Law dictionary: 9th edition* (West, 2009), p. 1636. Transferの法的意味について，ある者から別の者へ所有又はその権限を委譲することを意味すると同辞典は説明している。

第 4 節　武器貿易条約（ATT）

れているが，例えば輸出に限定しても洋上輸出の例に見られるように具体的には様々な事例が想定される。ベッケル（Weckel）教授は，ATT 第 2 条の定義規定にある移転の関連で，特に積替え及び仲介が明示的に移転に含まれている点を評価しつつも，両規定により課される義務については各国国内法が実効的でないとその実施に影響を与えかねないといった各国国内法への委任の幅が大きい点を指摘している[39]。

　更に，仲介については，ATT 第 10 条は，自国の国内法に従って（pursuant to its national law），同条の適用により取られる国内措置の内容が実際には各締約国の国内法に委任される形となっている。この文言も ATT を締結する国にとっては同条に関連する新たな国内実施法立法措置を取る義務が生じないため，条約の普遍化の観点からは促進効果を有する。その一方で，武力紛争が頻繁に発生するアフリカ諸国等のような国では国内法による規制が十分でないことが多い実情を考えると，同条を踏まえた締約国の国内法による規制の実効性といった別の問題を惹起する可能性がある。

　なお，例えば，国内法制度の具体例についてみると，我が国における仲介貿易取引の規制は，外国為替及び外国貿易法（外為法）第 25 条 4 項及び外国為替令第 17 条 3 項に規定されている[40]。また EU 諸国の場合も EU 理事会共通ポジション（2008/944/CFSP）が軍事用技術及び物資の輸出管理共通規則として採択されており[41]，このような EU 全体の武器輸出管理政策に従って EU 加盟国内において国内法化され実際の輸出入管理政策が実施されている。このため，わが国や EU 諸国といった一定水準の国内法整備が行われている国では基本的に問題は生じないと思われる。問題は武器の流用リスクが比較的高い途

---

[39] Emmanuel Moubitang, *le traite sur le commerce des armes, un tournant historique: Dossier Special*, Sentinelle, p. 21.

[40] 外為法第 25 条 4 項は，居住者は，非居住者との間で，国際的な平和及び安全の維持を妨げることとなると認められるものとして政令で定める外国相互間の貨物の移動を伴う貨物の売買，貸借又は贈与に関する取引を行おうとするときは，政令で定めるところにより，当該取引について，経済産業大臣の許可を受けなければならないと規定している。更に，省令レベルでは外国為替令第 17 条 3 項が，法第 25 条 4 項に規定する省令で定める外国相互間の貨物の移動を伴う貨物の売買，貸借又は贈与に関する取引は，次のいずれかに該当する取引とするとしてブローカリングが規制されている。

[41] EU Doc. Council Common Position 2008/944/CFSP, 8 December 2008, pp. 99-103.

第 5 章 通常兵器関連条約

上国等であり，これらの国は往々にして輸出入管理関連法制度の整備が不十分なことが多く，更に税関等国境管理の現場も苦慮している国が少なくないのが実情である。このように見ると，ATT 第 10 条は「国内法に従って」自国の管轄下で行われる仲介の規制を義務付けるものであるが，関連国内法令そのものが未整備乃至は不十分な国にとっては事実上 ATT に基づく規制が困難な状況を生じかねないことに繋がる。このため，仲介を実効的に規制する観点からは課題が残っている。

　紛争解決条項（ATT 第 19 条）については，先ず相互の合意により協議することが要請されているが，交渉，仲介を受ける，その他の法的措置等が条約の解釈と適用についての問題の紛争解決に使用できるとされているが，ICJ への付託については特に言及されていないものの，仲裁裁判も紛争解決の手段としてあげられている。更に改正手続については，条約発効 6 年後以降に改正案を提案できるとされており，改正会議ではコンセンサス合意を目指しつつも，合意が得られない場合は 4 分の 3 の賛成票が必要とされる。なお，留保については条約の趣旨と目的，即ち ATT 第 1 条の内容との両立性を満たす限りにおいて許容される。

　また，発効要件については CWC の前例である 65 か国から，多くの条約で採用されている 20 か国前後の発効要件国数をはじめ様々な提案が行われた結果，最終的には 50 か国となった。他の通常兵器関連条約と同様に暫定適用の規定も設けられているが，2014 年 9 月 25 日に 50 か国の発効要件国数を超えて，同年 12 月 24 日に発効することとなった。また条約の有効期間については無制限とされているが，同規定とバランスを取るため脱退規定も設けられている。なお，脱退規定の制限について，財政的義務を明示的に言及した上で脱退後もその義務を免除されないとされていることであり，この点は他の通常兵器条約とは異なっているが，ATT は分担金等についての規定を有しないため，財政メカニズムについては第 1 回締約国会議で合意される必要がある。

第5節　通常兵器軍縮を巡る今後の課題

　クラスター弾条約が作成されたころには，同条約に続く通常兵器軍縮の対象は劣化ウラン弾条約を目指す動きがあった。しかしながら，近年では上述のATTに続きその規制を検討すべきものとして，自律型致死兵器システム（Lethal Autonomous Weapons Systems, LAWS）の規制の必要性が問題提起されている。2013年CCW締約国会議において，2014年5月13日から16日まで，自律型致死兵器システムについて非公式専門家会合を開催した上で，その結果を2014年の締約国会合に報告することが決定され[42]この専門家会合では技術的側面，倫理及び社会学的側面，法的側面及び軍事的側面について検討された[43]。この兵器システムの定義さえも現時点では共通認識が形成されていない状況にある一方で，殺人ロボットキャンペーン等市民団体の期待は大きいという現状がある。そのような中で，2014年11月に開催されたCCW締約国会議は，引きつづき2015年4月に再度また非公式協議を開催し，この問題を引き続き検討することを決定した[44]。

　特に軍縮国際法に密接に関連する武力紛争法に限定した場合，軍事用ロボットが有人オペレーターにより直接制御されている状況下では既存の武力紛争法を適用しうるが，殺傷力を伴った人口知能及び自律性を具備する軍事用ロボットが戦闘行為に関与する場合には，既存の武力紛争法の適用が困難な場合もあり，武力紛争法の抜け穴になりかねないとの指摘がされている。特に軍事用ロボットが情報・監視・偵察（ISR）データの収集活動を超えて，戦場での戦闘行為に自律的に運用される場合に法的問題が生じるとするものである[45]。

---

(42) CCW Doc CCW/MSP/2013/10, 15 November 2013, p. 4, para. 32.
(43) 特に法的側面については，国際法の一般的適用可能性，新たな兵器についてのジュネーブ条約追加議定書第38条，法的責任の問題（管轄権及び国際刑事法），均衡性・目標区別主義・予防といったいわゆる武力紛争法（*jus in bello*），武力行使の適法性（*jus ad bellum*），マルテンス条項を含む人権法との関係といった論点が議論された。
(44) CCW Doc. CCW/MPS/2014/CRP, 1, 14 November 2014, p. 5, para 36.
(45) Paul J Springer, *Military Robots and Drones: A Reference Handbook*（ABC-Clio, 2013）. pp. 57-59.

第 5 章　通常兵器関連条約

　これまでは，自律型致死兵器システムが戦闘行為に投入されると，戦闘員のみならず一般市民も犠牲者になりかねず非人道的な状況が発生しかねないという観点から，市民社会からその規制の必要性が強調されてきている。このため人権理事会でも 2014 年 9 月にハイレベルパネルの開催が決定され[46]，9 月 22 日には無人機をめぐって活発な議論が行われた。

　上述のとおり，CCW プロセスはコンセンサス方式で政府専門家会合から締約国会議に至るまで意思決定が行われるため，まずは条約交渉マンデートに合意される必要があるものの，議定書Ⅵ交渉の例もあるとおり，容易ではない。更に，今後正式な自律型致死兵器システムを規制するための条約交渉が開始されたとしても，この条約交渉枠組みでは最終的に条約が合意されうる可能性はそれほど大きくないものと思われ，CCW の枠外での条約交渉につながるか現時点では予見困難である。ちなみに，このプロセスに至った背景要因についても様々な見方があるなかで筆者が妥当と思われた見解は，ICRC での勤務経験を有する国際人道法専門家は米国が無人機問題のため人権理事会で一方的に非難されることもあり，人権理事会から意思決定がコンセンサスで行われる CCW での議論に持込もうとする水面下の努力，軍縮外交での成果を示す機会を狙っていた 2013 年会期 CCW 締約国会議議長国フランスの思惑が合致した結果であるとの分析を行っている[47]。

---

(46)　UN Doc. A/HCR/RES/25/22, 15 April 2014, pp.1-3; pp. 1-29.
(47)　ジュネーブ安全保障協力センター（GCSC）所属研究者とのインタビュー，2014 年 3 月 20 日，於ジュネーブ。

第6章　その他の軍縮分野の条約等

　本章ではこれまで取上げた軍縮分野の多数国間条約とは若干異なった条約等を対象として比較を試みる。具体的には NPT の検証制度として機能している IAEA 保障措置のためのモデル協定及び NPT を補完する非核兵器地帯条約，更に厳密には多数国間条約ではないものの法的拘束力を有する軍縮分野の代表的な安保理決議についても，多数国間の軍縮条約に準ずるものとして取上げる。
　もっとも，多数国間条約ではないものの，例えば，START（戦略削減条約），TTBT（地下核実験制限条約）等米ソ（ロ）間二国間核軍縮条約の事例もある。これらは両国の戦略核削減や核実験監視を目的として作成されており，多数国間条約を扱う本書では紙面制限もあり別途の機会に取上げることとする。

第1節　NPT の検証体制としての IAEA 保障措置協定

　保障措置協定については，IAEA 保障措置を受諾する国と IAEA との間で二国間保障措置協定が締結されるが，これらの協定は予め IAEA で採択されたモデル協定を基に IAEA 及び当該国との間で協議の上，IAEA 理事会で審議・採択の上締結される[1]。具体的な保障措置協定のタイプとしては，大別して以下の4種類があげられる。NPT 未加入国で使用される INFCIRC/66/Rev.2 型モデル協定に加えて[2]，一般の非核兵器国では包括的保障措置協定に

---

[1]　ユトレヒト大学紛争・安全保障法センター関係者よりのインタビュー，2013年8月10日，於ユトレヒト。
　　実際に合意される各国と IAEA 間協定がモデル保障措置協定との間でどの程度の乖離が許容されるかについて，具体意的な基準（IAEA 事務局法務部内の指針も含む）は存在しない由。
[2]　今日ではキューバ，インド，パキスタン及びイスラエルが同タイプの保障装置協定

第6章　その他の軍縮分野の条約等

はINFCIRC/153型モデル協定が，核兵器国に対しては自主的協定（Voluntary submission agreement）が作成される。また，非核兵器国のみならず核兵器国も念頭において補完的アクセスのための許容するモデル追加議定書は（INFCIRC/540（corrected））に基づいてIAEA及び同加盟国間保障措置のモデルとして使用される[3]。

1　非核兵器国との包括的保障措置モデル協定

今日最も広く使用されているのは包括的（フルスコープ）保障措置のためのINFCIRC/153型保障措置協定であり，その内容は2部により構成されており，第1部は保障措置の一般規定として作成されている。第2部は機関が保障措置協定の適用に際して保障措置協定のために責任を効果的に果たすことを目的として，詳細を委任（*renvoi*）する形で第1部と併せて作成されており，非常に技術性の高い保障措置の詳細を明確にするために不可欠な定義規定を含んでいる[4]。更に，補助取極とあわせて，協定全体で3重構造となっており，保障措置は高い技術性，同モデルは保障装置が対象となる各国に対して平等な適用が可能となることも考慮され，このように階層化された文書構造が採用されている。もっとも，実際に締結される協定は，それぞれの対象国毎に統合・簡素化といった微修正が行われており，実際に合意された協定の条文等は必ずしもモデル協定と一致していない。

同モデル協定第1部は保障措置のいわば基本的義務を規定しており，第1条はその国の領域内若しくはその管轄下でまたは場所の如何を問わずその管理の下で行われる全ての平和的な原子力活動に係る全ての原材料物質及び特殊核分裂性物質につき，その物質が核兵器その他の核爆発装置に転用されていないことを確認することのみを目的とすると定め，目的及び場所的管轄権を明確に限

　　を締結しており，インドについては米印合意を受けて，同モデル協定をベースにインド特有（India-specific）の保障措置協定（INFCIRC/754）を作成している。
(3)　包括的保障措置モデル協定（INFCIRC/153）の注釈によれば，理事会がIAEA事務局長に対して同文書をNPT上の非核兵器国とIAEAとの間で締結される保障措置協定に係る交渉のベースとして使用することを要請するものと説明されている。
(4)　モデル協定第98条から同第115条までにわたり，保障措置実施に際しての不明瞭さを避けるため関連技術事項を詳細に定義している。

第 1 節　NPT の検証体制としての IAEA 保障措置協定

定することにより，保障措置の濫用を防止する形で規定されている。更に，第 2 条は保障措置の適用につき，この協定の規定に従って保障措置が適用されることを確保する権利及び義務を有するとの両者の権利義務関係を明確にしている。その上で，加盟国と国際原子力機関の協力，保障措置の適用，国内保障措置制度といった保障措置の各要素詳細についても定めている。

　第 2 部の目的について，第 27 条は，第 1 部の保障措置に関する規定の実施に当たって適用される手続を必要に応じて定めることを規定している。このため第 2 部は，いわば「枠組み」である第 1 部の附属書として補足的な役割を果たしている。また第 28 条に，この協定に規定する保障措置の手続の目的は，有為量の核物質が平和的な原子力活動から核兵器その他の核爆発装置の製造のため又は不明な目的のために転用されることを適時に探知すること及び早期探知の危惧を与えることによりこのような転用を抑止することにあると保障措置の目的を明らかにしている。なお，有為量については，関連する転換工程をすべて考慮した場合に一個の核爆発装置の製造の可能性を排除しえない核物質のおおよその量とされ，プルトニウム 239 では 8kg，高濃縮ウラン 235 では 25kg とされる[5]。

　適用される技術について，第 29 条は，前条に規定する目的を達するため，核物質の計量を，基本的に重要な保障措置の手段として，重要な補助的手段としての封込め監視とともに用いるとして保障措置における核物質計量管理制度の中核に位置するものであることを明示している。例えば，日 IAEA 保障措置協定第 30 条が，機関の検認活動の技術的な結論には，個々の物質収支区域につき，無制限にデータの正確さが追求される訳ではないものの，一定期間についての不明物質量及びその量の正確さの限度を明示すると規定しているように，各国との保障措置協定において国内計量管理制度の詳細は合意の上，定義されている[6]。またその実施のために，保障措置の開始点，保障措置の終了，保障措置の例外，在庫目録，設計情報といった点が保障措置の重要な要素とし

---

[5] International nuclear verification series No. 3, IAEA safeguards glossary edition/2001（IAEA, 2002），p. 23.
[6] 例えば，同規定を踏まえた日 IAEA 保障措置協定第 32 条は日本の国内計量管理制度の具体的詳細を定めている。

て併せて定義されている。

　保障措置協定の基本的義務について，第1条はNPT第3条1のために保障措置を受諾すると規定している。それと対応する形で，IAEA憲章第12条A節は，機関のいずれかの計画に関し，又は，他の取極の関係当事国が機関に対して保障措置の適用を要請する場合に，その取極に関し，その計画又は取極に関連する限度において，次のことを行う権利および責任を有するとIAEAが保障措置に関与する権限を有することを明確にしている。これはIAEAが設立される前から欧州原子力機関（EURATOM）ブラジル−アルゼンチン核物質計量管理機関（ABACC）が存在していた状況も踏まえ，同規定はEURATOMの保障措置制度のみならず，ABACCによる保障措置協定といった特定地域の保障措置協定との整合性を確保した上で，IAEA保障措置の適用を可能とするためである。このようにIAEA憲章は地域特有の保障措置の実施に配慮した上で普遍的な適用も考慮して作成されており，転用防止のための封込め・関連装置の設置のみならず査察員の派遣・接受等保障措置制度の実施を可能にする法的根拠となっている。

　保障措置協定の国内実施については，保障措置協定の効力発生の要件が，効力発生のための法律上及び憲法上の要件を満たした書面による通告を前提としており，その国内実施が関連担保法改正や条約締結ための国会承認等各国の憲法上必要とされる手続を経ることが前提となっている。更に，各国においてIAEA保障措置の国内実施が国内計量管理制度やIAEAとの協力による保障措置を通じて円滑に行われることが不可欠であり，IAEAが要請する場合には保障措置を受ける国は報告の敷衍及び明確化を行う義務が課されている。

　事態の是正措置及び遵守の確保については，第18条及び第19条が核物質の不転用の確認について規定している。第18条は保障措置の対象となる核物質が核兵器その他の核爆発装置に転用されていないことを確実にするために当該国の措置が不可欠かつ緊急である場合には，理事会は遅滞なく必要な措置を取ることを要求することが出来る。更に，第19条はIAEA憲章第12条Cのプロセスを開始すること，即ち，理事会は発生したと認める違反を直ちに改善するように受領国に要求し，その違反をすべての加盟国並びに安保理及び国連総会に報告しなければならないとされていることから，安保理に付託されること

もある[7]。

　更に、この協定の解釈及び適用並びに紛争の解決手続については、IAEA加盟国はIAEAとの保障措置協議も随時行っており、この協議が第20条の規定する保障措置協定を実施するうえで問題が生じた際の紛争の平和的解決のための措置として機能している。また、各加盟国はこのような問題を理事会に提起することも可能であり、更に第22条が規定するように、協定の解釈又は適用から生ずる紛争であって、交渉又は当該国及び機関が合意する他の手続により解決されないものは、同条に従い設置される仲裁裁判所に付託することができるとされている。

　また、協定の改正については、第23条に基づいて当該国又はIAEAのいずれかの要請により改正の協議が開始され、双方の合意が必要とされる。更に、改正の対象となる保障措置協定の発効要件と同一の条件で効力を生じた後に、事務局長が各国に通報する手続がとられる。また、保障措置協定の有する技術性が高い点を考慮し、合意により第2部を簡素化された手続により修正することも認められている。なお、モデル協定は留保についての規定を設けていないが、これは、保障措置協定がIAEAと保障措置を受諾した国との間で締結される二国間条約であり、事後の内容変更も含め交渉において議論を尽くした上で合意されることが前提とされ、殆どの二国間条約と同様に、留保規定は必ずしも必要でないものと理解されているためであると推察される。

　最後に発効要件と有効期間については、効力発生のための当該国の法律上及び憲法上の要件を満たした旨の書面による通告を受領する日に保障措置協定が発効するとされており、一般の条約締結の際の条約法条約第11条の同意の表明に類する批准等の手続よりも簡素化された手続が取られる。更に、保障措置協定はIAEA及び当事国間の協定であり、当事国が締約国である間は効力を有することとなるが、NPT脱退で問題となった北朝鮮とのIAEA保障措置協定（INFCIRC/403）第26条も同様の規定となっており、NPTからの脱退と同時にIAEA保障措置協定も失効する問題点を有している。

---

[7] これに対応する形で、IAEA憲章第12条Cは保障措置の実施について規定している。

第6章　その他の軍縮分野の条約等

2　保障措置強化のための追加議定書

　包括的保障措置（INFCIRC/153）が実施されている過程で，秘密裏の核開発計画を進めたイラク，南アフリカの事例もあり包括的保障措置が不十分であることが判明し，更に，1992年にIAEAは北朝鮮が秘密裏に核開発計画を進めている証拠も入手するに至った。また，特に保障措置を強化するために，情報，アクセス及び強化された措置の適用が必要であるとされ，秘密裏の核開発を探知するための能力向上を目指した措置を統合して保障措置を改善することが至上課題とされた。その結果，IAEA事務局は保障措置協定の追加議定書案を作成し，理事会は第24委員会を設置した上で，同議定書案を検討し，モデル追加議定書（INFCIRC/540）が1997年5月15日に採択された[8]。

　このモデル追加議定書は，その前文によれば，保障措置制度の実効性を強化し及びその効率を改善することにより核不拡散を更に促進することを目的としており，IAEAが他の国と締結すべき保障措置協定の追加議定書のための規範として作成されるとしている。非核兵器国のみを念頭において作成された包括的保障措置協定と異なり，この追加議定書は核兵器国に対しても適用が可能である[9]。このように追加議定書は，核兵器国への適用の際は適用範囲が制限される可能性があるにもかかわらず，核兵器国のみならず，初期のモデル保障措置協定（INCIRC/66/Rev.2）も含め，より広範な適用可能性が確保された汎用性を有する。

　この議定書と保障措置協定の関係については，保障措置協定の規定は，この議定書の規定に関連し及び両立する限度において，この議定書について準用するとし（第1条），更に保障装置協定の規定とこの議定書の規定とが抵触する場合には，この議定書の規定を適用するとして追加議定書との両立性が確保されている条件の下での優先適用が明確化されている。また，議定書の構造については，議定書本体に加えて，附属書 I（追加議定書第2条 iv により指定された

---

[8] Laura Rockwood, "The IAEA's strengthened safeguards system," *Journal of Conflict and Security Law* (Oxford University Press, 2002), pp. 123-126.
[9] 同モデル議定書の前文注釈によれば，核兵器国とは追加議定書または同議定書の措置を含む法的拘束力を有する協定で核兵器国が不拡散の目的と議定書の効率性に貢献すると判断される措置について IAEA 事務局長に要請する（但し，NPT 第1条との関連で核兵器国が課される義務と両立することを前提とする）との説明がなされている。

第 1 節　NPT の検証体制としての IAEA 保障措置協定

核燃料サイクル関連の研究開発活動），及び附属書 II（同条 ix により指定された輸出入の報告が義務付けられている特定の設備および非核物質）の 2 つの附属書の 3 文書から構成されているが，いずれも追加議定書第 2 条の内容を更に詳細に指定するためのものである。

　この追加議定書の中核となる検認方法として，議定書第 4 条及び第 5 条に従い，申告されていない核物質が存在せず又はそのような原子力活動が行われていないことを確認する補完的アクセスの制度が設けられている。これはチャレンジ査察と同様に，実施の 24 時間前に事前通告を行った上で実施され，サイト内の場所，アクセスを受ける側の国が事前に申告した場所等が対象となり，観察，環境資料の採取，放射線の検出及び測定用装置の利用などが IAEA 側から派遣された査察員に許容されている[10]。その一方で，第 7 条は不拡散上機微な情報の普及を防止し，安全上若しくは防護上の要件を満たしまたは財産的価値を有する情報，若しくは商業上機微な情報を保護するためのアクセス制限について規定しており，査察を受ける側の懸念に応えつつも，補完的アクセスを巡る権利義務関係の衡平を確保している。

　この議定書は事務局，意思決定機関，事態の是正措置，条約の運用検討メカニズム等の行政的なメカニズムに係る規定を有していない。しかしながら，保障措置協定への追加議定書として作成されるため，この点は第 1 条に基づき保障措置協定の規定と併せて適用されることが想定されている。他方で，同追加議定書が保障措置協定に基づく措置を更に強化するものとの観点から，同議定書により追加された検認技術については詳細に規定されている上に，対象となる場所も広範な環境資料の採取のために機関が指定する場所へのアクセスを認めるものであり，査察の実施に不可欠な査察官の査証，通信方法等についても，補完的アクセスが円滑に行われるよう予め規定されている[11]。

　補完的アクセスの具体的な適用方法等については，第 13 条が補助取極に委任する形で規定される方式を取っており，国内実施の一般規定についても特段

---

(10)　モデル追加議定書第 6 条は，補完的アクセスが濫用されないようにそのスコープを具体的に限定列挙している。

(11)　査察官の指名，査証，通信方法といった点についても第 11 条等に具体的に規定されている。

の規定が設けられていない。他方で，第17条は効力発生のために，法律上又は／及び憲法上の要件を満たしたことを通報，乃至は署名権を付与されている代表による署名の2つのオプションを規定しており，日本の場合は通報により効力が発生する形で合意されている。もっともモデル追加議定書（INFCIRC/540）の脚注は当該国が国内法上の要請を勘案してその他のオプションも可能としており，その他の同意の表明方法も許容される。このように国内実施について特化した規定は設けられていない。なお，追加議定書を締結する国が補完的アクセス実施の際に法的問題となるような点についての紛争解決手続，有効期間，脱退及び留保規定はIAEAとの二国間協議により規定されていない一方で，同モデル追加議定書には暫定適用の規定が設けられている。

3　その他のタイプの保障措置協定

保障措置協定の全体像を把握するため，NPT非締約国で使用されている66型モデル協定（INFCIRC/66/Rev.2）のような他のモデル協定について概観すると，まず初期の保障措置協定としては出力100メガワット以下の小型炉を対象としたモデル協定（INFCIRC/26）の例があげられる[12]。その後徐々に適用範囲が拡大され，当初は二国間協定の形で作成されていたものの，米国が原子力技術及び必要な物資を輸出出来るようにするため，受益国が様々な理由から協定を受け入れやすいように多数国間協定に移行した[13]。このように保障措置は当該二国間で移転された核物質または原子力資機材のみを対象とした協定（INCIRC/66/Rev.2）へと進化したものの，現在ではNPT非締約国が核物質または原子力資機材を受領することを目的として，IAEAとの間で締結することが想定されている。なお，インドの場合は，米印合意を受けて作成されたインド特有の（india-specific）協定を作成しているものの，インドIAEA保障措置協定（INFCIRC/754）もINFCIRC/66/Rev.2をベースとする事例の1つと位置づけられる。

その他の保障措置協定として，中国，米国，フランス，英国及びロシアといった核兵器国との保障措置協定としては，自発的協定（Voluntary offer

---

(12)　IAEA Doc. INFCIRC/26, 30 March 1961, pp. 1-11.
(13)　矢田部敦彦『核兵器不拡散条約論』（有信堂，1971年）228頁。

agreement) の事例があげられる。一般に保障措置については，非核兵器国の場合は NPT 第3条1に基づき，原子力の平和的利用から核兵器その他の核爆発装置に転用されることを防止する目的で保障措置協定の締結が義務付けられている。その一方で，核兵器国の場合はこのような保障措置協定の締結が義務つけられていない。このため，核兵器国については，米 IAEA 保障措置協定（INFCIRC/228）のように自発的保障措置協定が締結される。

　もっとも，フランスと英国の場合は欧州原子力共同体（EURATOM）の加盟国であるため，IAEA との保障措置協定は3者協定（EURATOM・IAEA 及びフランス[14]，EURATOM・IAEA 及び英国[15]）の形をとり，3者間との間で締結されている。これらの自発的協定の問題点は，核兵器国が指定した施設を保障措置の対象外とすることが可能な点である。例えば，米国との保障措置協定の場合も適性リスト（eligible list）に掲載された施設に対してのみ保障措置が適用されている[16]。同じことはインド IAEA 保障措置協定もインド側が指定した施設のみが保障措置の対象となるため，保障措置が適用されずかつ民生用・軍事用とも区別しがたい原子炉の稼動を認めることとなる点がインドにおける IAEA 保障措置の関連で「核不拡散上の抜け穴」になりかねないと多くの識者により指摘されている。

第2節　非核兵器地帯条約

　非核兵器地帯の概念の定義及び核兵器国にとっての主要な義務に係る国連での最初の事例は，1975年に国連総会で採択された決議に基づく「非核兵器地帯の全ての側面の研究（Comprehensive Study Of The Question Of Nuclear-

---

(14)　IAEA Doc. INFCIRC/290, December 1981, pp. 2-46.
(15)　IAEA Doc. INFCIRC/263, October 1978, pp. 2-35.
(16)　例えば，米国の自主的協定（INFCIRC/228）第1条1は米国が保障措置を受諾する条件として，「米国の国家安全保障上の意味を有する活動に直接関連する施設は除外する（excluding only those facilities associated with activities with direct national security significance to the United States）」ことを明確にしている。

第6章　その他の軍縮分野の条約等

Weapon-Free Zones In All Its Aspects)」である[17]。同決議によれば、国連総会により認められた全ての非核兵器地帯は、条約により、その境界が厳密に画定された地帯内における核兵器の完全な不存在（total absence of nuclear weapons）を確保し、また条約の義務の遵守を保証するために国際的な検証あるいは管理システムを設置するものと説明されている。この定義は国連総会決議に基づくものであり、法的拘束力を持つ国際約束による定義ではないが、その後作成された累次の非核兵器地帯条約の作成時に参照された指針であり、今日においてもこの定義は概ね幅広い支持を得ている。

非核兵器地帯の構想の端緒については1950年年頃まで遡ることができ、例えば1956年には東西冷戦下で欧州において非核地帯構想が検討されていた。また、一般的な非核兵器地帯の創設については、1959年にアイルランドが第15会期国連総会に地域の不拡散上の解決問題をもたらすものとして提案した事例があげられる[18]。この提案が非核兵器地帯について重要な国連の成果として、非核兵器地帯の定義及び創設のための条件についての審議に関連する重要な要素となっている。更に、スウェーデンが提案した決議に基づき、国連事務総長が非核兵器地帯の創設条件について検討することを政府専門家会合に要請した結果、国連総会は幾つかの原則を提案し[19]、その後1978年7月に開催された第1回軍縮特別総会の最終文書により確認されている[20]。

この最終文書によれば、非核兵器地帯は関連する地域国家間における自由意思による合意あるいは協定に基づき創設される重要な軍縮措置であると位置づけられている。更に1993年にUNDCは国際安全保障の文脈での軍縮の地域的アプローチについての「非核兵器地帯ガイドライン（Establishment of nuclear-weapon-free zones on the basis of arrangements freely arrived at among the States

---

(17)　UN Doc. A/RES/3472/XXX B, 11 December, 1975, pp. 23-24.

(18)　Georges Fischer, "La zone dénucléarisée du Pacifique Sud," *Annuaire Français de Droit International*, Vol. 31 (1985) pp. 23-24.

(19)　同決議等を基に非核兵器地帯創設時に求められる条件は、(1)核兵器国を含む全ての関係国の同意が存在する、(2)当該地域のみならず、世界全体の平和と安全に資する、(3)査察、検証を含む適切な保障措置を伴っている、(4)公海における航行の自由を含む国際法の諸原則に合致しているといった点があげられる。

(20)　Jean-Marc Lavieille, *Droit international du Désarmement* (Le Harmattan, 1997), p. 193.

of the region concerned)」をコンセンサス採択したが[21]，非核兵器地帯に係る実質事項につき初めて本格的に検討されたものである。一般的な非核兵器地帯条約の形式としては，基本的にその地域の関係国が締約国となる本体条約及び同地域の非核化を担保するために核兵器国が締結する附属議定書との2種類の文書から構成される。また，NPTとの関係では地域的非核化条約について規定するNPT第7条が，いかなる規定も，国の集団がそれらの国の領域に全く核兵器の存在しないことを確保するため地域的な条約を締結する権利に対し影響を及ぼすものではないと両者の関係を整理している。このため，非核兵器地帯条約はNPTを補完する条約として機能し，一般法（lex generalis）であるNPTに対しては特定の地域を対象とする特別法（lex specialis）としての側面を有する。

これまでも様々な非核兵器地帯の構想が提案され，その後関係国等の条約交渉を経て既に非核兵器地帯の創設根拠のための5条約が作成されている。即ちラテン・アメリカ及びカリブ地域を対象とするトラテロルコ条約，太平洋地域を対象としたラロトンガ条約，東南アジア地域を対象としたバンコク条約，中央アジア地域を対象としたセメイ条約及びアフリカ大陸を対象としたペリンダバ条約の5条約が作成されている。その一方で，かつて欧州地域を対象として検討されていた構想，北東アジア非核兵器地帯構想を含め関係国の同意が得られずに結実していない構想もある。

それ以外にも一方的措置としてモンゴル非核化宣言の事例があげられる。これは典型的な非核兵器地帯条約のように複数の領域国からなる地域を対象とするものではなく，厳密には非核地帯には該当しないものの，その設立趣旨は類似している。上記5条約は既に発効しているものの，これらの条約には核兵器国による附属議定書の締結が実効性確保のために不可欠であるにもかかわらず，唯一トラテロルコ条約のみが全ての核兵器国により批准されていた。しかしながら，2014年5月には後述のセメイ条約の議定書に全ての核兵器国が署名するなど新たな動きも見られる[22]。また，特定の地域を対象とする南極条約は

---

(21) UN Doc. A/54/42 Annex I, 1999, pp. 6-10.
(22) United States Signs Protocol to Central Asian Nuclear-Weapon-Free Zone Treaty at http://www.state.gov/r/pa/prs/ps/2014/05/225681.htm (as of 06 July 2014)

第 6 章　その他の軍縮分野の条約等

核爆発・放射性物質処分の禁止を規定している他，宇宙条約も軍事的利用を禁止しており，非核地帯条約と類似の機能を有する条約である。紙面の制約もあり，各条約の概要は巻末の主要条約項目比較表を参照して頂く前提で，5 つの非核兵器地帯条約については特筆すべき点についてのみ取り上げる。

　まず，トラテロルコ条約の関係では，核兵器の定義と米国の領域との関係の 2 点があげられる。核兵器の定義について，NPT は核兵器そのものについての定義を置いていないものの，その他の核爆発装置については平和的核爆発を念頭においた装置とされ，原爆，水爆等の核爆弾及びロケット等の輸送手段から分割されまたは分割されうる部分である部分が核弾頭と解釈されている[23]。他方，多数国間条約ではなく特定の地域を対象とした非核兵器地帯条約であるトラテロルコ条約第 5 条は核兵器を，核エネルギーを制御されない方法で放出することができ，かつ戦争目的に使用することに適した一群の性質を有する装置をいうと兵器の物理的効果に着目して定義しており，その後の非核兵器地帯条約の交渉時に参照される核兵器の定義の前例となっている。

　トラテロルコ条約は 33 か国の領域を対象としており，米国領域との関係では，同条約第 4 条 2 はその対象地域につき，この条約の適用地域は，西半球（アメリカ合衆国の大陸部分及びその領海を除く。）における次の境界内の地域とする旨規定しており[24]，米国が同条約に合意可能なような除外条件が設けられている。同様に非核兵器地帯条約の適用領域が問題とされた事例は他にもあり，例えばペリンダバ条約においては条約交渉の最後までモーリシャスおよび英国が領有権を主張していたディエゴ・ガルシア（l'archipel de Chago）は米空軍基地があるなど戦略的な重要性を有することから，同条約の適用範囲となるかにつき議論が収斂しなかったため[25]，最終的に適用範囲を別途定めること

---

(23)　矢田部厚彦『核兵器不拡散条約論』（有信堂，1971 年）15-21 頁。
(24)　米国がトラテロルコ条約の適用範囲に同国領海を含む領域が含まれることを懸念していることを配慮し，緯度経度を正確に指定した上で領海の地理的範囲が除外されるように規定されている。
(25)　Sandra Szurek, "De Rarotonga à Bangkok et Pelindaba. Note sur les traités constitutifs de nouvelles zones exemptes d'armes nucléaires," *Annuaire Français de Droit International*, Vol. 42 (1996), p. 172.

により適用範囲の問題を棚上げした上で合意されている[26]。ラロトンガ条約でも群島が適用範囲に含まれることから，国連海洋法条約に基づく艦船等の通過の権利が十分に確保されていないことを核兵器国側が懸念したこともあり，その適用範囲についても緯度経度を明示した上で正確に規定されている。

しかしながら，フォークランド紛争時にはトラテロルコ条約議定書Ⅰ及び同Ⅱの締約国である英国が核兵器を搭載した艦船を派遣し，非核化義務に抵触したとして非難された[27]。通過の問題は，バンコク条約との関連でも問題となっており，同条約は大陸棚及び排他的経済水域も含めて対象にしていたのみならず消極的安全保障の問題等で核兵器国の理解が得られず議定書署名が宙に浮いたままになっていた[28]。その後，2012年になって一時期は同議定書署名に合意されたとの報道がなされ，米国大統領も歓迎する声明を発出していたものの，結局合意できていない模様であり，本書脱稿の時点（2014年9月末）でも署名に至っていない。

また，セメイ条約における通過関連規定を巡る議論についても興味深い点が含まれている。上述のバンコク条約の場合も核兵器国の合意を取り付けるために非核兵器地帯条約を実効的な措置とするために，核兵器国は国連海洋法条約により認められている無害通航権や公海の自由といった艦船の航行に障害がないことを条件としていた。セメイ条約の対象とする地域は中央アジアという内陸に位置しているため，国連海洋法条約上は内水の扱いとなるカスピ海等がその地域に含まれる。このため他の非核兵器地帯条約では公海における航行の自由により保障されていた航行の自由が，同海域が内水であるという国連海洋法条約上の法的地位のために，確保が困難になるとの法的問題が生じた[29]。

---

[26] ペリンダバ条約第1条(a)は，アフリカ非核兵器地帯について，アフリカ大陸，OAU加盟島嶼国及びアフリカ統一機構によりその決議においてアフリカの一部と考えられたすべての島の領域を意味すると規定しており，別途の合意に委ねる形でこの適用範囲問題を解決している。

[27] Georges Fischer, "La zone dénucléarisée du Pacifique Sud," *Annuaire Français de Droit International*, Vol. 31 (1985), pp. 53-54.

[28] Sandra Szurek, De Rarotonga à Bangkok et Pelindaba. Note sur les traités constitutifs de nouvelles zones exemptes d'armes nucléaires," *Annuaire Français de Droit International*, Vol. 42 (1996), p. 186.

[29] Josef Goldblat, "*Arms control: The new guide to negotiations and agreement*,"

第6章　その他の軍縮分野の条約等

そもそも中央アジアには，かつてソ連が核実験を実施していたセミパラチンスク核実験場があり，インド，中国に囲まれた地政学的条件ゆえに交渉が容易でなかったとの政治的背景もあった。更にカスピ海の海洋法条約上の法的地位の問題及びタジキスタン及びウズベキスタン間で国境画定問題を抱えていたアラル海といったこのような内水における領域確定問題が未解決であったため，最終的にこのような問題を棚上げにした上で合意されている[30]。また，外国の船舶，航空機及び陸路の輸送についてはそれぞれの通過国の主権の行使としての決定により許可される旨明示しており[31]，これは特にロシアの懸念に配慮したものと思われる。

法的観点からその他の興味深い点としては，インドが 1974 年に実施した核実験が軍事目的でない平和的核爆発であるとしてその正当性を主張した例からも明らかなように，平和的核爆発の問題は核実験禁止の文脈で非常に微妙な側面を有している。その後作成された CTBT においても，条約発効後に開催される運用検討会議により許容されうるか決定されるとして，事実上問題を棚上げする形で合意されている[32]。その一方で，トラテロルコ条約は一定の条件を満たす場合には平和的な核爆発の実施を認めている[33]。このため理論上は，OPANAL 及び IAEA の査察を受ける等の条件の下で許容されうることとなるが，将来 CTBT 運用検討会議がその実施を禁止する決定を行った場合は両条約の関連規定の抵触問題が発生する可能性が生じる。しかしながら，実際には平和的目的のための核爆発についての CTBT 運用検討会議における決定はコ

(SIPRI 2002) p. 212.
(30)　セメイ条約第 2 条(b)は，本条約は，地帯内に含まれているか否かを問わず，領土及び水域をめぐる領有権や主権に関するいかなる紛争においても，中央アジア諸国の権利を害したり，いかなる形においても影響を与えたりするものではないと規定し，このような内水を含めて領域確定問題と切り離している。
(31)　セメイ条約第 4 条は，本条約の目的及び目標を害することなく，各締約国は，外国の船舶の寄港や航空機の空港への着陸を含む，領域内の空路，陸路，水路の一時通過について，それぞれの主権の行使において独自に決定することができると規定している。
(32)　CTBT 第 8 条は，検討会議は，締約国の要請に基づき平和的目的のための地下における核爆発の実施を認める可能性について検討すると規定し，その決定はコンセンサス方式により行われる。
(33)　トラテロルコ条約第 8 条 1 は，平和的目的のための核装置の爆発（核兵器に用いられる装置に類似するものの爆発を含む。）を行うことができると規定している。

ンセンサス方式で行われるため，仮にラテン・アメリカ地域の大規模な工事等に必要としてトラテロルコ条約締約国が同規定に固執した場合でも，CTBTにより平和的目的のための核爆発が許容される可能性は小さいものと思われる。ちなみに，NPT第5条にも平和的目的での核爆発についての条項があり，同問題については最終文書の採択に成功した2000年NPT運用検討会議の際にCTBTに照らし解釈されるべきことが再確認された[34]。

第3節　法的拘束力を有する軍縮分野の安保理決議

　安保理で採択された法的拘束力を有する決議は条約のような文書形式を取っていないものの，国連憲章第7章の下で採択される決議のなかには国連加盟国に対して法的拘束力を持つものもあるため，軍縮条約を補完するものとして機能する場合がある。一般に，安保理決議が作成されるプロセスについては，事務総長が作成した報告書が活用されることが多い。また，国連法務局は決議作成時には法的見解を示さず，事案に関係する代表部も法務局に意見を求めることも少ないため，事務総長報告書と議長声明が安保理決議を起案する際の実質的な要素となるとされる[35]。

　安保理決議の構造は前文及び本文（制裁決議の対象者リストに見られるように附属が作成されることもある）からなるが，通常，前文は決議が扱う問題についての一般的な言及，過去の関連する措置，決議，声明，条約等が引用されることにより，その決議が取扱う事案の政治的重要性といった決議の目的等が言及される。他方，後者の本文には関係国に要請される一連の主要な禁輸・制裁措置等の内容が含まれることもある。更に，軍縮条約の不遵守是正のための制裁決議などは，「平和に対する脅威，平和の破壊及び侵略行為に関する行動」として実施されることを明らかにするため，国連憲章第7章に言及することも多

---

(34)　NPT Doc. NPT/CONF.2000/28（Parts I and II），p. 13.
　　　同最終文書は平和的核爆発がCTBTに照らして解釈されることを再確認している。
(35)　Michael Wood, "The interpretation of Security Council Resolutions," *Max Plank Yearbook of United Nations Law*, Vol. 2（1998），p. 74.

第6章　その他の軍縮分野の条約等

いものの、国連憲章第7章に間接的に言及する決議もある[36]。更に、決議本体のアクションを要する内容の段落で、demand, call on, request 等の表現が使用され、特に安保理の決定が国連憲章第25条に基づき国連加盟国に対して法的拘束力を有することがナミビア事件 ICJ 勧告的意見の判例によっても確認されていることについては、第3章にて述べたとおりである。

軍縮関連決議には、オバマ大統領が安保理議長を務めた際に採択された核軍縮・不拡散安保理決議、不拡散の議題の下でインド、パキスタン及び北朝鮮の核実験決議、北朝鮮ミサイル発射関連決議、イランの核兵器開発関連決議、更には大量破壊兵器の不拡散についての安保理決議 1540 号等が採択されている。本節ではそのなかで代表例として、インド及びパキスタンの核実験決議 (1998年)、北朝鮮の核実験決議 (2006 年及び 2013 年) を例に取り、安保理決議がどのように変化しているかを見てみる。更に非国家主体への移転の防止を目的とした大量破壊兵器の不拡散についての安保理決議第 1540 号に軍縮分野で重要な役割をはたしていることから、あわせ取上げる。

1　インド・パキスタン核実験関連安保理決議

インド及びパキスタンによる核実験は、地下核実験を含めて核実験を包括的に禁止する CTBT 採択後に実施されたこともあり、国際社会に大きな衝撃を与えた。その際に採択された安保理決議 (S/RES/1723) (1998) は、先ず前文において、核実験実施直後に安保理より発出された議長声明に加えて、同決議により改めて両国の核実験実施を非難した。更に両国による核実験が NPT を基礎とする核不拡散体制への挑戦であり、南西アジア地域に緊張をもたらすものであるとともに、その 2 年前に採択された CTBT にも反するものであると非難した。同決議では、第7章との関係について間接的に言及されているのみであり[37]、他の附属等も添付されていない比較的短い安保理決議であるもの

---

(36)　UN Doc. S/RES/2087 (2013), 22 January 2013, p. 1, para. 7.
　　　2012 年末の北朝鮮によるミサイル発射事件を踏まえて採択された同決議には、表面上は国連憲章第7章への言及がないものの、過去のミサイル決議等で第7章が引用されている決議を間接的に引用することにより、同決議が国連憲章第7章の下での制裁措置を実施することを求めるとともに、従前の決議では曖昧であった点が明確に示されている。
(37)　同決議前文の最終行は、国連憲章の下で負っている国際の平和と安全の維持に関す

第3節　法的拘束力を有する軍縮分野の安保理決議

の，既に条約の形で合意されている主要な要素は決議本文には含まれていない。

核実験及び核兵器開発（ミサイルといった運搬手段の開発を含む）の中止が両国に対して要請されている。その一方で，全ての国連加盟国は資材，物資及び技術を両国に対して輸出しないように奨励されているのみであり(38)，これは法的な義務ではなく，当時安保理内で協議が行われた際に法的な義務とならないように動詞（decide）を避けたためとされる。この決議はインド・パキスタン両国に対してNPT及びCTBTを署名・批准すること，さらにはカット・オフ条約交渉に積極的に参加するように要請している。同決議案はコスタリカ，日本，スロバキア及びスウェーデンが共同提出して採択された後，引き続き活発な討論が行われた。

2　北朝鮮による核実験に対する安保理制裁決議

北朝鮮による核開発疑惑は同国のNPT脱退宣言以前から取りざたされていたが(39)，2006年10月9日，北朝鮮国営放送は，同国の科学者集団は安全が確保された状態で核実験の実施に成功した旨公式発表した。その数日後，CTBTO準備委員会・暫定技術事務局（PTS）はCTBTの国際監視制度から核実験の証拠が得られた旨発表した。韓国のウォンジュ地震観測所及びカナダのイエローナイフで核実験起源の希ガスが観測されたことにより，北朝鮮が核実験を実施した確たる証拠が発見された。

このような北朝鮮による核実験の実施は国際社会から強く非難され，2006年10月14日に安保理は核実験非難決議（S/RES/1718）を採択した(40)。この

　　る主要な責任に留意しと近年の決議で使用されている第7章への直接の言及を行わずに，その内容に間接的に言及する形を取っている。
(38)　同決議本文第8段落は，全ての国に対し，インド及びパキスタンの核兵器及び核兵器搭載可能な弾道ミサイルの開発計画に何らかの形で資することのある設備，物質及び関連技術の輸出を防止するよう奨励し，このような観点から採択され宣明された国家の方針を歓迎するとして経済制裁を法的義務として課していないため，当時日本や米国はインドに対して国連安保理決議に依拠せずに独自に経済制裁を実施した。
(39)　詳細については，例えば，福井康人「北朝鮮による核兵器開発──兵器用核分裂性物質生産，ミサイル技術，核実験から見て──」『海外事情』（2013年6月）29-45頁を参照。
(40)　UN Doc. S/RES/1718, September 14 2006, pp. 1-5.

第 6 章　その他の軍縮分野の条約等

決議では国連憲章に照らし，北朝鮮が核実験実施を発表したこと自体が国際の平和と安定に対する脅威となるとして，いかなる核実験又は弾道ミサイルの発射もこれ以上実施しないことを要求するものであった。その一方で，国連加盟国に対しては，北朝鮮に対する自国の領域を通ずる又は自国民による若しくは自国の旗を掲げる船舶若しくは航空機の使用による次のもの（自国の領域を原産地とするものであるか否かを問わない。）の直接又は間接の供給，販売又は移転を防止するとして物資の規制を行っている他，資産凍結等一連の経済制裁が課されている。

同決議の前文では核実験実施の発表が国際の平和と安全のための脅威を構成するとの考え方が示された上で，国連憲章第 39 条を踏まえて，先ずそのような脅威が存在する事実が確認されている。また，軍事措置を排除されることを意図して，国連憲章第 41 条に基づく措置と明示的に制裁措置が非軍事的なものに限定する表現となっている。その一方で同決議が平和に対する脅威，平和の破壊及び侵略行為に関する行動を国際社会が実施することを明らかにするため，国際連合憲章第 7 章の下で行動することが前文最終段落に言及されている。

また，その後北朝鮮制裁委員会が設立され，北朝鮮に対する制裁が同委員会により体系的に監視されるようになってから，物資の積替えによる密輸やフロント企業を利用した不正送金等の経済制裁違反が確認されている[41]。その詳細については安保理北朝鮮制裁委員会報告書にも言及されているが，2012 年 2 月の第 3 回核実験を非難する安保理決議ではそのような事情を考慮し，金融活動作業部会（FATF）勧告を踏まえて，電信送金等も経済制裁の対象とされ，1961 年外交関係に関するウィーン条約により認められた外交官の特権免除を乱用して物資等の密輸が行われないように安保理決議の文言に新たな工夫がされている[42]。

北朝鮮は NPT から脱退した状態のままであり，北朝鮮 IAEA 保障措置協定も NPT とリンクした二者間協定であるため北朝鮮の NPT 脱退により自動的

---

(41)　UN Doc. S/2013/337, 11 June 2013, pp. 31-35, paras. 70-129.
(42)　UN Doc. S/RES/1718, 7 March 2013, p. 1, preamble paras. 7-8.
　　同決議の前文には金融拡散防止のための FATF 第 7 勧告や外交特権乱用による密輸を防止するための情報交換を奨励する等が言及されている。

に失効するため，北朝鮮の核開発に法的に歯止めをかけるのが困難な状況にある。更に核実験についても，CTBT の署名国でないことから条約法条約第18条を援用しての CTBT の趣旨と目的に鑑みた核実験禁止義務を課すことが出来ない。このため，同条の内容が慣習法化しているとされない限り，北朝鮮による核実験は法的に違法であるとすることが容易でない事例である。そのような場合でも，国連憲章を経由することにより一定の法的義務を課すことができるという意味において，第7章の下で採択される法的拘束力のある安保理決議は，条約のカテゴリーには入らないものの，無視できない存在となっている。特に核不拡散体制においては NPT や CTBT に署名すら拒否している国が実在する国際社会の実情に鑑みると，このような安保理決議は軍縮分野の条約を補完する重要な役割を果たしうる手段となっていることは高く評価されるべきものと思われる。

3　大量破壊兵器の不拡散についての安保理決議

軍縮分野の安保理決議で重要なものの1つは，大量破壊兵器の不拡散に関する安保理決議第1540号である。この安保理決議は米国の主導の下でスペイン，米国，フランス，ルーマニア，英国及びロシアが共同提案国となり[43]，全会一致で2004年4月に採択されたものである[44]。同決議は特に2011年に発生した9月11日米国同時テロを受けてテロ対策強化の観点から，非国家主体への大量破壊兵器等の拡散を防止することを主要な目的としている。国連憲章第

---

[43]　Serge Sur, "La résolution 1540 du Conseil de sécurité (28 avril 2004) entre la prolifération des armes de destruction massive, le terrorisme et les acteurs non étatiques," *Revue Générale de Droit international public*, Vol.4 (2004), p.855.

[44]　S/RES/1540 (2004), 28 April 2004, pp.1-4.
　　なお，この決議のみを目的とする定義として，運搬手段は核兵器，化学兵器又は生物兵器を運搬する能力を有するミサイル，ロケット及びその他の無人システムであって，そのような使用のために特別に設計されたものと下注に説明されている。更に，非国家主体については，この決議が対象とする活動を行うにあたり，いかなる国の法律に基づく権限の下でも行動していない個人又は団体としており，また，関連物資については，核兵器，化学兵器及び生物兵器並びにそれらの運搬手段の設計，開発，生産又は使用のために用いることができる物資，設備及び技術であって，関係する多国間条約及び取決めの対象となっているもの又は国内管理表に含まれているものと説明されている。

第6章　その他の軍縮分野の条約等

7章の下で採択された同決議は，すべての国連加盟国に，①大量破壊兵器等の拡散を禁ずるための法的措置をとること，②厳格な輸出管理制度を策定・維持すること等を要請するものであり，大量破壊兵器関連物資の不拡散の観点から重要な役割を果たしうるものである。

例えば，日本においてはその実施を確保するため，外為法，刑法及び公衆など脅迫目的の犯罪行為のための資金の提供等の処罰に関する法律により該当行為が処罰対象とされているほか，原子炉等規正法，化学兵器禁止法，生物兵器禁止法，爆発物取締法といったそれぞれの兵器関連法による規制の対象とされている[45]。この日本における国内実施例から伺われるように，大量破壊兵器の不拡散については，NPT，BWCといった不拡散条約やテロ防止条約をベースに実施されていたが，この法的拘束力のある決議により，安保理決議は「国際立法の段階」に入ったとされ，安保理による国際立法機能が再認識されることとなった。もっともこの安保理によるいわゆる「即時立法」には肯定的・否定的と双方の見解が伺われ，条約作成に際しての通常の手続を踏まずに国連加盟国に義務を直接課すことの是非といった問題点も指摘されている[46]。

更に，この決議に基づき，当初は安保理の下に設置期間を2年間とする「1540委員会」が置かれ，すべての加盟国が，本件決議の実施につき報告することが求められたが，その後，同委員会のマンデートは4回の安保理決議により延長された。最近では2011年4月に安保理決議第1977号が採択され，1540委員会のマンデートは2021年4月25日まで10年間延長された[47]。1540委員会は国連加盟国からの報告書取纏め，決議履行のためのアウトリーチ活動等を行って，今日においても，非国家主体による大量破壊兵器の不拡散措置を強化に重要な役割を果している。

---

(45) 福井康人「大量破壊兵器の不拡散措置――FATF勧告を事例として」『軍縮研究』第5号（2014年）46頁。
(46) Masahiko Asada, "Security Council Resolution 1540 to Combat WMD Terrorism: Effectiveness and Legitimacy in International Legislation," *Journal of conflict and security law*, Vol. 13-3 (2009), pp.329-330.
(47) S/RES/1673 (2006), 27 April 2006, pp.1-2: S/RES/1810 (2008), 25 April 2008, pp.1-4: S/RES/1977 (2011), pp.1-6.

第3部

軍縮関連規範の多様性

第7章　条約法条約からみた軍縮条約と
　　　　　遵守強化メカニズム

　軍縮条約は，一般の条約と同様に軍縮会議または他の外交会議のような条約交渉枠組みにより交渉された後に条文が確定され，法的拘束力のある国際約束として作成される。その結果，軍縮条約によりこれまでも様々な兵器の使用禁止・制限等の義務が軍縮条約により締約国に課され，軍縮措置が実施されてきた。もっとも，国際法の他の分野，更には国際法・国内法を問わず，不遵守問題を避けられないのが現実である。軍縮条約の場合も，例えば，NPTとの関連でイランが原子力の平和的利用を隠れ蓑にした核開発目的のウラン濃縮を行っていたとされる核兵器開発の疑惑の事例のみならず，北朝鮮による「人口衛星」打ち上げによるミサイル技術の取得及び核実験実施による核兵器開発等，NPT関連に限定しても不遵守の事例には枚挙に暇がない。このように，いかなる条約であっても不遵守事案の発生を完全に防止することは不可能であり，そのようななかで，軍縮条約についても条約遵守の確保のための手段が模索されてきた。

　軍縮国際法の中核を占める軍縮条約も，その作成過程でそれぞれの条約が交渉される毎に事前に合意される条約交渉会議の手続規則に従い条約交渉が行われる。更に，その多くが既に慣習法化している1969年ウィーン条約法条約が条約交渉時に参照されることもある。このような背景も踏まえ，第3部冒頭の第7章においては，特に条約法条約が軍縮条約との関連でどのように活用されてきたか具体例を取上げる。また第8章においては条約ではないものの，軍縮分野のみならず広く活用されるソフト・ローによる軍縮措置，更に第9章においてはICJにより判示された軍縮分野の判例についても，軍縮国際法の強化にどのような貢献をしているかの観点から概観する。

第7章　条約法条約からみた軍縮条約と遵守強化メカニズム

第1節　条約法条約からみた軍縮条約

　条約法条約は条約に関する一連の慣習法をベースに成文化したものであり，まず国際法委員会で起草された。その後，1969年にウィーンでの2回に亘る条約交渉会議を経て採択されており，ATT条約交渉のように合意が困難であったため，2回目の条約交渉前に1年間のいわば熟慮の期間とも言える会期間を挟み2次交渉が行われた後にようやく採択されている[1]。条約法条約は軍縮分野の条約のみならず広く他の分野の条約に関係する様々な局面で指針として参照されることも多いものの，その一方で個々の条約もそれぞれ固有の規定を有しているため，一般的に残余的（residual）規則と位置づけられることも多い。このため条約法条約の条約交渉関連規定は，条約交渉時（特に条約採択時）には，一般法（lex generalis）として機能し，その一方で各条約交渉会議の手続規則は特別法（lex specialis）として機能することになる。なお，本章では条約法条約との関係のみを取上げるが，国際法の各分野は拡大・断片化が進む一方で，軍縮国際法に関係しうる条約に限定しても条約法条約のみならず，国連海洋法条約，国際人道法，国際人権法，国家責任法といった他の分野の国際法とも密接に関連しており，軍縮条約のみで自己完結していない事例も少なくない[2]。

　その中でも条約法条約は，条約の交渉・同意表明といった行為規範とそれが破られた時に発動される規範（条約の無効・終了の効果や紛争解決手続）から構成されるが，軍縮条約の交渉時，更にはその後の履行に際して生じた解釈等についての指針を規定している。これら以外にも，暫定適用等でも関連性を有しており，軍縮条約の実施にも不可欠な存在となっている。このため，本章では遵守確保が著しく困難になり，その結果，特定の軍縮条約における不遵守が発

---

(1)　Yves Daudet. "Note sur l'organisation et les méthodes de travail de la Conférence de Vienne sur le droit des traités," *Annuaire français de droit international*, vol. 15 (1969), pp. 54-69.

(2)　例えば，ATTにおいて，輸出及び輸出評価を規定するATT第7条2は，国際人権法，国際人道法，テロ防止条約及び国際組織犯罪防止条約等を評価基準として明示しており，ATTのみでは自己完結していない。

第1節　条約法条約からみた軍縮条約

生した場合に事態の是正措置として稼動することが期待されている事態の是正メカニズムについても，遵守強化に有益な役割をはたす最終規定とあわせ取り上げる。

1　条約としての軍縮条約

軍縮と国際法の基本的関係について，軍縮は一般に国家が自らの軍備を制限し削減するものであり，それは国家が他国との関係で法的に拘束される形で実現され，国家が国際法上一定の軍縮を義務づけられるという関係が存在するとされている[3]。このため具体的措置の実現を目的として，これまで条約が主たる手段とされてきたが，実際に合意されている軍縮措置の例を見ると，法的拘束力を有する条約の形式を取らずにソフト・ロー形式の文書も頻繁に使用されている（ソフト・ローの事例については次章にて後述する。）。しかしながら，二国間，特定地域及び多数国間において，垂直及び水平的な不拡散措置の実現のために，法的拘束力を有する条約が主要な文書として使用されており[4]，このためまず条約法条約との関係を見てみることは不可欠であると思われる。

条約の定義について，条約法条約第2条1は，国の間において文書の形式により締結され，国際法によって規律される国際的な合意（単一の文書によるものであるか関連する2以上の文書によるものであるかを問わず，また，名称のいかんを問わない。）をいうと規定している。本書で取り上げる軍縮条約とこの定義との関係を見ると，国の間において文書の形式という条件を満たすのみならず，名称についても条約（convention, treaty）や議定書（protocol）といった名称が使用される典型的な事例が多いものの，ソフト・ローの事例として取上げるCTBTO準備委員会設立文書のように条約とみなしうるかどうかで見解が分かれるものもある。しかしながら同文書も，条約法条約の定める国際法によって規律される国際的な合意の条約の定義に照らしても，CTBT署名国会合により採択された決議により国際的な合意を形成しており，準備委員会が他の国際

---

(3)　藤田久一「国際人道法」（日本評論社，1985年）2頁。
(4)　Andrew Michie, "Provisional application of non-proliferation teaties," *Non-proliferation law as a special regime: a contribution to fragmentation theory in international law* (Cambridge University Press, 2012), p. 55.

141

第7章　条約法条約からみた軍縮条約と遵守強化メカニズム

機関等と国際約束を既に締結している事実からも国際法により規律されるとの条件を満たし，特殊な形式の条約と看做す見解もある[5]。

　第2部では軍縮条約のみならず安保理決議も含めて軍縮分野の法的拘束力を有する文書の様々な具体例を概観したが，特に安保理決議の中には国連総会決議と同様に法的拘束力を伴わない決議もある。核兵器の使用・威嚇の合法性についての勧告的意見は，国連総会決議の中には，義務的な強制力は有しないものの，時として規範的な価値を有するものがあるとの見解を示すとともに，特定の状況下では，一定規則の存在や opinio juris の生成の有用な証拠である要素をもたらすことがあるとして[6]，そのソフトな性質にもかかわらず，規範性形成の現象を認めるものもあるとする。しかしながら，軍縮関連の法的拘束力を有しない安保理決議や国連総会決議の多くはその規範性のレベルや形式から軍縮条約に類するとみなすのは困難な場合が少なくなく，このような事例はソフト・ローとして扱うのが最も適切と思われる。

2　軍縮条約の条文採択

　一般に条約交渉は条約法条約第9条に定められた条約文の採択，条約文の確定といった手続を経て，条約文は真性なものとして確定される。もっとも，「人は過ちを犯すもの（*Errare humanum est*）」であり，軍縮条約の中には条約交渉者のみならず事務局関係者による数次にわたるチェックをすり抜けて文言の誤りがそのまま残ったまま署名開放される事例もある[7]。200ページ以上もあるCWCの条約文は，CD事務局とニューヨーク国連本部で使用していたワープロ・ソフトの問題等の技術的理由から正文間の相違が発生した。この

---

(5)　Anthony Aust, *Modern Treaty Law and Practice*（Cambridge University Press, 2007）pp. 250-253.

(6)　Licéité de la menace ou de l'emploi d'armes nucléaires, avis consultatif, CIJ, Recueil 1996, p. 254, para. 70.

(7)　UN Doc. C.N.629.2002.TREATIES-5（Depositary Notification）Comprehensive Nuclear-Test-Ban Treaty, 10 September 1996, 11 June 2002, pp. 1-3.
　　後掲注8のCWCの事例以外にも，例えば，CTBTでは同通知附属のアラビア語テキストに誤りがあった。その後5年間の異議申立て期間中に反対がなかったため条約寄託者からの訂正通知が有効となったとして，認証謄本への変更が承認されている。

第1節　条約法条約からみた軍縮条約

ため，1995年にOPCW事務局長の指示でCWC交渉時に採択された文書（CD/1170）を基に各国語版の齟齬の特定が行われた。その結果，1997年に開催された第2回CWC締約国会議の決定により，条約法条約第33条3及び同第79条に基づき，寄託者たる国連事務総長に条約の修正が要請された[8]。

　条約交渉時の意思決定について，条約法条約第9条は，その作成に参加した全ての国の同意により採択されることを原則としつつ，国際会議においては，条約文は出席し投票する国に3分の2以上の多数による表決で決定されるとし，更に3分の2以上の多数による表決で異なる規則を適用することを決定した場合は，この限りではないとして例外的な場合についても規定している。条約採択といった外交会議の意思決定には，ウィーン方式とも称される古典的な全会一致の方式が伝統的に使用されてきた。しかしながら，第2次世界大戦後は条約の交渉国数も増えて，このような全会一致方式による意思決定が現実問題として困難な状況が生じた結果，条約法条約には多数決方式も導入されている。

　国際会議での意思決定については，条約法条約採択後には全会一致方式では少数派の条約交渉参加国の利益が保護されえないとする意見も見られるようになった。このような動きもあり，一般的合意とも称されるコンセンサス方式が全会一致方式に取って代わられるようになった。更に今日の主要な外交会議の手続規則は，交渉国が最後までコンセンサスを目指して交渉することとしている事例が多い[9]。このことは，コンセンサス形成をブロックすることを目論む国に対しては，コンセンサス形成に失敗した場合には最終的に表決により採択されることになると認識させることを意図したものである。例えば，クラスター弾条約交渉が行われたオスロ外交会議では最終的に表決で条約を採択することを可能にする手続規則となっていた[10]。同交渉会議では，手続規則の交渉者が意図したとおり，このような意思決定方式が功を奏し，最終的に表決には至らずぎりぎりの局面で条約がコンセンサス採択されている。

---

(8)　Ian Kenyon and Daniel Fleakes, *The Creation on the Organisation for the Prohibition of Chemical Weapons* (TMC Asser press, 2007), pp. 76-77.

(9)　Anthony Aust, *Modern Treaty Law and Practice* (Cambridge University Press, 2007), *supra*, note 5, pp. 86-87.

(10)　CCM Doc. CCM/2, 19 May 2008. at http://www.clustermunitionsdublin.ie/pdf/CCM2_001.pdf〕(as of 29 March 2012).

143

第 7 章　条約法条約からみた軍縮条約と遵守強化メカニズム

　他方，CDの手続規則はコンセンサス方式による意思決定を採用しており，これがCD停滞の根本原因であると既に多くの識者が論じている。CDで最後に交渉されたCTBTの場合もCDでは採択することができず，最終的に国連総会において表決により採択された。2013年4月に採択されたATTも類似のプロセスを経ている。条約採択についての実行を見ると，多くの条約が国連総会または国際機関の権限を有する機関の決定により採択される[11]。軍縮分野ではそれ以外にも興味深い意思決定の事例が見られ，例えば，1995年にはNPT第10条2に従い[12]，NPTの無期限延長が決定された。その決定は表決に付されずに決定されたが，それは自動的にコンセンサスにより採択されたことを意味しないとされ，そのような場合は条約法条約第9条2が重要な役割を果たすことになる[13]。

3　条約法条約と軍縮条約の強化

　この小節においては軍縮条約の解釈等に条約法条約が重要な役割を果たしている事例を取り上げる。第1点目の事例としては，米国が未批准なままであるCTBTとの関連で頻繁に引用される条約法条約第18条があげられる[14]。

---

(11)　Olivier Corten and Pierre Klein, *The Vienna Convention on the law of treaties: A commentary* Vol. I (Oxford University Press, 2011), p. 172.

(12)　NPT第10条2は，この条約の効力発生の25年後に，条約が無期限に効力を有するか追加の一定期間延長されるかを決定するため，会議を開催する。その決定は，締約国の過半数による表決で行うと規定しているが，1995年NPT無期限延長・運用検討会議においては表決には付されなかった。

(13)　Olivier Corte and Pierre Klein, *The Vienna Convention on the law of treaties: A commentary*, Vol.I (Oxford University Press, 2011), *supra* note 11, p. 173.

(14)　条約法条約第18条は，条約の効力発生前に条約の趣旨及び目的を失わせてはならないことを規定しており，法的義務ではなく道義的義務を課しており，例えば，CTBT批准承認のための国会における政府答弁（第140回国会外務委員会第15号，平成9年6月5日（木曜日）議事録）では以下のような例がある。
　「ウィーン条約法条約の中の18条でございますけれども，条約に署名した国は批准その他の締結行為によって条約が自国について効力を生ずる前であっても条約の趣旨，目的を失わせるような行為を行わないようにする義務があるというぐあいに規定しております。条約の趣旨，目的を失わせるという行為は，このCTBTについて当てはめますれば核実験を行うということでございましょうから，このウィーン条約法条約の規定にかんがみましても，既に現状におきまして核実験に対する一定の抑止機能を果たしてい

第 1 節　条約法条約からみた軍縮条約

　CTBT は 1996 年に署名開放されてから 15 年以上が経過しているにもかかわらず、CTBT 第 14 条に規定された非常に厳格な発効要件のため未発効状態が続いている。更にその発効見通しすら立っていないため、法的にどのような対応が可能かを含め、これまでも活発に議論が行われてきた。特に米国との関係で、1999 年 9 月に開催された CTBT 署名開放式典の際にクリントン大統領は CTBT に署名を行ったものの、CTBT 批准のために上院で合衆国憲法上必要とされる 3 分の 2 の同意が得られなかった[15]。その後に政権交代したブッシュ大統領が CTBT に反対する政策を取ってから、CTBT を支持するオバマ政権になって以降も、今日においても CTBT が批准できる見通しが立っていない。このため、（署名後等）それぞれの定める期間、条約の趣旨及び目的を失わせることとなるような行為を行わないようにする義務があると規定する条約法条約第 18 条に基づいた説得を行い、批准促進を働きかけようとする試みがなされた。

　もっとも、米国は CTBT を署名済みであるものの、条約法条約の締約国ではない事実との関係については、条約法条約第 18 条が慣習法化していること、更に条約法条約が全会一致で採択されたことがその証左であり、米国が締約国であるか否かを問わずこのような義務を負うとするものが通説である[16]。また、別の説明としては、CTBT 第 14 条に規定された発効要件は、核開発能力を有する 44 か国の批准を必要としており、CTBT に署名すること自体が核爆発を行わないことを示すものであるとする見解もある[17]。

　　ると、このように言ってよろしいかと存じます。」at http://kokkai.ndl.go.jp/SENTAKU/sangiin/140/1110/14006051110015a.html (as of 20 April 2014)
(15)　United States Senate, Constitution of the United States, article II section 2
　　合衆国憲法は上院に外交政策に対する関与を認めており、いかなる条約（treaty）の締結前に上院の 3 分の 2 の賛成票による同意と助言が必要であるとしており（但し、他国との行政取極（executive agreement）の場合はこの限りではない）、行政府の外交政策の方針にかかわらず、上院の 3 分の 2 多数が確保出来ない場合は条約の批准が出来ない。at http://www.senate.gov/civics/constitution_item/constitution.htm#a2 (as of 19 October 2013)
(16)　Paulo Palchetti, "Article 18 of the 1969 Vienna Convention: A vague and Ineffective obligation or a useful means for strengthening legal cooperation," *The Law of treaties: Beyond the Vienna Convention* (Oxford University Press, 2011), p. 25.
(17)　*Ibid.*, p. 26.

第7章　条約法条約からみた軍縮条約と遵守強化メカニズム

　軍縮条約に対して条約法条約が有益な役割を果たす第2の事例としては，BWCにおける使用禁止の解釈があげられる。1925年ジュネーブ毒ガス議定書は生物兵器の使用を禁止している一方で[18]，BWCの基本的義務を規定する第1条は生物毒素兵器の使用禁止を規定しておらず[19]，BWCの解釈により生物兵器の使用が禁止されていると解される[20]。これについては，本来法的拘束力を有しないソフト・ローであるBWC運用検討会議最終文書がコンセンサスで採択されたことにより，生物兵器の使用禁止が条約法条約第31条3(a)に基づき「事後の合意」を形成し[21]，法的拘束力を有することになると理解されている[22]。この点についてはソフト・ローの章において後述するが，ソフト・ローが法的拘束力を獲得し，ハード・ローになり更に強い法規範性を有することになるとするものである。

　第3点目の事例としては，複数の言語により確定された条約文に相違がある場合の解釈があげられ，軍縮条約では，CTBTにもその実例がある。例えば，CTBT議定書には実際に英語正文と中国語正文で相違があるためCTBTO準備委員会での審議において争点となった。CTBT議定書第1部10は，大気中の放射性核種を測定する観測所網は，この議定書の附属書一の表2Aに掲げる80の観測所から成る。すべての観測所は，大気中の関連する粒子状物質の存在を監視することができるものとする。これらのうちの40の観測所は，更に，この条約が効力を生ずる時に関連する希ガスの存在を監視することができるものとする，と規定している。しかしながら，条約発効時について英語正文は

---

[18]　1925年ジュネーブ毒ガス議定書は，締約国は，前記の使用を禁止する条約の当事国となっていない限りこの禁止を受諾し，かつ，この禁止を細菌学的戦争手段の使用についても適用すること及びこの宣言の文言に従って相互に拘束されることに同意すると規定している。

[19]　BWCの基本的義務について，BWC第1条はいかなる場合にも，次の物（注：生物兵器）を開発せず，生産せず，貯蔵せず若しくはその他の方法によって取得せず又は保有しないことを約束する締約国の義務を規定している。

[20]　BWC/CONF.VI/INF.1, 11 July 2006, p. 3, para. 6.

[21]　条約法条約第31条3(a)は，条約の解釈に際しては文脈とともに「条約の解釈又は適用につき当事国の間で後にされた合意」も考慮することを規定している。

[22]　Alan Boyle and Christine Chinkin, *The making of international law* (Oxford University Press, 2007), p. 212.

第 1 節　条約法条約からみた軍縮条約

upon the entry into force of the Treaty としている一方で，中国語正文では条約発効後を意味する「生効後」とされていたため，準備委員会で 40 か所の放射性核種監視観測所を指定する際に問題となった[23]。もっとも CTBT の条約本体の関連条項では英語・中国語正文間の齟齬が無い上に，CD では正式には採択されなかったものの条約文自体は確定された後に（CD/1427），同一の条約文（A/50/1027）が国連総会に提出されており，少なくとも中国は中国語版の確認をしているものと推察されるので，この相違が意図的なものか単なる確認もれによるものかは定かではない。

　これは本来であれば英語版及び中国語版正文の単なる齟齬の問題にとどまっていたものの，CTBTO 準備委員会において中国代表団が公用語間の表現の相違を逆手に取り，希ガス検知機能を付与する監視観測所の指定についての議論のブロックしたため問題の所在が表面化した。このため更に協議が行われた結果，CTBT 条約発効時を目指した検証体制の試験・評価を目的とするものであるとしてようやく合意された。各公用語間の相違の問題は多数国間条約では時々発生するものであり[24]，ラグラン（LaGrand）事件 ICJ 判例は[25]，条約法条約第 33 条 4 に基づきその趣旨と目的に考慮した上で，全ての正文について最大の調和が図られるように解釈されるとして，英語・フランス語版の異なった条約文の相違の問題を解決することを判示しており，一般的な解釈方法として支持を得ている[26]。このため，仮に中国がこの点を主張し続けた場合には，

---

(23)　Keith Hansen, *The Comprehensive Nuclear-Test-Ban Treaty: An Insider's perspective* (Stanford University Press, 2006), pp. 60-61.

(24)　Anthony Aust, *Modern Treaty Law and Practice* (Cambridge University Press, 2007), *supra* note 5, pp. 250-253.
　　条約法条約第 33 条 4 は，各正文の比較により，第 31 条及び前条の規定を適用しても解消されない意味の相違があることが明らかとなつた場合には，条約の趣旨及び目的を考慮した上，すべての正文について最大の調和が図られる意味を採用すると規定しており，ラグラン事件 ICJ 判決（*LaGrand Case* (*Germany v. USA*) (2001) ICJ report 466, para, 100, pp.39-40）においてもこのような正文が異なる場合の解釈方法が確認されている。

(25)　*L'affaire LaGrand* (*Allemagne c. États-Unis d'Amérique*) (*Fond*), Arrêt du 27 juin 2001, CIJ, p. 216.

(26)　Richard Gardiner, *Treaty Interpretation* (Oxford University Press, 2010), pp. 380-385.

第7章　条約法条約からみた軍縮条約と遵守強化メカニズム

このような条約法条約に規定された条約の解釈規則を示し理解を求めるか，条約発効後に訂正を行うのかのいずれかが必要とされる。なお，CTBT議定書附属には，条約に規定されるIMS監視観測所の位置データ（緯度，経度）に数多くの誤りがあるのみならず，実際には施設が建設不可能な場所が指定されている事例もあることが判明したため，CTBTO準備委員会では実際に施設が整備される場所を基に条約発効後に位置データを修正するための準備作業が行われている。CTBT発効後にはインドがCDでの条約交渉から離脱したため議定書附属のリストで空白になっている監視観測所の指定も含め，条約発効後に修正が行われる予定である。

第2節　条約の遵守を強化するメカニズム

　軍縮分野のみならず，国際法の殆どの分野においては，国内法に見られるような法執行を行う行政機構は存在していない。もっとも国際連合や条約により設立される国際機関は存在するものの，その権能は限定されたものである。しかしながら，主権国家を規律する国際法は発展途上にあり，1つの国において政府といった行政機構により統一的に国内法を適用するようなことは出来ないのも実情である。さらに，軍縮分野の国際法は国家安全保障問題と密接に関係している政治的側面もあり，条約不遵守の状況が発生し，事態の是正が求められても違反国が条約の不遵守を継続することもあるなど，条約上の義務履行の確保が困難なことも現実問題として見られる。このため条約を交渉する際に，懸念される状況が発生した場合の事態の是正メカニズムを予め条約に規定する事例も少なくない。むすびにて後述するように，法律事項ではないものの，軍縮条約の検証制度も条約の遵守を強化する上で重要な役割を担っている。

1　最終規定による条約遵守の強化

　条約法条約に含まれる条文の中には「合意遵守（*Pacta sunt servanda*）」の義務の強化に役立つものもある。例えば，留保及び脱退の制限，条約の暫定適用といったいわゆる最終規定の事例は，主要な軍縮条約の場合にもこのような役

第2節 条約の遵守を強化するメカニズム

割をはたしうる。例えば、CTBT を例に取ると、条約本体及び附属への留保は禁止されている一方で、議定書及び議定書附属には目的及び趣旨と反しないとの条件を付したいわゆる両立性（compatibility）を満たすことを条件に留保を許容しており、CWC も同様の留保規定を有している。このような留保を制限する規定は、対人地雷禁止条約及び CCM のような通常兵器条約においても採用されている。これは条約の基本的義務が留保により、一定以上形骸化しないようにする歯止めとなる機能を果たし、その実効性を高める上で有益なものである。

脱退について、軍縮条約で最も頻繁に引用されている文言は NPT の事例（NPT 第 10 条 1）に見られるように、この条約の対象である事項に関連する異常な事態が自国の至高の利益を危うくしている場合には、全ての締約国及び国連安保理に対して事前通告を行うという条件の下で、条約からの脱退の権利を認めるとする。大量破壊兵器関連条約は PTBT に由来する脱退規定を有しており[27]、事前通告の期間の差異は見られるものの、PTBT の脱退規定は条約交渉時に米国が条約からの脱退が必要な決定を実施可能なように提案したことに由来する[28]。

脱退規定に付随する典型的な問題は、条約の不遵守に脱退が伴う場合であり、NPT との関連では核開発を目論む北朝鮮が NPT からの脱退表明を行った事例が国際社会に強い衝撃を与えた。また、北朝鮮の NPT 脱退に付随する問題として脱退と同時に保障措置協定が事実上（de facto）終了してしまうことが問題点として指摘されている[29]。北朝鮮による核兵器開発計画を巡っては 2 回に亘る核危機もあり、NPT からの脱退に条件を付加すべしとの意見が多くの

---

(27) Nicholas A. Sim, *The Future of Biological Disarmament: strengthening the treaty ban on weapons*（Routledge, 2009）, pp. 151-153.

(28) 藤田久一『軍縮の国際法』（日本評論社、1985 年）306 頁。

(29) Boutherin Grégory, "Le Traité sur la non-prolifération à l'épreuve du droit de retrait," *Politique étrangère*（2008）, p. 800.
　同書は NPT からの脱退が保障措置協定の事実上（de facto）の終了となる問題点を指摘した上で、NPT からの脱退の通告の際に原子力協力により取得した資材及び技術がそれ以降に使用を禁止した上で、IAEA の統制の下で単純かつ即座に供給国に返還することであることが重要であるとしている。

第7章　条約法条約からみた軍縮条約と遵守強化メカニズム

支持を得ている。しかしながら，NPT 全体が微妙なバランスの上に合意されており，現実問題としてこの脱退条項を含めた改正は容易でないのが実情である。改正を巡り，同条約に内在する核兵器国及び非核兵器国間の契約条約（traité-contrat）関係といった複雑な問題を巡るパンドラの箱を開けることになりかねないことも危惧されるものの，NPT の改正は実際には相当ハードルが高いものと見られている。

　脱退の権利については，上述のとおり，当初は有事の際の国家安全保障上の必要性といった政治的理由から必要と考えられていた。然しながら北朝鮮による核危機が発生してからは，逆に NPT からの脱退の権利を濫用することに対する制限の必要性を検討せざるを得なくなった。他方で，大量破壊兵器関連条約と比較して，通常兵器関連条約における脱退条件は若干異なっている。例えば，対人地雷禁止条約は，締約国はその主権を行使してこの条約から脱退する権利を有することを認めているが，同時に，脱退する締約国が当該6か月の期間の満了の時において武力紛争に巻き込まれている場合には，脱退は，武力紛争の時まで効力を有しないと規定している。これは大量破壊兵器に比して通常兵器は実際に武力紛争により頻繁に使用されることに起因するためと思われ，同条約により設立されるレジームの安定した運用のために必要であり，このような規定は理にかなったものである。ちなみに，2013年4月に合意された ATT の場合は脱退により財政上の義務を免除するものとならないとされており，このような脱退制限規定はこれまで作成された軍縮条約の中では稀な事例である。

　最後に暫定適用については，条約が発効していない段階で署名国が条約の義務を履行することに同意するものであり，いわばその条約が法的拘束力を有する国際約束になる前の段階の（*lex in statut nascendi*）ソフト・ローである。更に，他のソフト・ローとの明確な違いは条約が発効する状況を目指した法的かつ規範性を有する方向性（*une visée juridique et normative*）を有するものとする見方もある[30]。軍縮分野の条約の場合，暫定適用は条約発効前の時点であっても関係国の利害関係を調整する目的で条約の義務を迅速に適用する必要がある貿

---

(30) Albane Geslin, *La mise en application provisoire des traités* (Pedone, 2005), p. 320.

第 2 節　条約の遵守を強化するメカニズム

易，民間航空分野などで暫定適用は頻繁に活用されることが多いものの，大量破壊兵器関係多数国間条約では前例がない。もっとも暫定適用条項は対人地雷禁止条約，クラスター弾条約などで規定されているものの，これらの条約は実際には比較的早期に発効しており，後者のクラスター弾条約は条約交渉を推進したノルウェーのみが暫定適用を宣言している。なお，ATT では 19 か国が条約発効前の暫定適用を宣言しているが，2014 年 10 月の国連総会ハイレベルウィーク中に発効に必要な締約国 50 か国に達し，2014 年 12 月 24 日に発効する見込みとなった。

その一方で，CTBT は厳格な発効要件及び未批准の発効要件国の政治的要因に鑑みると，早期に発効する見通しが全く立っていないものの，暫定適用条項を有していない。このため核実験モラトリアムを宣言することにより任意にCTBT による核実験禁止義務の受入れの意図表明をすることが唯一可能な選択肢となっている（もっとも，第 9 章にて後述するとおり，政府高官による一方的宣言は法的拘束力を持ちうると見なされている）。このように条約により差異が看取されるものの，CTBTO 準備委・暫定技術事務局の元法務担当官は，軍縮分野の暫定適用条件の特徴について，検証制度が条約発効前に構築される必要があることは信頼醸成措置として機能すること等を念頭においたものであるとの見方をしている[31]。

2　事態の是正メカニズム

軍縮条約により規定された義務の履行が不十分なこともあるが，実際に軽微な義務違反から国際的に政治問題となるものまで様々なレベルの条約遵守義務

---

(31)　Andrew Michie, "Provisional aplication," *Non-proliferation Law as a Special Regime: A Contribution to Fragmentation Theory in International Law* (Cambridge University Press, 2012), pp. 82-84.
　同論考は，暫定適用の特徴として，条約発効前に検証制度を構築する必要性がある場合に対応する準備機能，署名国間における条約発効前の信頼醸成措置としての機能，条約がその本来の性格を維持するため相互契約的な機能を有することを指摘している。例えば，CTBT の場合条約発効時までに，(a)国際監視制度，(b)協議及び説明，(c)現地査察，(d)信頼の醸成についての措置といった検証制度が整備されることが想定されている。

第 7 章　条約法条約からみた軍縮条約と遵守強化メカニズム

不履行の事例が見られる。例えば，具体的な事例として，NPT 上の義務として IAEA 保障措置協定義務違反が安全保障理事会に付託された 2 つの事例をあげることができる。まず，北朝鮮が NPT からの脱退を宣言した以降も，このような NPT 上の義務を巡る北朝鮮による不履行が安保理決議により非難されている。別の IAEA 保障措置違反で安保理に付託された事案として，ルーマニアが旧共産圏時代にわずか 470 グラムのプルトニウムを分離していた事実を申告した結果，IAEA により特別査察が実施され安保理に報告の形で付託されている事例がある[32]。これは大規模な核兵器開発を目指した結果としての不遵守ではなく，実験室レベルのプルトニウム分離であるものの，ルーマニア IAEA 保障措置協定の違反となり，最終的に安保理に付託されたものである。

　このように，条約不遵守といった事案が生じた場合，最初の段階で締約国会議や執行理事会といった意思決定機関が関連報告を審議・検討し，事実認定に重要な役割を果たす。更に，安保理や国際司法裁判所への付託といったプロセスを経て，事実認定が行われた後に，事態の是正措置が取られるのが一般的である。実際に軍縮分野での具体例として，CTBT，NPT，IAEA 保障措置協定といった大量破壊兵器関連条約，CCW，対人地雷禁止条約及びクラスター弾条約といった通常兵器条約の 2 グループの条約に分類して考えてみる。

　大量破壊兵器関連条約については，NPT の場合は保障措置協定とあわせ 2 段階のレベルで機能することが想定されている。まず，運用検討会議が 5 年毎に開催される運用検討メカニズムの中で，条約不遵守問題を含めて NPT の運用状況が検討される。更に，NPT を実施する事務局が存在しないこともあり，実際には核燃料が軍事的利用に転用がないことについて IAEA が検認を行うことが前提となっている保障措置協定の場合は，IAEA 理事会から安保理に付託する形が取られる。また，CTBT の場合は，締約国会議，緊急時には執行理事会が国連に対して注意喚起を行うこととされており，実際には国連総会ま

---

(32)　Eric Myjer and Jonathan Herbach, "Violation of non-proliferation treaties and related verification treaties," *Non-proliferation law and as a special regime: a contribution to fragmentation theory in international law* (Cambridge University Press, 2012), p. 127.
　同論文によれば，1989 年チャウセスク政権崩壊前の共産主義時代にルーマニアは秘密実験施設で 470g のプルトニウムの分離を行った由。

第 2 節　条約の遵守を強化するメカニズム

たは安保理により事態の是正が行われることとなる[33]。更に、BWC の場合は条約第 12 条に規定された運用検討会議プロセスがその役割をはたすことになる[34]。また CWC の場合は、まず締約国会議または執行理事会が安保理や国連総会に対して注意を喚起することが想定されている。このように、大量破壊兵器関連条約の場合には、事態の是正に条約の定める意思決定機関と安保理が特に重要な役割を果たすことが期待されている。

更に、通常兵器関連条約については、CCW 及び同附属議定書は条約不遵守に対する事態の是正措置ための規定を有しない。しかしながら、近年の武力紛争の大半が通常兵器を使用したものであり、一定レベルを超えた不遵守状況は自ずと国際の平和と安全に対する脅威となることが多いため、実際には安保理の権限の範囲に入ることとなることもあるものと思われる。また、対人地雷禁止条約の場合は、締約国会議が事態是正の役割を果たしうる。具体的には同条約第 8 条が遵守の促進及び遵守についての説明を規定しており、事態の是正のために国連事務総長を通じて締約国特別会議の招集を行うことが出来ること、更には事実調査団による調査のための具体的なメカニズムに係る手続についても規定されている。その調査結果については、締約国会議又は締約国特別会議に報告された上で是正措置が取られる。条約上は安保理への付託手続については明文の規定はないものの、付託は許容されているものと解され、クラスター弾条約についても同様に規定されている（CCM 第 8 条 6）。

このように軍縮条約については、その不遵守が発生した場合に安保理の重要な役割を果たしうる。条約により使用禁止制限の対象となっている兵器が使用された場合には、条約に明示された規定の有無にかかわらず、条約による義務の重大な違反等が国際の平和と安全の脅威と認定される可能性があると、安保理に付託することが可能である。この点は大量破壊兵器も同じであり、安全保

---

[33]　CTBT 第 5 条は、事態を是正し及びこの条約の遵守を確保するための措置（制裁を含む。）について規定している。
[34]　BWC 第 6 条 1 は、締約国は、他の締約国がこの条約に基づく義務に違反していると認めるときは、国際連合安全保障理事会に苦情を申し立てることができる。苦情の申立てには、同理事会に対する審議の要請のほか、その申立ての妥当性を裏付けるすべての証拠を含めるものとすると規定している。

第7章　条約法条約からみた軍縮条約と遵守強化メカニズム

障に密接な関係を有する軍縮条約ならではの特性の1つとしてあげることができる。

第8章　軍縮分野におけるソフト・ロー

第1節　軍縮分野のソフト・ローの様々な形態

　軍縮分野に限らず，いわゆるソフト・ローに分類される文書は多様な文書形式で作成され，外交実務等でも頻繁に使用されている。本章では，ソフト・ローが法的拘束力を有する文書ではないものの実効性のある事実上の（de facto）拘束力を有しており，軍縮条約の規範性を検討する観点からも無視できない存在となっていることも踏まえ，先ずはソフト・ローの定義等を含めて，一般論としてソフト・ローをどのように捉えるべきかについて考察する。更に，軍縮分野のソフト・ローの具体例を基に，その有用性及び規範性といった側面についても取上げる。

1　ソフト・ローの定義とその重要性

　ソフト・ローの定義について，オースト（Aust）が実務家の観点から非常に簡潔な形で non treaty とする定義を提唱している事例がまずあげられる[1]。これは国際文書交渉者がその文書を条約と看做されないようにする意図を有している際に使用される文書形式である場合も，条約で使用される法的拘束力を意味する shall といった表現が使用される場合であってもソフト・ローに該当すると捉えるものである。また，ソフト・ローについて，法的拘束力を有するというより宣言的（hortatory）なものと説明する先行研究もある[2]。また類

---

[1] Anthony Aust, *The modern treaty law and practice,* 2nd edition（Cambridge University Press, 2007）, p. 53.
[2] Andrew Guzman and Timothy Meyer, "International soft law," *Journal of Legal*

第8章　軍縮分野におけるソフト・ロー

似の見解として，ソフト・ローは明確な法的拘束力を生じさせるものではないとの立場を取りつつも，準法的（*quasi-legal*）な性格を有し，国際約束に準ずるものと位置づける定義を提唱する事例もある[3]。その他にも，シンキン教授は，ソフト・ローに該当する文書は条約から国際的な原則を示すために NGO が行うステートメントまで多岐に亘るとする具体例を示した上で，ソフト・ローを条約のカテゴリーに属する法的ソフト・ロー（legal soft law）及び法的でないソフト・ロー（non-legal soft law）と2分類する法的性格の有無を前提とした定義を提唱している[4]。他方，わが国における先行研究を見ると，小寺教授は，ハード・ローとの対比で2種類あり，①国際法の法源の形は取っていない，即ち国際慣習法・条約等の形を取る国際規範ではないが，国際関係を実質的に規律する規範，②国際慣習法上の規範又は条約上の規範の形式を取っているが，特定の内容を指定しない乃至精神的な義務を国家に課さないものと説明している[5]。位田教授はソフト・ローという語を用いるか否かは別として，そのような語で示される新しい現象が国際社会に生じており，またそうした新しい現象を生じせしめる国際関係が存在するという認識であり，更に，旧来の法源論では処理出来ないまたは少なくとも単純な処理では困難を生じる処理が出てきたものと説明している[6]。

　ソフト・ローをどのように捉えるかということについては，上記の学説はあくまで一部に過ぎず，ソフト・ローの定義問題のみを見ても百花繚乱の感がある。ソフト・ローを巡っては，環境国際法に代表される新たな分野において宣言等多様な形式で国際文書が作成される中で，特に80年代以降に活発な議論が行われてきた。今日においても，現在も国際法協会において「国際投資法と

Analysis, Vol.2, No.1（2010），p. 174.

[3] Timothy Meyer, "Soft law as delegation," *Fordham International Law Journal*, Vol.32（2009），p. 889.

[4] Christine Chinkin, "The challenge of soft law: Development and change in international law," *International Comparative Law Quarterly*, Vol. 38（1989），p. 851.

[5] 小寺彰「現代国際法学とソフト・ロー：特色と課題」『国際社会とソフト・ロー』（有斐閣，2008年）8頁。

[6] 位田隆一「「ソフト・ロー」とは何か──国際法上の分析概念としての有用性批判」『法学論叢』117巻5-6, 1985, 8頁。

第1節　軍縮分野のソフト・ローの様々な形態

ソフト・ローの役割」研究グループが設立され検討が行われているなど，国際法学において重要な研究課題のひとつと認識されている。

　上記以外の学説として，合意文書を条約かソフト・ローかどのような形式にするかといった選択の問題であるとの整理を試みた例もある。ソフト・ローが選好される理由に関しては，文書について合意が容易であること，憲法上条約批准に求められる条件を回避するためにより柔軟な対応が可能となること，条約の場合は留保により重要性が弱められる可能性があること，批准及び条約発効を待つ必要性を有する条約との比較で，ソフト・ローは国際的支援やコンセンサスを得るのが比較的容易といった理由からソフト・ローが利用される背景を説明するものである[7]。これは特に米国では憲法上条約批准に非常に高いハードルが要求される事実と符合するものであり，事実米国は行政府の意向に拘わらず，国連海洋法条約，CTBT等を批准できないまま今日に至っている事例はその証左でもある[8]。

　以上，英語圏の国際法学者が提唱している学説を中心に取上げたが，例えば，かつてはソフト・ローの規範性を議論することが盛んであったフランスの場合も，今日ではソフト・ローを新たな法源乃至法形式として如何に捉えるかといった点を議論する実益がないほど，特に金融分野などではソフト・ローは実効性を有する規範性の高い文書として不可欠な存在として認識されている[9]。更にソフト・ローは条約から法的拘束力のない文書まで多様な形態を有し，伝統的法源論や法的拘束力の有無の基準のみに立脚した説明では明確な峻別が困難であることから，ソフト・ロー自体でなく，ソフト・ローと言う概念の解明を試みるアプローチも見られる。

　ソフト・ローは軍縮分野においても特に輸出管理といった不拡散分野などでは特に頻繁に使用される傾向にある。更に，例えば小型武器軍縮を例にとると，

---

(7)　Alan Boyle and Christine Chinkin, *The making of International law*（Oxford University Press, 2007), p. 212.
(8)　United States Senate, Constitution of the United States, article II section 2
　　第7章の前掲注14参照。at http://www.senate.gov/civics/constitution_item/constitution.htm#a2 (as of October 19, 2013)
(9)　ジャン・マルク・ソレル（Jean-Marc Sorel）パリ第1大学法科大学院教授とのインタビュー，2012年9月10日，於パリ。

第8章　軍縮分野におけるソフト・ロー

2001年に開催された第1回国連小型武器会議において採択された行動計画は法的拘束力を有する文書ではないものの，国連等関連国際機関を含め多くの国がそれに則り小型武器軍縮を実施しており，事実上の拘束力を有する規範として機能している実態がある。このように見ると，ソフト・ローについて積極的な支持派と懐疑派の学説の対立の中で諸説が提唱されている一方で，ソフト・ローが軍縮国際法においても不可欠な存在になっていることについては概ね一致していることが伺わる。なお，国家責任法の分野でもこのようなソフト・ローを1次規則とした場合に，これに対応する形で2次規則としてのソフト責任といった概念も提唱されている[10]。

2　軍縮分野のソフト・ローの具体例

軍縮分野の国際会議で採択される国際文書には決議，行動規範，運用検討会議の最終文書といったように，様々な形式で作成されたソフト・ローが使用されている。更に，実際の外交実務分野でも，共同声明（joint communiqué），交換書簡（Exchange of Letters, E/L），口上書（note verbale），取決め（arrangement）などの文書が法的拘束力を有しない意図表明文書として頻繁に使用されている。それ以外にも条約発効の見通しが立っていないCTBTのように未発効条約もソフト・ローに該当する。なお，CTBTO準備委員会の法的地位については，その設立文書が国際約束ではないとして国際機関と認めない国もある。そのような国であっても，事務局長と在ウィーン代表部大使との間で上述のような意図表明文書を交わすことにより，準備委員会の法的地位にかかる問題を回避した上で実務上の事務処理が行われている。その1例としてはCTBTO準備委と日本との間で，CTBTの下で整備されるIMS施設についての施設協定／取決めに合意できなかったため，その代替措置として口上書交換により意図表明を行った上で，便宜的に施設整備が進められてきた事例があげられる。

このように軍縮分野に限定しても多種多様なソフト・ローの実例が見られるなかで，ソフト・ローと法的拘束力の関係については，上述のシンキン教授の

---

(10)　Jean-Marc Sorel, "The concept of "Soft responsibility" *Oxford Commentary on international law: The law of International responsibility*, (Oxford University Press, 2010), pp. 165-171.

第1節　軍縮分野のソフト・ローの様々な形態

ように法的拘束力の有無を基準としてその区別基準を重視する見解のほか，法的文書であるかといった説明よりも，拘束力の強さにより拘束力を有する又は拘束力が弱いとの対比（contraignant ou peu contraignant）で捉えようとする見解もある[11]。このため，本章では，①ソフト・ローとみなされる条約，②法的拘束力の有無を基準とする境界近傍に位置するソフト・ロー，③条約の運用検討会議により採択された文書，④輸出管理レジーム設立文書で見られるような参加国間で調整を行う文書の4カテゴリーに分類した上で分析を試みる。

(1) ソフト・ローとみなされる条約

まず，第1カテゴリーの事例として，PTBT，BWCがあげられる。バクスター（Baxter）判事は条約の中でも不確定的要素を包含するためいわばソフトな性格を有する条約について，基本的義務が曖昧な場合や破棄条項があるため義務性が弱いとして一部の条約はソフト・ローであり[12]，その典型的な例がPTBTやBWCであるとする。ヴェイル（P. Weil）教授も破棄条項のために脆弱な条約になっているとしてPTBTがソフト・ローであるとの見解を示している[13]。また，BWCについても法的拘束力のある条約であるにも拘らず，基本的義務が明確な表現になっていないとしてソフト・ローに分類する見解もある[14]。

(2) 法的拘束力の有無を基準とする境界近傍に位置するソフト・ロー

法的拘束力の有無を基準とする境界付近に位置する典型的なソフト・ローの

---

(11) Albane Geslin, *La mise en application provisoire des traités* (Pedone, 2005), p. 338.
　　例えば，ジェラン（A. Geslin）リヨン政治学院教授などは，このような考え方を示している。
(12) Alan Boyle and Christine Chinkin, *The making of International Law* (Oxford University Press, 2007), p. 220.
　　両著者はかつてバクスター判事が条約の中にはその規定が実質的な義務を課さないといった意味においてソフトなものがあるとして，形式的には法的拘束力があっても，これら規定の曖昧さ，不確定性または一般性更に実質的にはハード・ローとしての性質が失われるとした説いた旨述べ，このようなアプローチを提案する。
(13) Prosper Weil, "Towards relative normativity in international law," *American Journal of Iinternattional Law*, Vol.77 (1983), p. 414.
(14) James Beard, "The shortcomings of indeterminacy in arms control regimes," *American Journal of International Law*, Vol.101 (2007), pp. 272-273.

第 8 章　軍縮分野におけるソフト・ロー

　事例として，国連総会での CTBT 採択後の 1996 年 11 月にニューヨークで開催された CTBT 署名国会合において採択された CTBTO 準備委員会設立文書（CTBT/MSS/RES/1）をあげることができる[15]。同文書は決議案の形式を取っているものの，法的拘束力を有する shall が使用されている。更に，同文書は CTBTO 準備委員会が法人格を有するのみならず，一般には国際機関のみが享受する特権免除をも認める内容となっている。この設立文書は決議案の形を取っていることから通常であれば法的拘束力を有しないため，条約法条約の定義に基づく国際機関には該当しない[16]。このため国際機関はソフト・ローにより設立されうるのかといった問題提起にも繋がるが，同設立文書の法的性格については概ね 3 種類の解釈が行われている。

　第 1 の考え方は，この設立文書を a text と称する特別な形態の条約と解する英国による解釈の事例である。これは国際機関は政府間の条約により設立するとする伝統的な国際機関設立の条件を満たすのみならず，shall が使用されている点についても説明しうるものであり[17]，これは条約法条約第 11 条の「その他の手段」により同意が示されるとして，署名国による CTBT への署名により CTBT に同意を示したものと説明されている[18]。準備委員会報告書の中にはオーストリアとの本部協定の中に国際法主体としての法人格のみならず

---

(15)　CTBT/MSS/RES/1, 9 November 1996.
　　CTBTO 準備委員会の設立文書は準備委員会の法的地位について以下のように記述している。
　　　[7. The Commission shall have standing as an international organization, authority to negotiate and enter into agreements, and such other legal capacity as necessary for the exercise of its functions and the fulfilment of its purposes.]
　　　22. The Commission as an international organization, its staff, as well as the delegates of the States Signatories shall be accorded by the Host Country such legal status, privileges and immunities as are necessary for the independent exercise of their functions in connection with the Commission and the fulfilment of its object and purpose.]
(16)　条約法条約第 2 条 1(i) は，国際機関は政府間機関であると規定しており，政府間の合意，即ち国際約束に基づいて設立されると解される。
(17)　Anthony Aust, *The modern treaty law and practice*, 2nd edition (Cambridge University Press, 2007), p. 250-253.
(18)　Anthony Aust, *Handbook of International Law* (Cambridge University Press, 2010), p. 61

第1節　軍縮分野のソフト・ローの様々な形態

特権免除が認められた事実が取上げられているものもあり，オーストリアはこの本部協定の批准のために憲法を改正した上で付加価値税免除のための法改正も行った(19)。この事例以外にも国連との協力協定等複数の国際約束を他の国際機関と締結する等既に事実上の (de facto) 国際機関として CTBTO 準備委員会が機能していることから，国際機関であるとする主張の根拠とされており，国際機構法の観点からも興味深い事例となっている。

　第2の考え方は，ブラウンリー教授のように国際機関は通常は条約に基づいて設立されるものの，国連総会決議といったソフト・ローを設立文書とする場合であっても設立しうるとするものである。この学説の下では法的拘束力の有無とは無関係にソフト・ローによっても国際機関は設立されうることになる。もっとも国連総会決議に基づき設立される場合も，国連加盟国が合意している国連憲章に基づき国連総会が意思決定を行っているものと捉えることにより，あらかじめ国連憲章の範囲内で一定程度の授権が行われた結果であるとも位置づけることも可能である。このように見ると，軍縮分野の事例ではないものの，例えば国連総会決議に基づき設立された UNCTAD 設立等の事例も説明しうる。その一方で，逆に伝統的な国際機関に類するものとしてソフト・ロー機関 (soft law organization) との新たな国際機関カテゴリーの概念を提唱する学説も見られるものの(20)，現時点では広く支持を得るにいたっていない。

　第3の考え方は，国際機関設立条件を厳格に解するものであり，例えば日本は CTBTO 準備委員会設立文書が条約でなく決議の形態を取っていることを理由に法人格を認めておらず，設立文書交渉時には法的拘束力を示唆する shall の削除を求めたとされる(21)。この解釈に基づけば，CTBTO 準備委員会は国際機関としての法的地位を有さないこととなるが，CTBT の発効要件が極めて厳格なため条約は未発効状態であるのみならず準備委員会のまま継続することが確実である。その一方で国連との連携協定の締結を始め(22)，既に事

---

(19) CTBT/PC/I/11/Add.1, 20 November 1996, pp. 1-5.
(20) Anne Peters, "Membership in the Global constitutional community," *The consitutionalisation of international law* (Oxford University Press, 2009), pp. 71-72.
(21) Masahiko Asada, "CTBT: Legal question arising from its non-entry-into-force," *Journal of Conflict and Security Law*, Vol.7, No.1 (2002), p. 106.
(22) UN Doc., A/RES/54/280, 30 June 2000, p.p. 2-8. 国連憲章第63条及び CTBT 準備

第 8 章　軍縮分野におけるソフト・ロー

実上の（*de facto*）国際機関としての実行を積み重ねており，署名開放後 15 年以上が経過している中で，日本の場合は今後どの段階で解釈変更が行われうるのか，またはそのまま準備委員会の法的地位について解釈変更は行わないのかといった実務上の観点からも興味深い事例を提供しているものと思われる。もっとも，PTS 職員が国連通行証（レセ・パセ）を携行し日本に入国する際も，国際機関職員として特権免除を有するかといった点が問題にされたことはこれまでもない[23]。

なお，その関連で他の軍縮分野での準備委員会設立文書の事例を見ると，国際原子力機関（IAEA）準備委員会設立文書は，IAEA 憲章附属として法的拘束力を有する憲章と不可分の一体をなす形式で作成されており，CTBTO 準備委員会が抱えたような問題は生じなかった。他方で，OPCW 準備委員会の設立文書も署名国会合で採択された決議の形態を取っていたため[24]，準備委員会の法的地位の問題をはじめ様々な問題が発生した[25]。しかしながら，CWC は既に発効し，OPCW 準備委員会から OPCW に移行しているため準備委員会時期に発生した問題は既に解決ずみである。問題は条約発効の見通しが全く立たない CTBT の場合であり，このまま CTBTO 準備委員会の期間が継続する可能性が高い。その一方で，CTBTO 準備委員会が国際機関であるとする ILO 職員仲裁パネルの決定[26]，更には CTBTO 準備委員会が複数の国際機関と協

　　委員会の承認（CTBT/PC-11/CR. 7）をふまえて，同協定（Agreement concerning the relationship between the United Nations and the Preparatory Commission for the Comprehensive Nuclear-Test-Ban Treaty）が承認された。

(23)　日本の CTBTO 準備委員会の法的地位についての法的整理にかかわらず，CTBTO 準備委員会と国連との連携協定（A/54/84）第 9 条に基づき，PTS 職員は国連通行証の発給を受ける。このため国連特権免除条約第 7 条 27 に基づき外交官同様の特権免除も有することになる。

(24)　PC-OPCW 1, 13-15 January 1994, pp. 1-2.

(25)　Ian Kenzon and Daniel Fleakers, *the Creation on the Organisation for the Prohibition of chemical weapons*（TMC ASSER, 2007），pp. 69-82.

(26)　GB.276/PFA/15: "Matters relating to the Administrative Tribunal of the ILO: Recognition of the Tribunal's jurisdiction by the Preparatory Commission for the Comprehensive Nuclear-Test-Ban Treaty Organization（CTBTO PrepCom),", November 1999.

　　この文書は，関係国の意思を体現したものとして準備委員会を国際機関としての法的

第1節　軍縮分野のソフト・ローの様々な形態

定を締結している事実は[27]，CTBTO 準備委員会が国際機関であるとする *opnio juris* が形成されつつある証左であるとも捉えることが出来る。このためこのような事例をもってして条約法条約第31条3(b)に規定された「事後の慣行」として今後解釈変更をし得るのか検討に値するものと思われる。

(3) 条約の運用検討会議により採択された文書

前章でも取上げたが，生物兵器の使用については条約により明文で禁止されていないものの，BWC 運用検討会議のコンセンサスによる決定に基づいた解釈により使用が禁止されるとする事例があげられる[28]。これは本来ソフト・ローである BWC 運用検討会議最終文書がコンセンサスで採択された結果，条約法条約に基づく「事後の合意」に該当するとするものであり，元来ソフト・ローであった運用検討会議文書が法的拘束力を持つようになると捉えるものであるが[29]，その他にも1925年ジュネーブ議定書に基づく生物兵器の使用禁止が慣習法化したとの見方もある[30]。

他方で，その他の条約の事例を見ると，NPT 運用検討会議で採択された最

能力を認めるもの。

　　[5. ..The important legal element is however that subjects of international law should have agreed on an act conveying their clear intention to establish such an organization with immediate effect. The resolution establishing CTBTO PrepCom, and endowing it with attributes pertaining to intergovernmental organizations, including the necessary privileges and immunities, should be considered as constituting such an act, especially as it has been implemented in the host State by an agreement granting the Commission immunity from legal process.]

(27)　UN Doc. A/RES/54/280, 30 June 2000, pp. 2-8.
　　例えば，CTBTO 準備委員会は同委員会の決定（CTBT/PC-11/CRP.7.）に基づき国連との間で，連携協定を締結している他，国際監視制度（IMS）データ交換等を目的として国連教育科学文化機関（UNESCO）や世界気象機関（WMO）との協力協定を締結している（詳細については，福井康人「研究ノート：核実験監視体制のあり方──CTBT を超えた監視体制をめざして──」『国際安全保障』第41巻第2号，2013年，116-132頁を参照。）

(28)　BWC/CONF.VI/INF.1, 11 July 2006, p. 3.

(29)　Alan Boyle and Christine Chinkin, *The making of international law* (Oxford University Press, 2007) *supra* note 12, p. 212.

(30)　阿部達也「化学兵器の使用禁止に関する規範の位相－国際刑事裁判所（ICC）規程改正を契機として」『国際法外交雑誌』第110巻第3号（2011年11月）18頁。

第8章　軍縮分野におけるソフト・ロー

終文書の場合は，必ずしも最終文書採択に成功している訳ではなく，最近では1995年NPT無期限延長・運用検討会議で採択された核不拡散と核軍縮の原則と目標，2000年運用検討会議では13の実際的措置がコンセンサスで採択されている。また直近の2010年に開催されたNPT運用検討会議では最終文書には合意出来なかったものの，フォローアップ措置についての結論と勧告が採択されている[31]。これらは条約に基づき採択された運用検討会議の最終文書であり，法的拘束力を有しない典型的なソフト・ローである。NPTを取り巻く政治的現実を目を向けると，これらのNPT運用検討会議で採択された文書の性格はコンセンサスで採択されているものの，利害関係の対立する中で微妙なバランスの上にかろうじて合意されているという実態があり，表面上合意されていても，例えばBWC運用検討会議で採択された文書との規範性の差異があるものと思われる。

　NPTの法的性格については，大量破壊兵器関連条約の章で述べたように，核不拡散体制の秩序のための立法的条約（traité-lois）としての側面のみならず，実質的に核兵器国にのみ許容された核兵器保有の権利と非核兵器国の原子力の平和的利用の権利に関するいわゆる「グランド・バーゲン」と称される双務契約に類するものとも捉えることが可能な契約的条約（traité-contrat）の側面も有する。この見解はNPT運用検討会議では頻繁に生じる核兵器国と非核兵器国の間の政治的緊張状態を説明しうるものである。また，合意された最終文書の多くは妥協の結果であり，形式的にはコンセンサス合意されているものの，実質的には条約法条約第33条3(a)により規定される「事後の合意」に相当するレベルの確たる合意としての条件を満すものか更なる精査が必要と考えられる。即ち，NPT運用検討会議最終文書の事例は「事後の合意」に表面的には該当するものの，その実態が容易に反故にされない「合意」に値する強い相互拘束性を有するかを峻別する必要があると思われ，その観点から上述のBWC運用検討会議の事例と比較すると，ソフト・ローにより近いものと位置づけられうる可能性があるものと思われる。

---

(31)　NPT/CONF.2010/50 (Vol. I), 2000, p. 20.

第1節　軍縮分野のソフト・ローの様々な形態

(4) その他

ソフト・ローのカテゴリーについて見ると，①関連する条約に付随しつつ条約を補完するもの，②条約が作成されていない段階で国際協力の枠組みのベースとなるソフト・ローがあげられる。更に，③典型的なソフト・ローとも言える声明，ガイドライン及び行動規範といったソフト・ローがあげられる。

まず，第1のカテゴリーの中でソフト・ローの具体例を見ると，軍縮分野の条約を補完する措置を検討する政策調整メカニズムの設立文書がソフト・ローである事例として，ザンガー委員会及び原子力供給国グループ（NSG）の事例があげられる。この第1の事例として，ザンガー委員会設立文書は参加国代表によるIAEA事務局長宛の合同書簡の形式を取ることにより，各国の参加意図が表明されている[32]。ザンガー委員会は，保障措置に関連するNPT第3条2関連の不拡散政策の調整を行っており，その適用範囲は，ザンガー委員会により採択されたリスト附属に列挙された核分裂性物質を使用・処理するために設計された資材又は機器等が対象とされる。このグループは1970年にザンガー教授のイニシアティブに基づき設立され，原子力関連資材供給を統制することによりNPT遵守の確保を目的としており，NPTに対しては補完的な役割をはたし，条約の遵守を目的として機能している。

第2の事例としては，インドが「平和的核爆発」と称して1974年に核実験を行った際に合法であることを主張し，国際社会は核不拡散体制のこの法的欠缺に対応する必要が生じたためNSGが設立された際の設立文書があげられる。同グループは1978年にIAEA事務局長宛にブラジル常駐代表から発出された書簡により設立され，NSG参加国の意向を表明した同書簡附属には原子力関連物質，機器及び技術の輸出ガイドラインが添付されている[33]。同グループは，ザンガー委員会設立文書と同様に参加国からの集合的な書簡による手法を用いている。同書簡に基づく協力枠組みにより，NSGガイドラインと呼ばれ

---

(32) IAEA Doc. INFCIRC/209/Rev.2, March 2000, pp. 1-3.
(33) IAEA Doc. INFCIRC/254, "Communication Received from Certain Member States Regarding Guidelines for the Export of Nuclear Material, Equipment or Technology," Feburuary 1978, pp. 4-6.

る原子力関連資機材・技術の輸出国（Suppliers）が守るべき指針に基づき[34]，原子力専用品・技術の移転に係るNSGガイドライン・パート1及び原子力関連汎用品・技術の移転に係るNSGガイドライン・パート2に従って，関連物資の輸出管理が行われる。

更に，生物・化学兵器の不拡散のために，参加国の輸出管理制度の協調及び不正な輸出を阻止するための非公式グループとしてオーストラリア・グループ（AG）が設立されている事例もあげられる[35]。特に，各国で実施されている輸出許可制度を調整し，AG参加国がBWCやCWCにより課された義務を円滑に実施するために支援している。生物兵器及び化学兵器の規制を目指した条約交渉は当初は同時に進められていたが，生物兵器の危険性はそれほど大きくなかったこともあり，BWC交渉は比較的順調に進んだ。このため同グループが誕生したのは1985年といった冷戦時代のさなかであり，CWC条約交渉が妥結した1992年よりも前のことであったが，条約が作成される前の段階でもこのようなソフト・ローに基づく協力枠組みが機能していた。

BWCは検証制度についての規定を有しておらず，軍縮分野の中では簡潔な条約であるが，オーストラリア・グループが同条約の有する非常に曖昧な義務を補完する役割を果たしている[36]。他方，CWCは議定書及び附属を伴う非常

---

(34) NSGガイドライン・パート1（原子力専用品）原子力移転のためのガイドラインは今日まで数次にわたり改正されており，最新版はINFCIRC/254/Rev.11/Part 1であり，核物質，原子炉及びその付属装置，重水・原子炉級黒鉛，再処理プラント・濃縮プラント・燃料加工プラント・重水生産プラント・転換プラント等を規制しており，移転に当たり，参加国は受領国より，非核爆発目的の使用への限定，核物質防護措置適用，IAEA包括的保障措置の適用，再移転の際原供給国に同意取りけ等の保証を取り付けることとなっている。他方，同パート2（汎用品）は，産業機械，材料，ウラン同位体分離関連機器，重水製造プラント関連機器，内爆システム開発関連機器，爆発物及び爆発関連機器，核実験関連機器等を規制対象としており，規制品目が核爆発活動もしくは非保障措置核燃料サイクル活動に使用される場合，または規制品目の移転が核兵器の拡散を防止するという目的に反する場合には，その移転を許可しないこととされている。

(35) Origin of Australia group; at http://www.australiagroup.net/en/index.html (as of 24 Octobre 2012)

(36) BWC第10条1は，締約国は，細菌剤（生物剤）及び毒素の平和的目的のための使用に資する装置，資材並びに科学的及び技術的情報を可能な最大限度まで交換することを容易にすることを約束し，また，その交換に参加する権利を有する。締約国は，可能なときは，単独で又は他の国若しくは国際機関と共同して，疾病の予防その他の平和的

に技術的かつ複雑な条約であり，オーストラリア・グループと CWC との間で齟齬も生じる可能性がある[37]。このため，例えば経済的及び技術的発展について規定した CWC 第 11 条 2 (d) は，この条約に規定され又はこの条約が認める措置以外の措置を実施するための根拠としてこの条約を利用してはならず，及びこの条約に適合しない目的を追求するために他のいかなる国際協定も利用してはならないと規定することにより，両者を調整している。以上の事例はいずれも条約を補完する形でソフト・ローとして機能しているものであり，いわば特定の条約とセットの構造となっている。

以上が第 1 カテゴリーのものであるが，第 2 カテゴリーのものとして，ソフト・ロー形式の設立文書が既存の条約とは全く関係なく独立して枠組み等を形成するものとして，汎用品も含め通常兵器の輸出管理レジームを創設するワッセナー・アレンジメント（WA），ミサイル技術の輸出管理を行うミサイル技術統制レジーム（MTCR），弾道ミサイルの不拡散のためのハーグ行動規範（HCOC）の事例があげられる。WA については，2013 年 4 月に ATT が採択されたため若干状況が異なるものの，これらは NPT と NSG，オーストラリア・グループと CWC・BWC の関係のように主要な役割を果たす条約とそれを補完的する文書という関係にはなく，何れもソフト・ローにより国際的な協力枠組みが創設されるという典型的な事例であり，識者によってはこのようなソフト・ローによる軍縮措置をソフト軍縮（soft disarmament）と評する見解もある[38]。これに類する軍縮分野のソフト・ローのなかで最近の事例として，大量破壊兵器の不拡散を目的とした拡散金融（proliferation financing）防止措置として作成された OECD 金融作業部会（Financial Activity Task Force, FATF）第 7 勧告の事例があげられる。これはテロ資金供与防止条約で採用されている

目的に資するため，細菌学（生物学）に係る科学的知見の拡大及び応用に貢献することに協力すると規定しており，生物兵器関連資材等についての各国の具体的な輸出入管理政策の調整については，オーストラリア・グループが行う。

(37) 浅田正彦編『兵器の拡散防止と輸出管理——制度と実践』（有信堂，2004 年），66-69 頁。

(38) Grégory Boutherin, "Maîtrise des armements non-conventionnels: Le salut viendra-t-il du soft disarmament?," *Annuaire Francais de Droit International*, Vol. 53 (2007), p. 226.

第8章 軍縮分野におけるソフト・ロー

手法を不拡散措置に応用するものであり、大量破壊兵器の調達資金を遮断することによりその不拡散を実現しようとするものである。同勧告はFATFにより国際基準（International Standard）として作成されており、ソフト・ローによる金融面からの不拡散措置である[39]。

最後に第3カテゴリーの行動規範の1例として、2001年7月に開催された第1回国連小型武器会議で採択された小型武器行動計画の事例をあげることが出来る[40]。この会議は国連総会決議（A/54/54 V）により招集された小型武器についての史上初の国連会議である。この会議のフォローアップの結果として、2005年に国連総会決定（A/60/463）により、不法小型武器の特定及び追跡に関する国際文書が採択されている[41]。また、国連及び小型武器に関係する国際機関のみならず国連加盟国も各小地域、地域及び全世界的に小型武器の回収・廃棄といった関連軍縮措置が取られており、同行動計画はソフト・ローでありながらも、行動指針として一定レベルの拘束力を事実上有している実態がある。

この小型武器行動計画の履行フォローアップ・プロセスとして、2回の中間会合を含む5年毎の履行検討会議が開催されており、直近のものは2011年に開催された。小型武器行動計画にフォローアップ・メカニズムを明記することについては当初米国が反対した。しかしながら、交渉の結果、最終的には2年毎の中間会合の開催及び2006年までにいわゆる運用検討会議に類する会議が開催されることのみが行動計画に記載され、その後の会合については国連総会決議に基づき各サイクル毎に開催されている。第1回目の2006年小型武器計画履行検討会議は最終文書に合意できず失敗に終わったが、2011年に開催された第2回履行検討会議はコンセンサス合意により最終文書を採択した。

米国は合衆国憲法修正第2条に規定される民兵の武器所有の権利を盾に銃器

---

(39) FATF Doc. FATF recommendation: International standards on Combating Money Laundering and the Financing terrorism & proliferation, March 2012, pp. 11-27.

(40) UN Doc. A/CONF.192/15, 9 July 2001, "Report of the United Nations Conference on the Illicit Trade in Small Arms and Light Weapons in All Its Aspects," pp. 13-23.

(41) International Instrument to Enable States to Identify and Trace, in a Timely and Reliable Manner, Illicit Small Arms and Light Weapons. at http://www.poa-iss.org/InternationalTracing/ITI_English.pdf (as of 2 January 2014)

所持を不可侵の権利として主張し、銃規制に強く反対する全米ライフル協会をはじめとする国内政治的要因もあり、米国は小型武器問題に積極的な政策を取ることが困難である。このため、法的拘束力のある条約の形で合意文書を作成するのは容易ではなく、ソフト・ロー形式により行動計画を作成するのが限界との実情もある。もっとも、行動計画が作成されてから10年以上が経過した2013年にATTが作成され、小型武器の不法取引がATTにより規制され、ソフト・ローにより設立されていたWAの対象の一部もカバーされるようになるなど新たな状況が生じている。

しかしながら、2014年6月に開催された第8回国連小型武器・中間会合（BMS-8）の報告書では、ATTに前向きでないの国が強く反対したため、ATTの文言が一切残らなかった事例からも明らかなように小型武器問題を取りまく厳しい現実もある[42]。

第2節　軍縮分野におけるソフト・ローの有用性

1　最近のソフト・ロー立法の事例

軍縮分野の問題は国家安全保障問題に直結しているため、国際約束の形で合意することが困難なことも多い。これまでも、例えば、軍縮分野の宇宙空間関連文書としては、宇宙空間の軍備競争の防止（PAROS）がCD議題として取り上げられているものの、なんら具体的な成果を生み出すに至っていない。更に、2008年には特に中国とロシアが共同提案した宇宙空間兵器配備防止条約（PPWT）を提案したものの、CDの停滞状況もあり交渉の開始の見通しすら立っていない。

このため新たな条約の作成には長期に亘る交渉が必要である上に、具体的かつ緊急性のある問題の解決には条約の作成は向いておらず、ソフト・ローによる規制は迅速な対応を可能とする実務上有益なものであるとされる[43]。また、

---

(42)　UN Doc. A/CONF. 192/BMS/2014/2, 20 June 2014, pp. 1-18.
(43)　L'intervention du représentant de la France à la CD "Prévention d'une course aux armements dans l'espace," 5 June 2012. at http://www.delegfrance-cd-geneve.org/5-

第8章 軍縮分野におけるソフト・ロー

多数国間の宇宙関連条約の作成といった場合に障害となりうるのは、宇宙活動先進国と受益国の圧倒的実力格差、宇宙活動の安全保障上の有用性などから国家間の合意の形成が困難であり、統一された規則作成には馴染みにくい分野となっている背景を指摘する見方もある[44]。更にその結果、常に条約よりもソフト・ローが選好されると分析するものであるが、近年、宇宙空間の軍縮にも、残念ながら進展が見られない事実がその証左でもあり、CDにおけるPAROSを巡っての議論が行われず、PPWTも提案されたのみである。なお、2014年会期の新たな動きとしては、その改定版（CD/1985）が2014年6月にCDに提出されたことがあげられるものの、実質的な議論は一切行われていない。

最近行われているソフト・ロー立法の事例として、宇宙空間のデブリを巡る行動規範の交渉があげられる。同交渉は有志国によるものであるが、その端緒となったのは2008年に欧州理事会が採択した行動規範案であった[45]。近年人工衛星の打ち上げが増加するなかで、各種衛星等が寿命のため機能を喪失したまま宇宙空間を漂っているものも多い。これらがGPS、携帯電話の衛星通信に不可欠な人工衛星に衝突すると、我々の日常生活にも大きな影響を与えることになる。また、たとえ小片の物体であっても高速で周回軌道上を移動するため、大きなエネルギーを有する巨大な破壊力を有する物体となり、これらが衛星等に衝突すると一瞬にして機能を喪失させることとなる。更に、中国が2007年1月に実施した対衛星システム実験（Antisatellite System, ASAT）は大規模なデブリを拡散させることになったため、各国から懸念が表明された。

このような次第もあり、宇宙デブリ対策が早急に実施される必要が強く認識され、非公式専門家会合等を通じての交渉が行われている[46]。2012年9月に

---

juin-2012-Prevention-d-une（as of 01 November 2012）

(44) 青木節子「宇宙法におけるソフト・ローの機能」『国際社会とソフト・ロー』（有斐閣、2008年）104-105頁。

(45) EU Council Doc. 16560/0 Annex II, 3 December 2008, pp. 3-12, "Council conclusions and draft Code of Conduct for outer space activities." at http://register.consilium.europa.eu/pdf/en/08/st16/st16560.en08.pdf（as of 02 November 2012）

(46) Official Journal of the European Union (L140/40), Council Decision 2012/281/CFSP of 29 May 2012 in the framework of the European Security Strategy in support of the Union proposal for an international Code of Conduct on outer-space activities.
　この非公式協議では上記のEUが作成した行動規範案をベースに議論が行われている。

第 2 節　軍縮分野におけるソフト・ローの有用性

ウィーンで開催された非公式協議後に公開された案文は条約でないソフト・ローであり，参加国（Participating States）の表現が使用されている。また，法的拘束力を有する表現は一切使用されておらず，条約交渉と比較して早期妥結が期待されていたことが伺われる。即ち，ソフト・ローとすることにより，米国のように憲法上批准条件が厳しい国等にとり，国際的な合意をソフト・ローにより行うことは現実的な対応を可能にするものである。その場合でも交渉は必ずしも容易ではなく[47]，本稿脱稿の時点（2014 年 9 月末）でも合意されるに至っていない。

　第 2 の事例をあげると，核不拡散とも関連する核セキュリティ分野もソフト・ローが比較的頻繁に使用される分野のひとつである。例えば，2014 年 3 月にハーグで開催された核セキュリティ・サミットは危険な核物質量をグローバルに減少させること，既存の核物質のセキュリティの向上及びその国際協力の強化を目的として開催された。その端緒は 2009 年にオバマ大統領が主導し，第 1 回サミットが 2010 年に米国で，第 2 回サミットが 2012 年に韓国で開催され，一巡して 2016 年には米国で総括会合が開催予定である。2014 年に開催された第 3 回ハーグ・サミットでは首脳宣言に加えて，実際に核セキュリティが各国で実施されるコミットメントを確保するために核セキュリティ実施強化イニシアティブが作成されている[48]。

　同サミットで採択された首脳レベル宣言に加えて，実務レベルの成果文書ではオランダ，韓国及び米国が主導して作成された共同声明では参加国（Subscribing States）が核セキュリティについて国内での必要な措置の実施を宣明している。また，同文書に引用されている核セキュリティ関連 IAEA 文

---

(47)　Timothy Farnsworth, "Fate of Space Code Remains Unclear," *Arms Control Today*: July-August at http://www.armscontrol.org/act/2014_0708/News/Fate-of-Space-Code-Remains-Unclear%20#（as of 2 August 2014）
　　なお，2014 年の国連総会第 1 委員会において，EU は国際行動規範交渉のマンデートを与える決議の提出を断念した由。

(48)　Strengthening nuclear security implementation（2014），25 March 2014, pp.1-4. at https://www.nss2014.com/sites/default/files/downloads/strengthening_nuclear_security_implementation.pdf（as of 23 September 2014）

第 8 章　軍縮分野におけるソフト・ロー

書も法的拘束力を有しないソフト・ローの形態を取っており(49)，関連条約に加えて，核セキュリティの中核となる文書はこのようにソフト・ローによる文書が重層的に協働する形となっており，各国での事情に応じた実施が可能なように柔軟性が確保されている好事例である。

2　軍縮分野のソフト・ローの規範性

上記のような具体例を踏まえ，軍縮分野のソフト・ローについて，条約に代わりソフト・ローを使用することの意義，ソフト・ローによる規範遵守の現状及びソフト・ロー毎に拘束力の違いがあるのかといった点について考察する。

まず前者については，ソフト・ローがICJ規程第38条1項に列挙された事項を国際法の法源とする伝統的な法源論には馴染みにくい存在である点があげられる。ソフト・ローの概念の有用性を巡る学説等の相違にかかわらず，軍縮分野のソフト・ローによる規範形成は軍縮条約の主要な立法機能を担ってきたCDの機能不全もあり，これまで以上にその重要性が増している。特に既存の国際法の適用，新たな条約の作成が困難な乃至は技術性が高い分野において現実的な対応を可能にする有益な手段である(50)。また，規範遵守の現状については，ソフト・ローであっても分野によっては確実に遵守されている実効性の高いものもあり，その一方で条約といった法的拘束力を有する文書であっても遵守の確保が困難なこともある。このようにソフト・ローによる軍縮は軽視しえないものとなっている。

最後のソフト・ローのカテゴリーにより拘束力の違いがあるのかの点について，まず，ソフト・ロー及びハード・ローの境界については，ソフト・ローの

---

(49)　核セキュリティ関連IAEA勧告としては，NSS13（INFCIRC225/Rev.5）: "Nuclear Security Recommendations on Physical Protection of Nuclear Materials and Nuclear Facilities;
NSS14: "Nuclear Security Recommendations on Radioactive Material and Associated Facilities" and The Code of Conduct on the Safety and Security of Radioactive Sources;
NSS15: "Nuclear Security Recommendations on Nuclear and Other Radioactive Material out of Regulatory Controlの3文書があげられる。
(50)　例えばCTBTの国際監視制度施設の運用や現地査察の実施に際しての技術的詳細については，ソフト・ローである運用手引書により規定されている。

第2節　軍縮分野におけるソフト・ローの有用性

概念の捉え方にもよるものの、両者の境界は必ずしも明確でない。法的拘束力についてはその有無といった二元論的に単純化することは適切ではなく、軍縮分野のソフト・ローに限定しても、具体的な事例を見るとハード・ローに近いもの、逆に条約の中にもソフト・ローに近いものもある。また、学説によっては法的拘束力の有無によりソフト・ローという社会的現象を捉えるのではなく、拘束力を有する又は拘束力が弱いものと峻別すべしとするものもある[51]。軍縮分野に限定した場合、ソフト・ローと看做される国際文書のなかでソフト・ローとハード・ローの境界付近にあると看做される条約の中には、基本的義務等が不明確なためソフト・ローと看做されるBWC、解釈により法的拘束力の有無の双方がありうるとされるCTBTO準備委員会設立文書の実例等が該当し、これらの文書が境界近傍に位置すると捉えることが出来る。

更に元来ソフト・ローである運用検討会議最終文書が解釈により条約法条約に規定された「事後の合意」として法的拘束力を持つとの考えは既に広く支持をえており[52]、更に、それ以外の事例として特定の条約と協働して機能するソフト・ローの例としてザンガー委員会及びNSG設立文書の事例があげられる。また、関連する条約が存在せず、それ自体で参加国間の協力枠組みの設立文書となっているMTCR設立文書やワッセナー・アレンジメント設立文書といった事例も挙げられる。以上を踏まえて、筆者はソフト・ローの間で拘束力の違いがあることについて、上述の例等から関連する条約との距離により拘束力の違いを説明するのが最も合理的と考えている（下記のイメージ図参照）。

⓪　PTBT及びBWCのように内容が曖昧な条約（境界付近に位置）

　　法的拘束力のある文書
　―――――――――――――――――――――――――――
　　法的拘束力のない文書

　　法的拘束力の有無に解釈上の差があるもの（CTBTO準備委設立文書等）

①　法的拘束力のある条約の履行結果として生み出されるソフト・ロー（運用検討会議合意文書等）

---

(51)　前掲注12参照。
(52)　Nigel White, "Interpretation of the Non-proliferation law," *Non-proliferation Law as a Special Regime: A contribution to fragmentation theory in International Law* (Cambridge University Press, 2012), p. 118.

第 8 章　軍縮分野におけるソフト・ロー

　　　　　→既存条約の具体的な適用の結果であり，一定の条件の下で法的拘束力を持つことになる。
　② 法的拘束力のある条約との関連性があるソフト・ロー（NPT を補完する NSG 等）
　　　　　→既存の条約の実施そのものを補完するレジームであり，条約とセットで機能する。
　③ 法的拘束力のある条約と無関係なソフト・ロー（新たな枠組み創設のための宣言，行動規範等）
　　　　　→いわゆる典型的なソフト・ローのカテゴリーの文書であるが，既存の国際法が存在しない場合には将来の条約作成に向けて過渡的措置として創設的機能を果たす。

　このように，ソフト・ローは法的拘束力の有無に拘らず，規範性の観点から一定程度の拘束力を有するものとして関係国の行動に事実上影響を与え得る存在となっており，CD の停滞状況が長年に亘っていることも相俟って，軍縮分野のソフト・ローの更なる活用可能性は大きいものと思われる。

第9章　軍縮分野のICJ判例の役割

　一般的に，司法機関は要請に対して付与された管轄権の範囲内で，適用しうる法に従って，法的判断を行った上で判示する受動的な機関である。これは国際法のみならず，殆どの国・地域に設置された裁判権においてもみられる（管轄権の設定等）司法制度の主要な特徴である。もっとも大陸法系諸国の予審判事制度のように裁判所自身が能動的に動く制度も存在するものの，多くの司法制度においては訴訟の要請が行われることが必要であり，国際司法裁判所（ICJ）も例外ではない。本章では軍縮国際法の強化の観点から，ICJの貢献可能性について考察を試みる。これまで軍縮分野でICJに付託されたのは，1974年の核実験（arrêt pour *l'affaire essais nucléaire*）判決及び1996年の核兵器使用・威嚇の合法性についての勧告的意見（un avis consultatif sur *la licéité de la menace ou l'emploi d'armes nucléaires.*）の2件のみである。なお，2014年4月にはマーシャル諸島が核兵器国，インド，パキスタン，北朝鮮及びイスラエルをNPT第6条の規定する核軍縮交渉義務違反であるとしてICJに付託したことが最近の新たな動きとしてあげられる[1]。

---

(1) Obligations concerning negotiations relating to cessation of the nuclear arms race and to nuclear disarmament (Marshall Islands v. India), Order of 16 June 2014, pp.1-3; Obligations concerning negotiations relating to cessation of the nuclear arms race and to nuclear disarmament (Marshall Islands v. United Kingdom), Order of 16 June 2014, pp.1-4; Obligation concerning the negotiations relating to cessaition of the Nuclear Arms Race and to nuclear disarmament (Marshall Islands v. Pakistan), Order of 10 July 2014, pp.1-3.

第9章 軍縮分野のICJ判例の役割

第1節 軍縮分野に関連する司法機関

ICJに加え，2003年3月には国際刑事裁判所（ICC）も設立されており，同裁判所規程が生物兵器，化学兵器の使用等についても戦争犯罪の対象としていることから，今後は，例えば関係しうる軍縮条約の解釈といった点でICJによる判断の差異が生じうる可能性がある[2]。一般に国際法の法源としてはICJ規程38条に列挙されており[3]，その代表例として軍縮分野では条約に次いで慣習法とされうるものとして，核実験禁止の事例があげられる。核実験禁止は長年にわたり核軍縮における重要な目標の1つであったこともあり，国連総会はほぼ毎年核実験禁止についての決議を採択してきた。そのようななかで核実験を禁止する多数国間条約として1963年にPTBTが作成され，地下核実験以外の大気中核実験等が禁止された。更に，1996年に国連総会で採択されたCTBTによりあらゆる場所での核実験も禁止された。東西冷戦期も含め，数多くの核実験が実施されていたが，CTBT採択以降は核実験が強行される事例は劇的に減少した[4]。1996年以降今日までに実施された核実験は1998年のインド及びパキスタン，2006年，2009年及び2013年の3回にわたる北朝鮮に

(2) 国際刑事裁判所（ICC）規程8条②(e)(xiii)から同(e)(xv)については，カンパラで2010年に開催されたICC規程運用検討会議で採択された決議（RC/Res.5）により改正されてカバーされる範囲が広くなった（「窒息性ガス，毒性ガス又はこれらに類するガス及びこれらと類似のすべての液体，又は考案物を使用すること」が限定列挙されていた。）。このため生物・化学兵器を使用した戦争犯罪事案についてはICJとICCと解釈等で異る可能性があり，今後この2つの裁判所が判示する判決によりいわゆる断片化といった現象を生じうるのか注目する必要がある。
(3) ICJ規程第38条1の柱書は，裁判所は，付託される紛争を<u>国際法に従って</u>裁判することを任務とし，<u>次のものを適用</u>すると規定した上で，以下の適用すべき国際法の法源につき限定例示している。
　a．一般又は特別の国際条約で係争国が明らかに認めた規則を確立しているもの。
　b．法として認められた一般慣行の証拠としての国際慣習。
　c．文明国が認めた法の一般原則。
　d．法則決定の補助手段としての裁判上の判決及び諸国の最も優秀な国際法学者の学説。
(4) Vitaly Fedolenko, "Nuclear explosions, 1945-2013", *SIPRI Yearbook 2014: Armament, Disarment and International Security* (Oxfors University Press), pp. 346-351.

第 1 節　軍縮分野に関連する司法機関

よる核実験のみであり，いずれも安保理決議等により国際社会からの強い非難を受けている。このように核実験禁止については，核兵器国等により核実験モラトリアムの一方的宣言が行われる一方で，法的信念（opinio juris）が形成されつつある証左とも言える国際社会の対応もあり，慣習法化が進みつつあり，核実験の禁止については既に相当程度の慣習法化が進んでいると言える。

　ICJ 規程第 38 条の規定する「文明国の認める一般的原則」については戦前の ICPJ 規程の文言を踏襲したものとして知られているが，軍縮国際法の文脈のみならず，この条項も裁判不能状況（non liquet）を回避する観点からは有益であり，既存の国際法に依拠することなく ICJ が判決を下すことが可能となる[5]。具体例として，ブラウンリー教授は，同意原則，相互主義，国家の平等性，紛争解決手続の結果の受託，条約の法的有効性，信義則，国家管轄権及び公海の自由をあげている[6]。例えば，軍縮条約に明記された具体例としては，NPT 第 6 条に見られる「誠実な核軍縮交渉義務（la négociation de désarmement de bonne foi）」はその典型的な例であるが，一般論としても具体的に何を指すかその意味が曖昧であるとされてきた[7]。

　ICJ 規程は，適用しうる補助的手段として裁判所判決及び各国の著名な国際法学者の学説についても言及している。これは判決に直接適用される国際法ではないが，ICJ の判断を補強する有力な材料となり，また適用すべき国際法が存在しない場合にも，同規程第 38 条 2 の「衡平と善（ex aequo et bono）」と同様に裁判不能（non liquet）状況を回避する上で有益なものと言える。軍縮分野では核実験判決及び核兵器の使用・威嚇の合法性勧告的意見の 2 件の判例のみが ICJ により判示されているが，わが国では広島・長崎への原爆投下事件を扱った下田事件の事例があり，2013 年はその 40 周年にあたることから関連する論考も見られた。同訴訟での田畑茂二郎教授，高野雄一教授及び安井郁教授

---

[5]　Andreas Zimmermann et al., *The Statute of the International Court of Justice, 2nd edition*（Oxford Universty Press, 2012），pp. 762-774.

[6]　Ian Brownlie, *The Principles of Public International Law*（Oxford Universty Press, 2008），p. 19.

[7]　Hush Thirlway, *The Sources of International law*（Oxford University Press, 2014），p. 100. 例えば，同書は「誠実」の概念がそれ自体のみでは非常に柔軟性があるとしつつも，好事例に該当するとしている。

による鑑定書による意見表明は，ICJ ではない日本国内の民事法廷での陳述ではあるものの，この規定が想定している事例であり[8]，海外にも伝えられた結果，その後の ICJ での核兵器関連判決にも影響を与えている。更に，ICJ 規程に明示的に規定されていないものの ICJ が判断を下すに際して適用可能な要素として，一方的宣言があげられるが，詳細については後述する。

第 2 節　核実験判決

　まず，この核実験判決の背景になる経緯について触れると，かつてフランスはアルジェリア，モロッコといったアフリカの植民地で核実験を行っていたものの，これらの国が独立したため，海外県等別の場所に核実験場を新たに作る必要が生じた。このためフランス政府は，1966 年以降ポリネシア地域のムルロア珊瑚礁地域等において核実験を開始した。当時フランスは大気中核実験を実施していたため，放射性降下物による被害を受ける可能性のあるオーストラリア及びニュージーランドといった地理的に比較的近い国に強い懸念を生じさせることとなった。PTBT は 1963 年に作成されていたものの，フランス及び中国は締約国でなかったため大気中核実験を実施することは当時の国際法に照らし違法ではなかった。このためフランスは太平洋のポリネシアでの核実験を継続していた。当初，フランスの核実験実施に対しては近隣諸国は外交ルートを通じて抗議を行っていたが，法的手段に訴えることについても検討し始めた[9]。

　オーストラリアは同国に地理的に近接する地域で実施される核実験による様々な被害を蒙ることとなったとして，南太平洋におけるこれ以上の大気中核実験の実施は国際法の諸原則に反するとの判断を宣言することを求めて ICJ に提訴し[10]，フランスの核実験中止を請求した。更に，オーストラリアは仮保

---

(8)　下級裁判所民事裁判例集第 14 巻第 12 号（261 損害賠償請求併合訴訟事件）41-84 頁。

(9)　Brigitte Stern, "*L'affaire des Essais nucléaires français devant la Cour internationale de justice,*" Annuaire Français de Droit International, Vol. 20 (1974), p. 300.

(10)　オーストラリアからの要請には，核実験を継続することは好ましいことでないのみならず同国の権利に反するものであり，オーストラリア領土の物理的改変，大気及び海洋の汚染，更には公海及び接続水域での航行の自由に影響を与えるものであり，大気中

第2節　核実験判決

全措置請求を行い，それに続く形でニュージーランドもこの請求に参加した。フランスによる核実験強行に反対する国際世論もあり，フランス大統領は「今回の一連の大気中核実験が最後になるであろう。」と声明を発出し，フランスは南太平洋においてこれ以上核実験を実施しない旨公式に表明した。これに対して，ICJ はフランスが法的拘束力のある形で一方的宣言を行い，南太平洋においてこれ以上核実験を実施しないことを受け入れたとして，請求の目的が消滅したと判示した。

同判決は，ICJ の管轄権について北部カメルーン事件（*l'affaire du Cameroun septentrional*）を引用し，司法機能を行使する際の固有の制限（limitations inhérentes à l'exercice de la fonction judiciaire）に言及して管轄権を有さないと判示した[11]。即ち，ICJ はフランスの大気中核実験の合法・違法性を問わず，フランス政府による地下核実験に移行するとの宣言に基づき，請求の目的が消滅したとして判断を回避した。このような ICJ の対応について，中谷教授は，ICJ は国家安全保障に関わる核実験問題はその政治的影響を考慮して判断を回避する消極的対応を取ったものと評した上で，仮にオーストラリアが風評被害も含めて損害賠償請求を併せて行った場合には，ICJ は判断回避が出来なかったのではないかとの分析を行っている[12]。核実験禁止については，その後核兵器使用・威嚇の合法性勧告の意見（段落58）において，一連の核実験関連条約により核実験禁止についての法的信念（*opinio juris*）が形成されつつあることを認めている。更に CTBT を批准していない核兵器国も核実験モラトリアム宣言をしており，その後の時代の流れとともに ICJ の核実験に対する認識も変わりつつあることが伺われる。

同判決は核実験禁止に向けてのものであるが，本章冒頭で述べたように，PCIJ 東部グリーンランド事件では不明瞭であった一方的宣言の法的効果について明確な判断を示したという点でも非常に重要である[13]。同事件における

　　核実験を禁止した法的規範への違反であるとしている。
(11)　*Essais nucléaires*（*Australie c. France*），arrêt, CIJ, Recueil, 1974, p. 259, para. 23.
(12)　中谷和弘「請求事項の同定　核実験事件」『国際法判例百選　第 2 版』（有斐閣，2011 年）202-203 頁。
(13)　*L'affaire du statut juridique du Groenland oriental*, Arrêt, CPJI, Fascicule No 53, 1933, pp. 70-72.

第 9 章　軍縮分野の ICJ 判例の役割

一方的宣言については，他国からの要請に基づくもので法的拘束力を有するためには見返り的 (*qui pro quo*) 性格を伴った相互主義が必要であるとする見方もあったが，同判決により一方的宣言が法的拘束力を有することが明確になった[14]。核実験判決は，一方的宣言が対世的な (*erga omnes*) 義務を生じさせることが出来ることを認めており[15]，その後国際法委員会でも一方的宣言についてのガイドライン (Guiding Principles applicable to unilateral declarations of States capable of creating legal obligations with commentaries) が採択され[16]，同判決はこれが見返りを求める双務的なものではないことも判示している。

同判決は核実験が政治的問題であるため ICJ が消極的な態度を取った事例と評されることが多いが，このように国際法の規範性強化には有益な判断を示したものである。軍縮分野では CTBT の発効見通しが立たない一方で，米国及び中国，更にはインド等核実験を強行した国も核実験モラトリアムを宣言している。このような国に対しては核実験モラトリアム宣言が法的拘束力を持つことを再確認した上で，核実験を行わない義務が課されていることを要請し続けて行くことも重要である。

また，この核実験判決後の 1995 年に CTBT 交渉が最終段階に入り，CTBT 作成後には核実験が禁止される見通しとなったこともあり，フランスは 1991 年からの核実験モラトリアムを破棄する形でいわば「かけこみの」地下核実験を再開した。当時新たに選出されたシラク大統領による決定後，フランスは未臨界実験及びスーパー・コンピューターによるシミュレーションのためのデータ取得が必要であるとして，回数を限定した上で核実験を再開することを発表した。このため核実験場のあるムルロア環礁に地理的に近いオーストラリア，ニュージーランド等の国が核実験中止の仮保全措置を ICJ に対して要請した。これに対して，ICJ は 1974 年の核実験判決は大気中核実験を対象としたものであり，今回要請された地下核実験の中止との間には直接の関係はないとして，仮保全措置要求を退けた[17]。

---

(14)　*Essais nucléaires (Australie c. France)*, arrêt, CIJ, Recueil, 1974, p. 267, para. 42.
(15)　*Ibid.*, CIJ, Recueil, 1974, p. 269, para. 47.
(16)　U.N. Doc. A/61/10 (2006), pp. 376-377.
(17)　Demande d'examen de la situation au titre du paragraphe 63 de l'arrêt rendu par

第3節　核兵器の使用・威嚇の合法性についての勧告的意見

　核兵器を巡っては国連総会においても関連決議がこれまでも数多く採択されているが，冷戦期には核抑止力に基づく核兵器国の政策等もあり核兵器開発に不可欠な核実験の制限さえも容易ではなかった。そのような中で国際反核法律家協会（International Association of Lawyers Against Nuclear Arms, IALANA）が国際保健機関（WHO）及び国連総会といった関連フォーラムに対して核兵器使用禁止を求める働きかけを行った。その結果，WHO及び国連総会の両機関がICJに対して核兵器の使用・威嚇の合法性についての勧告的意見を要請する決議を採択した。この核兵器関連勧告的意見が1996年に最終的に出されるまでの経緯を巡っては，市民団体によるWHO及び国連総会への勧告的意見の要請に至るまでのロビー活動が大きな役割を果たしたことも無視出来ない。

　国連憲章の規定上，WHO等の専門機関が勧告的意見を要請する場合には国連総会の決定が必要とされるため，WHOが勧告的意見を要請するためにはWHO内での決定及び国連総会による決定の双方が必要とされる[18]。WHOはすべての人々の健康を増進し保護するため互いに他の国々と協力する目的で，国連憲章第57条の範囲内の専門機関として設立されている[19]。ICJはWHOからの諮問に対しては，勧告的意見の要請に至った動きの政治的性格及び勧告的意見が与える政治的インプリケーションに鑑みると，勧告的意見を示す権限はないとして[20]，このような政治的問題について諮問する権限がないことを確認した上で，WHOからの要請を拒否した。

---

la cour le 20 décembre 1974 dans l'affaire des essais nucléaires (Nouvelle-Zélande c. France), C.I.J. Recueil 1991, p. 288.

(18)　国連憲章第96条はICJへの勧告的意見の要請条件を規定。他方，WHO保健総会の機能について規定するWHO憲章第18条(d)は機構の目的に従っていかなる行為を行うことを決定すると規定しており，両規定に基づきWHOが勧告的意見を求める際には両機関の決定が必要とされる。

(19)　À propos de l'OMS. at http://www.who.int/about/fr/ (as of 26 December 2012)

(20)　*Licéité de la menace ou de l'emploi d'armes nucléaires*, avis consultatif, CIJ, Recueil 1996, p. 234, para. 13.

第9章　軍縮分野のICJ判例の役割

　その一方で，国連総会からの諮問については，国連憲章第96条の規定に照らし適切であるとして，勧告的意見の要請に応じている。1996年にICJが判示した勧告的意見では，主文に書かれた6つの論点のうち4項目が全員一致で合意され，2項目は見解の相違が見られた[21]。判旨を要約すると，まず「勧告的意見の要請に応じることを決定する（賛成13反対1）」との決定が示されるとともに，各裁判官により見解の相違がなかった4点は，主文A「核兵器の威嚇または使用を特段認可する国際慣習法や条約法は存在しない」，主文C「国連憲章第2条4に違反し，かつ同第51条の要件を満たさない，核兵器を用いた武力による威嚇・武力の行使は違法である」，主文D「核兵器の威嚇または使用は武力紛争に適用される国際法の要件，特に国際人道法上の原則・規則や，明示的に核兵器を取り扱う条約，その他の国際約束の下での義務に適合するものでなければならない」及び主文F「厳格かつ実効的な国際管理のもとで，全面的な核軍縮に向けた交渉を誠実に行い，その交渉を完結させる義務がある。」であった。

　他方，見解が分かれたのは，主文B「核兵器の威嚇または使用を包括的かつ

---

(21)　*Ibid.*, pp. 265-266, para. 105.
　　　国連総会からの諮問に対するICJ勧告的意見の主文は以下のとおり。
　　A. 核兵器の威嚇または使用を特段認可する国際慣習法や条約法は存在しない。（全員一致）
　　B. 核兵器の威嚇または使用を包括的かつ普遍的に禁止する国際慣習法や条約法も存在しない。（賛成11／反対3）
　　C. 国連憲章第2条4項に違反し，かつ同第51条の要件を満たさない，核兵器を用いた武力による威嚇・武力の行使は違法である。（全員一致）
　　D. 核兵器の威嚇または使用は武力紛争に適用される国際法の要件，特に国際人道法上の原則・規則や，明示的に核兵器を取り扱う条約，その他の国際約束の下での義務に適合するものでなければならない。（全員一致）
　　E. 以上のことから，核兵器の威嚇または使用は武力紛争に適用される国際法の規則，特に国際人道法上の原則・規則に一般的には違反するであろう。しかし，国際法の現状や裁判所が確認した事実に照らすと，国家の存亡そのものが危険にさらされるような，自衛の極端な状況（extreme circumstance of self-defence）における，核兵器の威嚇または使用が合法であるか違法であるかについて裁判所は最終的な結論を下すことができない。（賛成7／反対7）
　　F. 厳格かつ実効的な国際管理のもとで，全面的な核軍縮に向けた交渉を誠実に行い，その交渉を完結させる義務がある。（全員一致）

第3節 核兵器の使用・威嚇の合法性についての勧告的意見

普遍的に禁止する国際慣習法や条約法も存在しない（賛成11反対3）」及び主文E「核兵器の威嚇または使用は武力紛争に適用される国際法の規則，特に国際人道法上の原則・規則に一般的には違反するであろう。しかし，国際法の現状や裁判所が確認した事実に照らすと，国家の存亡そのものが危険にさらされるような，自衛の極端な状況における，核兵器の威嚇または使用が合法であるか違法であるかについて裁判所は最終的な結論を下すことができない（賛成7反対7のため，裁判長決定投票により採択）」の2点であった。

　この勧告的意見は主文以外にも本文には，自由権規約第6条，武力行使と国連憲章，マルテンス条項の扱いといった論点でも示唆に富んだ判断を示している。特に，主文に限定しても主文Eなどは賛成7反対7で裁判長決定投票により最終的に決定されたように，自衛の極端な状況下で核兵器の使用が許容されるか（dans une circonstance extrême de légitime défense dans laquelle la survie même d'un État serait en cause）との点についても明らかにしようとしたICJの努力は，殆どの先行研究でも高い評価がなされている。そもそも裁判長の裁定による決定はロトゥース号事件PCIJ判決の前例のみで[22]，判断が非常に困難であったことが伺われる。その背景には，核軍縮の必要性と核抑止力理論の対立といった核兵器を巡っての，解決が容易でない複雑な国際政治の現実を反映していたとの事情もあるなかで評価に値するものと思われる。

　その一方でこの勧告的意見を踏まえると，核兵器の使用・威嚇の禁止が完全な国際法としての規範性を獲得したともいい難いものの，その萌芽ともいえる一般的合意が形成されつつある状況も伺える。まず第1点目として，核兵器の使用・威嚇の合法性については，第二次世界大戦中の広島・長崎への原子爆弾投下及び多数の核実験から，核兵器が再び使用されると非人道的かつ破滅的な結果をもたらすとの認識が生じていることが確認された。更にこれは過去50年間に一度も武力紛争等において使用されていない事実が物語っている。第2点目として，武力の威嚇・行使を禁止した国連憲章第2条4及び自衛権を規定した同第51条に反する核兵器の使用は違法であると看做されたことであり，仮に核抑止力の効果を認める場合でも一定の制約が存在することが明らかにさ

---

(22) *Affaine du Lotus*, Recueil des arrêts, C. CPJI, le Septembre 12927. p. 32.

第9章　軍縮分野の ICJ 判例の役割

れた。また第3点目として，NPT 第6条に規定された「核軍縮を誠実に交渉する義務（une obligation de poursuivre de bonne foi et de mener à terme des négociations conduisant au désarmement nucléaire)」について明示的な確認が行われたことについても高い評価を得ている。

更に具体的内容について敷衍すると，核軍縮交渉義務については，ICJ が諮問事項でないにも拘わらず言及していることについては概ね評価する見解が多いのは上述のとおりである。例えば，藤田教授は諸外国の中でも特に核兵器国にとり新しい義務を定めたものか，慣習法化した義務を明記したものかと問題提起をしている他(23)，柳原教授は NPT 第6条を確認したものに過ぎない，軍縮交渉を完了させる義務——しかも「普遍的義務」であると述べている点は革新的であるといった見方を示している(24)。

この点について，ICJ 規程コメンタリーは一般に勧告的意見は法的拘束力を有さないものの，国際機関の決定または別途の条約に基づき法的拘束力を有することがあるとしており(25)，判決文原文では目的地に到達することを意味する parvenir の動詞が使用されていること，段落 99 が「核軍縮の交渉と完了の二重の義務」としていることから，NPT 第6条を踏まえその内容を確認した上で，その範囲は軍縮交渉の完了までを含むと解すべきものと考えられる。もっとも，勧告的意見の当該箇所は法的拘束力を有する義務として捉えうる限りにおいて，法的拘束力を有するものであるが，同義務が慣習法化したかについては，法的信念（opinio juris）の形成が必ずしも十分であると言いがたい NPT を巡る実状もある。

本勧告的意見の中でも特に見解が分かれた主文 B 及び同 E は，解釈が容易ではない論点であるものの，これは正に現在核兵器国等に保有されている核兵器を巡っての現実を反映したものであるとも言える。核兵器の使用・威嚇を許可する慣習法も条約も存在しないとする主文 A については，核兵器の非人道

---

(23) 藤田久一『核に立ち向かう国際法』（法律文化社，2012 年）179 頁。
(24) 柳原正治「核兵器の使用・威嚇の合法性についての勧告的意見」『判例百選』有斐閣，2011 年，221 頁。
(25) Andreas Zimmermann et al., *The Statute of the International Court of Justice*, 2nd edition (Oxford Universty Press, 2012), p. 209.

第3節　核兵器の使用・威嚇の合法性についての勧告的意見

性故に反論する見解は少ないものと思われる。他方で，主文Bにおいては，まず「核兵器の取得，製造，所持，配備及び実験のみを取り扱う条約が存在する」ことを確認した上で，「核兵器を特に威嚇・使用に供することを禁止する条約は存在しない」事実を確認している[26]。更に，「将来の一般的な使用禁止」を考慮するとした上で，「そのような禁止には繋がらない」と結論付けており，核抑止論に基づく核兵器の使用可能性を否定しない考え方がないとはいえない状況を反映した実体法 (Lex lata) を示すアプローチを取っているといえる。

更に，主文Bよりも解釈が困難な主文Eについては，表決では7対7同数票となったため，裁判長の決定投票により決定されたものである。この決定は「国家の存亡そのものが危険にさらされるような，自衛の極端な状況における，核兵器の威嚇または使用が合法であるか違法であるかについて裁判所は最終的な結論を下すことができない」としている[27]。主文Eが何を意味するかについては，「自衛の極端な状況」が段落97等判決文の関連も踏まえ具体的にはどのような状況を指すかを明らかにする必要がある。先行研究の中では，例えば藤田教授は，領土攻撃を受けた，占領された，あるいは主権独立を失うかもしれない状況を想定するとの解釈可能性を示すとともに，二度の世界大戦，朝鮮戦争，湾岸戦争，仮定の問題として（当時の）ワルシャワ条約機構軍の西ヨーロッパ侵攻を例示した米国法律顧問の見解を紹介している[28]。

これに対し，コーエン教授は，生存のための国家の基本的権利は存在せず，国際法が認めるのは平等な主権，政治的独立及び領土的統一性を尊重する権利のみであると，国家生存のための権利そのものは存在しないと否定しているなど[29]，広く支持を得た確たる解釈は現時点でも存在しないのが実情である。

---

(26) Licéité de la menace ou de l'emploi d'armes nucléaires, avis consultatif, CIJ, Recueil 1996, p. 253, para 62.

(27) Licéité de la menace ou de l'emploi d'armes nucléaires, avis consultatif, CIJ, Recueil 1996, p. 263, para 97.

(28) 藤田『前掲書』(注20) 185-186頁。

(29) Marcelo Kohen, L'avis consultatif de la CIJ, sur la licéité de la menace ou de l'emploi d'armes nucléaires et la fonction judiciaire, *European Journal of International Law* (Oxford University Press, 1997), p. 336.

第9章　軍縮分野のICJ判例の役割

　他方で，国家の存亡がかかった状態を国内法の観点から見ると，例えばフランスの第5共和制憲法を例にとると国家主権の重大な侵害事例が該当するものと思われ(30)，国際法のみならず主要国の憲法下で該当する状況としてはどのような場合があるのか検討した上で解釈の明確化を目指すという別のアプローチも検討の余地があるものと思われる。

　核兵器使用禁止を武力紛争法との関係で見ると，興味深い学説として以下の2例があげられる。まず第1点目の事例は，武力紛争法に照らして核兵器の使用制限から核兵器禁止を導くことを試みるものである。米国軍軍事マニュアルを基に，デター教授は核兵器の使用条件を含めて米国の国家実行を分析した上で(31)，武器の使用に際しては，必要性，均衡性及び外傷的な効果を生じさせない3つの条件を満たす必要性を指摘している。更に，この条件は武器使用の際に一般的に適用されるとしつつも，核兵器の使用については，禁止する慣習法または国際法が存在しないとする点はICJ勧告的意見の結論を踏襲している。その上で，核兵器は上記の兵器使用禁止の対象外とされているとする米国の国家実行に言及した上で，毒ガスの使用を禁止している1925年ジュネーブ議定書及び武力紛争法を準用する可能性を強調した上で，核兵器の使用はそれに準ずるものとして許容されないと結論付ける(32)。

　第2点目の事例は，コルブ教授が提唱している考え方であり(33)，ジュネーブ条約第1追加議定書第56条の解釈を準用した上で核兵器使用禁止を導く解

---

(30)　フランス第5共和制憲法において大統領の任務を規定する第5条は，共和国に代り大統領が果すべき任務として，国家的独立及び領土の一体性の確保を上げており，藤田教授の解釈と類似する要素を規定している。at http://www.conseil-constitutionnel.fr/conseil-constitutionnel/francais/la-constitution/la-constitution-du-4-octobre-1958/texte-integral-de-la-constitution-du-4-octobre-1958-en-vigueur.5074.html（as of 13 July 2014）

(31)　Ingrid Detter, *The Law of War:* 2nd edition (Cambridge University Press, 2000), p. 241.

(32)　*Ibid.*, p. 243.
　　同著者は米国軍事マニュアル（Law of War Handbook 2005）に見られるこのアプローチによる説明を試みており，下田事件に見られるのと同様のロジックで説明を行っている。

(33)　Robert Kolb, *Jus in bello: le droit de conflits armés* (Bruyant, 2009), p. 289.

第3節　核兵器の使用・威嚇の合法性についての勧告的意見

釈である(34)。ダム，堤防，原子力発電所といった破壊力を内蔵する施設の攻撃が許容されるのは一連の条件が厳格に満たされる必要があり，それが満たされる場合は同条の規定に従い攻撃目標とされうるとするICRCコメンタリーの解釈とは異なり(35)，原子力発電所はいかなる状況にあっても攻撃対象とすることは禁止されるとの解釈を示している。これはチェルノブイリ原子力発電所の事故の破滅的な結果に照らすと，大量の放射能が放出され非人道的な結果が避け得ないこともあり，原子力発電所を攻撃する場合は軍民区別原則を遵守出来ないことから，攻撃は例外なく許容されないとするものである。

チェルノブイリ原発事故の例を見るまでもなく，2011年に発生した福島原発事故の結果を見ても，放射能が放出され非人道的な結果が生じかねないのは明らかである。このため第1追加議定書第56条を準用した解釈から，核兵器が禁止されるとすべきものである。その関連で核テロ防止条約関連規定を見ると，放射性物質を放出する等の方法で原子力施設を使用することを禁止しているものの（同条約第2条2），その一方で，いかなる意味においても国による核兵器の使用又はその威嚇の合法性の問題を取り扱うものではないとして（同条約第4条），核兵器の使用禁止問題とは明確に切り離す規定とされており(36)，このような点からも核兵器の使用禁止問題の解決が容易でないことが伺われる。

---

(34)　危険な力を内蔵する工作物及び施設の保護の保護について，ジュネーブ条約第1追加議定書第56条1は，危険な力を内蔵する工作物及び施設，すなわち，ダム，堤防及び原子力発電所は，これらの物が軍事目標である場合であっても，これらを攻撃することが危険な力の放出を引き起こし，その結果文民たる住民の間に重大な損失をもたらすときは，攻撃の対象としてはならないと規定している。

(35)　Claude Pilloud et al., *Commentary on the Additional Protocols of 8 June 1977 to the Geneva Conventions of 12 August 1949* (Brill Academic Publication, 1985), pp. 686-687.
　　同コメンタリーによれば，攻撃が禁止されている施設の攻撃が許容されるのは，軍事行動に対し常時の，重要かつ直接の支援を行うための利用といった3つの条件が同時に満たされた場合のみ限定して厳格に解する必要があるとしている。

(36)　核テロ防止条約第2条1(b)は，放射性物質若しくは装置を使用すること（方法のいかんを問わない。）又は放射性物質を放出する方法若しくは放出するおそれのある方法で，原子力施設を使用し若しくは破壊することを不法かつ故意に行うことを締約国に対して犯罪化する義務を課している。他方で，同条約の適用除外条件として，国による核兵器の使用又はその威嚇の合法性の問題を取り扱うものではないと規定されている。

第 9 章　軍縮分野の ICJ 判例の役割

武力紛争法におけるこの 2 つの学説は下田判決に示された軍民区別原則といった武力紛争法に基づき核兵器の使用が禁止されるべきとする考え方と類似している。しかしながら，核兵器の使用・威嚇の禁止についての勧告的意見主文 B に見られるように，核軍縮及び核抑止理論に基づく見解の隔たりは大きく 2010 年にカンパラで開催された ICC 運用検討会議においても，核兵器の使用禁止について戦争犯罪についての改正案（RC/Res. 5）の審議過程において，核兵器国と非同盟諸国との間での攻防の結果，最終的に削除された[37]。このように核兵器の非人道的性について異論を唱える人は少ないものと思われるものの，核兵器の完全な禁止の実現は容易でないのが現状であるが，使用された場合には甚大な被害を生じるのか明らかであり，引続き核兵器の使用禁止の実現が追求されるべきものと思われる。

　また，この勧告的意見を巡っての核兵器使用禁止に向けた国際反核法律家協会による働きかけと類似のアプローチのものとして，その後核兵器の使用禁止の実現に向けた動きとして核兵器禁止条約の構想が提唱されている[38]。この条約案はコスタリカが国連総会第 1 委員会に提出したモデル核兵器禁止条約案（A/C.1/52/7）に由来し，2008 年にはその改定版が配布されている（A/62/650）[39]。しかしながら，CD で優先度が最も高いとされている FMCT 交渉さえも開始出来ない現状に鑑みると，現実には核兵器禁止条約交渉の開始は更に困難なのが実情である。例えば，2013 年の国連総会における核兵器の使用・威嚇の合法性勧告的意見のフォローアップ決議の採択を例にとると，約 50 か国の国が核兵器禁止条約交渉には前向きでない現状がある[40]。もっとも，NAM 諸国等更なる核軍縮が追求されるべきとする国のみならず反核市民団体からは，核兵

---

(37)　Julian Fernandez Xavier Pacreau et ali., *Statut de Rome de la Cour pénale internationale : commentaire article par article*（Pedone, 2012），p. 255.

(38)　同文書はモデル核兵器禁止条約と称され，「核兵器の開発，実験，製造，備蓄，移譲，使用及び威嚇としての使用の禁止ならびにその廃絶に関する条約案が正式名称であり，CWC を基に市民団体等により作成された条約案」として知られている。

(39)　UN Doc. A/62/650, 18 January 2008, pp. 8-78.

(40)　UN Doc. A/RES/68/42, 5 December 2013, pp. 1-3.
　　この核兵器の使用・威嚇の合法性についての ICJ 勧告的意見のフォローアップ決議は表決により賛成 135 反対 22（棄権 26）で採択。

器使用禁止を求める声も大きく，特に核兵器の非人道性に重点を当てて，核兵器の使用された場合の環境面への影響等のみならず，核兵器の使用禁止を求める声も大きい。このようななかで，核兵器の非人道性についての第1回オスロ会議（2013年3月），第2回ナジャリット会議（2014年2月）に続く，第3回ウィーン会議（2014年12月）の3回にわたり開催されるなど，2015年NPT運用検討会議に向けた核兵器禁止条約を求める国際的機運も見られるなど，今後の動向が注目される。

第4節 マーシャル諸島によるNPT関連ICJ付託とまとめ

以上の2件の事例に加え，マーシャル諸島はP5，インド，パキスタン，北朝鮮及びイスラエルがNPT第6条の規定する「誠実な核軍縮交渉義務」に違反しているとして2014年4月24日にICJに提訴した。被告とされた国のうちICJ強制的管轄権を受諾しているのは英国，インド，パキスタンの3か国のみであるものの，これら3か国の宣言に含まれる留保等から英国のみが本稿脱稿（2014年9月末）の時点で手続的に進行する可能性が高いと見られている[41]。その関連で，2014年6月16日には英国及びインドに対して今後の書面手続の期限が決定されるとともに[42]，特にインドについては先ず管轄権の有無につき検討することとされ[43]，この先決的抗弁が容認されると対インド訴訟手続は本案に進まず終了する可能性があり，7月10日に出された対パキスタン訴訟についてもその可能性が高いものとみられている[44]。更に，英国について

---

(41) Marshall Islands Sues to Enforce Nuclear Non Proliferation Treaty; UK May Be Dragged Into ICJ, opinio juris, 24 April 2014. at http://opiniojuris.org/2014/04/24/marshall-islands-sues-enforce-nuclear-non-proliferation-treaty-uk-may-dragged-icj/ (as of July 6, 2014)

(42) Marshall Islands v. India, 16 june 2014, *supra* note 1, pp.1-3; Marshall Islands v. United Kingdom, 16 june 2014, pp.1-4.: Marshall Islands v．Pakistan, 10 July 1024, pp. 1-3.

(43) Order (Marshal Island. v, India), 16 June 2014, *supra* note 1, pp. 1-3.

(44) Declaration recogning the jurisdiction of the Court as conpulsory, India, 15. September 1974. para. (7) インドは強制的管轄権受諾に際し，12の留保条件を付してお

第9章 軍縮分野のICJ判例の役割

は原告たるマーシャル諸島がNPT第6条に規定された「誠実な核軍縮交渉義務」に違反しているその具体的内容を明らかにした上で法益侵害を証明できない場合は，「訴えの利益の欠如」を理由に南西アフリカ事件第2段階判決に見られるように[45]，原告適格性が問題となりうる可能性がある。なお，NPT非締約国であるインド及びパキスタンに対する訴の提起に際しては，マーシャル諸島は，NPT第6条による義務か対世的な (*erga omnes*) 義務であり，慣習及び信義則の違反であるとしており[46]，他方で，英国に対してはNPT第6条違反を事由としており，今後の展開注目される。

　本章を締めくくるにあたり，軍縮国際法におけるICJの役割について総括する。軍縮分野における法源の一つとしてICJがこれまで示した核実験事件判決及び核兵器の使用・威嚇の合法性勧告的意見の判例2件について取上げたが，両判例の間ではICJの関与の仕方に明らかな温度差が見られる。後者の判例は核兵器の使用問題という非常に政治的な問題であるにもかかわらずICJが可能な範囲で積極的に対応した事例である。特に冷戦後の国際政治状況下であったことから実現可能であったとの見方もありうる。しかしながら，この核兵器の使用・威嚇の合法性勧告的意見は，法的観点からのみならず，政治的にも重要な事項について判断を示すものと評価する見解もあるが[47]，それを裏付けるように相当数の研究が行われている。小田裁判官が個別意見で述べたように，この勧告的意見は非常に政治的な側面があり，勧告的意見が請求された経緯に照らして，司法機関であるICJが取り扱うのが適切かとの見解も一理あるものの，特に「自衛の極端な状況下で核兵器の使用」といった判断が非常に困難な問題にICJがあえて取組んだことは高く評価されるべきものと思われる。

　り，本件につき，ICJは管轄権を有しないと主張している。

(45) Affaire du Sud-Ouest Africam (Etiopie. c Afrigue de Sudi Libéria c, Afrigue du Sud) Denxième Prase, Arrêt du 18 Juilet 1966, CIJ, Recneil 1966, p. 48. para, 97. 同判決は訴えの実質事項についての法的権利の存在 (the existance of a legal right or in the subject-matter of its claim) が証明される必要があることを判示。

(46) Application instituting proceedings against the republic of India submitted by the Republic of Marshall Island-, paras. 40-50 等

(47) Marcelo Kohen, "L'avis consultatif de la CIJ, sur la licéité de la menace ou de l'emploi d'armes nucléaires et la fonction judiciaire," *European Journal of International Law*, (1997) p. 336.

第4節　マーシャル諸島によるNPT関連ICJ付託とまとめ

本章冒頭で言及したように，ICJを含め一般に司法機関は受動的なものであり，北部カメルーン事件で示されたような「司法権能の行使に際しては固有の限界」を有するものであることに加え[48]，国際立法の観点からはいかなる直接的な行為も行い得ない。しかしながら，ICJ規程に示されているICJの重要な役割のひとつとして条約の解釈についての権限があげられており，軍縮条約で解釈が不明瞭な点についても明らかにしようとした。その典型的な例のひとつがNPT第6条に規定された「誠実な軍縮交渉」の解釈であり，「誠実な (bonne foi)」の解釈について「合意は遵守される (Pacta sunt servanda)。」といった国際法の基本原則を反映したものである[49]。もっともこの核軍縮交渉義務の条約交渉経緯を辿ると，実際には核兵器国と非核兵器国間の妥協の産物である[50]。しかしながら，ICJが軍縮条約の解釈を明確にすることが出来る権限を有していることは重要であり，その内在する司法機関としての限界にもかかわらず，軍縮条約を強化する観点から重要な役割を果たしうるものであると言える。

---

(48) *Affaire du Cameroun septentrional* (*Cameroun c. Royaume-Unis, Exceptions préliminaires*), Arrêt du 2 décembre 1963: CIJ, Recueil 1963, p. 29.

(49) Robert Kolb, *La bonne foi en droit international public: Contribution à l' étude des principes généraux de droit* (Presse Universitaire Française, 2000), pp. 93-97.
　　同書はいわゆる信義則の概念と国際法の一般原則の1つである「合意は遵守される (Pacta sunt servanda)。」との密接な関係について強調した上で，信義則の概念が規範性の強化に資する重要なものと位置づける。同様の考え方は核実験事件判決 (l'affaire *Essais nucléaires* (*Australie c. France*) para. 46, p. 268) にも見られる。

(50) Daniel Joyner, *International law and the proliferation of Wepons of Mass destruction* (Oxford University Press, 2009), pp. 56-57.

むすびにかえて

　本書では3部からなる9章に亘り，軍縮・不拡散分野の多数国間条約を対象として，第1部においては軍縮条約が実際に形成される立法過程として条約交渉の枠組みについて，続く第2部においては条約交渉の結果として合意された条約について概観した。また，最後の第3部では軍縮措置の多くは条約の形を取ることもありウィーン条約法条約との関連，ソフト・ロー立法による軍縮措置の事例及び軍縮分野のICJ判例の果たす役割といった観点から，軍縮条約の規範性強化に向けて検討する前提となる事実関係の把握を試みた。

第1節　軍縮条約強化の歩み

　第1部の条約交渉枠組みについては，特に伝統的な条約交渉機関であるCDが15年間以上に亘り停滞状況が発生している主要原因の1つがコンセンサス方式による意思決定を規定する手続規則であることは多くの識者が指摘しているとおりである。軍縮問題が各国の安全保障上の考慮と直結しているため，条約交渉の際には特に条文採択の決定はコンセンサス方式により意思決定を行うべきであると主張されることも多い。しかしながら，安全保障上の理由からコンセンサス方式のみを主張する国であっても，真に安全保障上の問題が生じる時は条約を締結しない，留保が許容されている時は留保を行った上で締結し，更に解釈宣言により安全保障上の問題の回避が可能な時はそのような対応もありうることから，コンセンサス至上主義は必ずしも正当化しうるものではないものと思われる[1]。その一方で，CD外で条約交渉が成功した事例として対人

---

(1)　福井康人「研究ノート：軍縮分野における多数国間条約の交渉枠組みについて」『国際法外交雑誌』第111巻第1号，2012年，97-98頁。

むすびにかえて

地雷禁止条約及びクラスター弾条約があり，更に，2013年4月にはCD外で国連総会決議に基づき条約交渉が行われていたATTも，2度にわたる条約交渉会議がコンセンサス方式による意思決定方式が原因で決裂したものの，最終的にATTが国連総会で採択された。

CD以外で作成された条約については，主要国が批准・加入等を行わないといった普遍性を確保する上での問題が懸念されることもある[2]。しかしながら，CDで作成された条約の中にもCTBTのように未発効のまま15年以上経過している中で米国，中国のような主要国が批准していないものもある。もっとも，CD外で交渉された条約であっても規範性が形成されつつあるものも存在するのは事実であり，仮に特定の非締約国が条約により課された使用禁止・制限義務に反して相当数の犠牲者が出た場合には国際社会からの非難は避けられない。その結果，その条約に法的に拘束されないとの主張を非締約国に許容する余地があるものの，その条約が一定数の締約国を既に有する普遍的な状況が生じた段階に到達すると，いわば事実上の（de facto）拘束力が生じることにつながる。2014年6月の米国による対人地雷禁止条約についての政策変更の発表は[3]，このような証左でもあるものと思われる。

第2部では大量破壊兵器及び通常兵器関連条約に関する内容の比較を行った。その結果から伺われることは，後から作成される条約交渉の大半はそれよりも前に作成された条約交渉過程で明らかになった問題点等の教訓から条約が生かされることが多く，いわば「進化」しているとも捉えうる。例えば，核兵器関連条約の事例を見ると，PTBTにより大気中核実験等が禁止されたものの，地下核実験は禁止されていなかったため，地下核実験を実施して封込めに失敗した場合のみ条約違反と看做された[4]。他方で，その後インドが平和的目的で

---

(2) Peter Malanczuk, "International Criminal Court and and landmine: what are the consequences of the of the leaving US behind," *European Journal of International Law* (2014), pp. 89-90.

(3) Fact Sheet: Changes to U.S. Anti-Personnel Landmine Policy, The white house, at http://www.whitehouse.gov/the-press-office/2014/06/27/fact-sheet-changes-us-anti-personnel-landmine-policy (as of 29 June, 2014)

(4) Larry Ramspott, *The Baneberry Vent: A Geologist Remembers* (Actaea Press, 2010), pp. 148-153.

第1節　軍縮条約強化の歩み

あるとして地下核実験を実施したのは当時既に発効していたPTBTに照らしても合法であるなどの抜け穴があった。その後作成されたCTBTでは地下核実験を含め、全ての核爆発を伴う核実験が禁止されたのも核実験禁止についての規範が強化された事例である。

また、生物化学兵器軍縮の場合も、CWCは冷戦下では合意が困難であったため、極めて簡素な1925年ジュネーブ議定書を端緒として、BWC交渉が先に進展しBWCが作成された。しかしながら、BWCは検証制度を有しないという欠陥があったものの、その後作成されたCWCは、多数国間の軍縮条約では初めて本格的な検証制度を伴った条約としてランド・マーク的な軍縮条約と位置づけられる他、CWCの検証制度規定は、CTBT交渉時には先例として活用されているものが少なくない。

他方、通常兵器分野の軍縮条約を見ると、CCWが活用した枠組条約及び詳細を定めた附属議定書を組み合わせる立法技術は新たな兵器が常に開発・実用化される可能性を考慮して適用範囲を拡大する必要があるとの事情を踏まえたものである。CCWの新たな兵器の出現とともに、議定書改正又は新たな議定書の作成により規制の適用範囲を拡大することにより、軍縮措置として実効性を高めてきた。また、クラスター弾条約の交渉時には対人地雷禁止条約の前例が活用されていることも、先行条約が有益な先例を提供した1例である。

更に、多数国間条約ではないもののNPTの検証制度として機能する保障措置の関連でIAEAと各国の間で締結される保障措置協定についても、初期の保障措置モデル協定（INFCIRC/26）から非核兵器国に対する153型保障措置（INFCIRC/153）モデル協定に至るまでの保障措置が改良された経緯、更にその後、補完的アクセスを認める追加議定書が作成されるといった事例も軍縮国際法が強化された好事例である。また、非核兵器地帯条約についても、先に作成されたトラテロルコ条約等を先例として後継条約は内容面等で改良されており、保障措置協定との併用により更に重層的に補完されている。

なお、法的拘束力を有する安保理決議については、その迅速な立法方法による対応が効率的であるとして肯定的な評価をする見解と、通常の条約交渉を行う場合に必要とされる交渉、条文の確定、批准等国家の同意表明といった手続を踏まずに決議作成に参加しない国まで法的に拘束することの是非が問われる

むすびにかえて

こともある⁽⁵⁾。しかしながら、軍縮分野の事例に限れば、NPTから脱退し、CTBT未批准国の北朝鮮が秘密裏に核開発を進めたりすることが現実に発生しており、安保理決議による法的拘束力によりこのような国に対して条約上の義務を課すことが唯一可能な手段となっている。特に一連の北朝鮮核実験非難決議はインド・パキスタンの核実験非難決議と比較して、検証技術上の制約等から核実験実施の事実が確認出来ない場合であっても、公に核実験実施を宣言すること自体が国際の平和と安全の脅威となるとするアプローチを取っており、この事例も軍縮国際法の強化の観点からも有益な手段となっている。

第3部の軍縮関連の規範の多様性については、条約法条約との関係、軍縮分野のソフト・ロー及びICJ判決について取上げた。軍縮は国家の主権を制限することから条約の形で行われることが多いため、条約法条約には規定されている留保及び脱退への制限、条約発効前の暫定適用といった最終規定に活用しうる条項の他、事後の合意や事後の慣行といった軍縮国際法の強化に有益と思われるものもある⁽⁶⁾。例えば、通常兵器関連条約には初期に作成されたCWCの規定を踏襲する形で、脱退の効力は武力紛争の終了時までは発しないとされている脱退制限なども規範性を強化することに資するものである。

また、殆どの軍縮条約には事態の是正措置や紛争解決条項といった条約義務遵守に貢献しうるメカニズムが組み込まれている。いかなる法であっても不遵守はさけられないのが実情であり、条約不遵守が発生した場合には直ちに是正措置が取られることが重要である。このため軍縮条約の基本的義務の遵守を促す条約規定が、条約運用に際して十二分に活用されることが条約の安定性の確保に不可欠である。

更に、国連小型武器行動計画に見られるように条約化が難しい場合にも、ソ

---

(5) Masahiko Asada "Security Council Resolution 1540 to Combat WMD Terrorism: Effectiveness and Legitimacy in International Legislation," *Oxford Journal Conflict and Security Law*, Vol. 13-4 (2009), p. 325.

(6) Nigel D. White, "Interpretation of non-proliferation treaties," *Non proliferation law as a special regime: a contribution to fragmentation theory in international law* (Cambridge University press, 2012), p. 118.
　同文献は、曖昧とされるNPT第6条の核軍縮義務の内容を明確化するためにウィーン条約法条約の「事後の合意」または「事後の慣行」による解釈の活用を示唆。

フト・ローを活用することを通じて国際的な政策協調が実質的に確保しうることもある。更に NPT と NSG の関係のように、法的拘束力のある条約とソフト・ローがいわば「シマウマ模様」のように組み合わされ、相互に補完しつつ適用されることも規範性強化の観点からソフト・ローが活用される好事例である[7]。また、ICJ が示した軍縮分野の判例は1974年核実験判決及び1996年核兵器の使用・威嚇の合法性についての勧告的意見の2件のみである。しかしながら、特に後者の勧告的意見は、司法機関としての内在する限界にも拘わらず、曖昧とされる NPT 第6条の核軍縮義務の内容の明確化への貢献をはじめ、軍縮条約の規範性強化の観点から有益な判断を示している。

第2節　軍縮条約遵守強化のための検証制度

軍縮分野の検証制度については、有名な We trust, but verify の表言にみられるように、相互信頼のみでは成り立たない国際政治の現実があり、軍縮条約もその例外ではない。検証の代表的な方法として条約の下で設立された事務局への申告（任意の情報提供を含む）、介入的な（intrusive）な現地査察、外部からの監視、信頼醸成措置といったメカニズムが規定される条約もあり、条約の遵守を確保するためにそれぞれ固有の検証制度が採用されている。

第1点目の事務局へ申告については、CWC の検証制度、IAEA 保障措置が代表的な事例としてあげられる。両者とも事務局に申告された内容に齟齬がないかといった点を現地査察等により確認することにより条約の遵守を確保するものである。条約により特定兵器の廃棄が義務付けられている CWC、対人地雷禁止条約、CCM のような条約の場合も廃棄計画に従い廃棄が行われるかを申告内容によりまず事務局が確認することになる。

---

(7) Andrew Clapham, *Brierley's Law of Nations,* 7th edition (Oxford University Press, 2012), p. 78.
　ハードローとソフト・ローの組み合わせによる白黒の「シマウマ模様（zebra code）」の効用についての見解が紹介されており、このように両者が効果的に組み合わされた軍縮措置が取られることにより、更に確実な規範性が確保されることにつながる。

むすびにかえて

　第2点目の現地査察については，上述の観点からいわば通常査察とも言える締約国から定期的に提出される報告の確認のためのものに加えて，条約義務の不遵守に対して抑止力としてCWCのチャレンジ査察，IAEAの特別査察といった事例をあげることが出来る。なお，現地査察の発動方式については，例えば，CWCとCTBTの現地査察制度を例にとると，CWCの場合は一定の要件を満たす場合に自動的に発動され，執行理事会により査察中止の決定が行われない限り現地査察が継続され（いわゆる「グリーン・ライト方式」)，CTBTの場合は逆に執行理事会の決定がないと中止されない（いわゆる「レッド・ライト方式」) といった発動方式に差異が見られる[8]。また，通常兵器分野においても現地査察と類似メカニズムおり，CCW，対人地雷禁止条約，CCMといった殆どの条約も同じような査察に類するメカニズムを有している。CCW議定書IIは各締約国に事実調査団，国際赤十字委員会調査団及び平和維持使節団の受入れる義務を規定している。対人地雷禁止条約も「遵守の促進及び遵守についての説明」を規定する同条約第8条が「説明の要請」の一環として同様の遵守監視システムを有しており，締約国会議の決定により事実調査団が派遣される[9]。他方で，CCMは事実調査団の派遣についての明確な規定を有していない。しかしながら，締約国会議の決定に基づいて，その他の全ての一般的手続または締約国会議が必要とする特定のメカニズムを採択することが可能とされており，条約遵守に係る問題が生じた場合には締約国会議の権限により同様の対応が可能となっている。

　第3点目はCTBTの検証制度が採用しているIMS制度が該当し，全地球的な監視網により，条約の基本的義務の履行に関連する各締約国内での核実験により生じる地震について外部からも検証するものである。もっとも，近年では学術系・防災系ネットワークからもインターネットを経由して同様のデータが

---

[8]　Masahiko Asada, "The challenge inspection system of the Chemical Weapons Convention; Problems and Prospective," *The Chemical Weapons Convention implementation: Implementation, Challenges and Opportunities* (United Nations University press, 2006), p. 79. なお，CTBT第4条47，CWC第9条17はこの現地査察が中止される手続を規定。

[9]　対人地雷禁止条約第8条8は事実調査使節団の編成や派遣手続について規定している。

第 2 節　軍縮条約遵守強化のための検証制度

得られるようになっており，CTBT 条約発効後は施設ホスト国の合意に基づき国際協力施設 (ICF) として IMS に組み込まれることもありうる。更に，人工衛星監視等各国が独自の国内検証手段 (National Technical Means, NTM) により入手した情報を核実験かどうかの判断に利用することも許容されている。元来 NTM は外部からの監視による化学兵器製造施設における条約の遵守が困難な CWC 交渉時等にその必要性が議論されたものの，人工衛星監視等 CTBT の検証制度においても IMS を補完する検証手段となっている。また，IAEA 保障措置等においても衛星画像を利用した核物質転用防止のための情報入手にも利用されている事例もこれに該当するものである。

　第 4 点目の CBM については，CTBT 議定書に規定される信頼醸成措置の例をはじめ軍縮分野の条約には多数の事例がある。安全保障上の制約から義務的な情報提供が容易でないことも多いため，任意に提供された情報を関係国と共有することにより信頼が醸成され，紛争発生のリスク低減に繋がる。また軍備登録制度や ATT の下での情報提供も該当し，これは法的義務として情報提供が求められるものではないが，条約の円滑な実施のためのみならず，国際協力を推進する観点からも有益な措置である。

　このように検証制度は軍縮条約の強化に有益であるが，例えば，2014 年 4 月に開催された国際法協会ワシントン会議の核兵器・不拡散及び現代国際法委員会報告書も今後の検討課題の 1 つに検証の法的側面を取上げており，統制手続，NTM 及び協力のギャップについて IAEA，CTBTO 及び EURATOM の権限についての検討を慫慂している[10]。これは核軍縮・不拡散のみならず軍縮条約一般において検証制度が有する重要性を示すものであり，検証制度は軍縮条約の強化には不可欠な要素である証左でもある。

---

(10) International Law Association, The Report of the Washington Conference (2014): Nuclear weapons, non-proliferation and contemporary international law, p. 17.

むすびにかえて

第3節　軍縮国際法の強化に向けて

　軍縮国際法についてはその多くが法的拘束力を有する条約からなり，既存の軍縮条約に加えて，今後，特定の兵器について使用禁止・制限についての国際的機運が生じ，新たな軍縮条約の交渉及び妥結，条約の採択，更には条約の実施プロセスを辿ることとなる。本書を締めくくるにあたり，このような軍縮国際法を巡る流れを念頭に，軍縮国際法を強化するために有益な手法として，筆者は少なくとも5つ点が重要と考えている。

　まず，第1点目は条約交渉の手続事項の活用である。即ち，準備委員会等の条約交渉前の段階から，その後の条約交渉を念頭に，特に手続規則については，条約案の採択といった実質事項に係る意思決定を確実に行うために，コンセンサスを目指しつつも表決による意思決定の可能性を確保することが重要と思われる。特に「唯一の多数国間軍縮交渉機関」としてのCDが長年にわたり実質的な条約交渉を行うことが出来ない停滞状況を打開するために，まずは，最終的に表決による条約採択が可能な国連総会を含め，CD外の外交会議による条約交渉可能性と併せて検討することが，CDでの条約交渉をブロックしようとする国への圧力となる。

　その関連で付言すると，第1回軍縮特別総会最終文書に基づき軍縮関連フォーラムが設置されている国連軍縮関連機関（UN Disarmament Machinery）は随所で綻びが生じつつある。CDのみならずUNDC，国連総会第1委員会を含めた，いわば軍縮分野における「78年体制」とも称すべき関連機関全体のあり方を見直すべき時期にさしかかっているものと思われる。そのような観点からもCDの2012年会期に生じた国連総会第1委員会での複数のCD関連決議案を巡っての議論，更には2013年4月に採択されたATT交渉を巡る一連の動きは，軍縮分野の国際立法におけるコンセンサス至上主義に警鐘を鳴らすものである。

　第2点目はソフト・ローの更なる活用である。特に条約による軍縮措置の実施が困難な場合にはソフト・ローにより実現可能となる場合があり，条約に基づく小型武器軍縮が困難な中でソフト・ローである行動計画により実際的な措

第3節　軍縮国際法の強化に向けて

置がこれまでも推進されてきた。また，憲法上の理由等から条約の締結が容易でない国の場合，CWCやCTBTにおいて条約実施のために締約国との間で協定を作成することが規定されている場合も，取決め（arrangement）のように批准等の手続を要しないソフト・ローによる現実的な対応可能性が確保されている事例[11]，軍縮条約の検証制度の詳細を定める運用手引書のように技術的かつ定期的な更新が想定されるため効率的な条約実施のためにソフト・ローが利用される場合もある[12]。更に，軍縮措置に関連するハード・ロー及びソフト・ローを組合せることも実効性を確保する有益な手法となりうる[13]。

第3点目は軍縮条約の解釈による実効性の確保である。例えば，明文の規定のない生物兵器の使用禁止をコンセンサスによる運用検討会議での決定により確認しているように，ウィーン条約法条約第31条3の規定する「事後の合意」，「事後の慣行」といった解釈手法を活用することは，条約を改正することなくその実効性を高めることを可能にするものである[14]。これは，例えば，近い将来に条約が発効することが見込まれないCTBTの検証体制等の整備は条約発効前の段階でも想定されており，CTBTO準備委員会の法的地位についても，その後の国連との協力協定の締結等の事実が条約法条約の規定する「事後の慣行」に該当しうる場合は，更に国際機関として広範な対応を可能にしうるものである。

第4点目は対世的義務[15]（*erga omnes obligation*）といった普遍性を志向する

---

(11)　例えば，CTBT第4条19は，国際監視制度施設についての文書作成についてソフト・ローを含め協定又は取決め（agreement or arrangement）により行われることを想定した規定となっている。

(12)　例えば，CTBTの国際監視制度施設の技術上及び運用上の用件・維持及び現地査察実施の詳細については運用手引書に委ねられている（CTBT議定書第1部第2条及び同議定書第2部13条）。

(13)　Andrew Clapham, *Brierley's Law of Nations*, 7th edition, *supra* note 7, p. 78.

(14)　UN Doc. A/CN. 4/L. 833, 3 June 2014, p. 2. 第66会期国際法委員会で採択された同文書においても，条約締約国会議での合意が，「事後の合意」を形成することを確認している。

(15)　Christian J. Tam, *Enforcing Obligations Erga Omnes in international Law* (Cambridge University Press, 2010) p. 120.
　　NPT締約国である対英国訴訟においても *erga omnes* の表現が使われているものの，より正確には条約上の義務に基く *erga omnes partes* 又は *erga omnes contractantes* であ

むすびにかえて

概念の活用である。核実験判決で言及された対世的義務は既存の条約による法執行メカニズムを補完しうるものであり[16]，バルセロナ・トラクションICJ判決で判示されて以降[17]，2001年国家責任条文も被害国以外の国家による責任の追及との関連で規定している[18]。最近ではマーシャル諸島による核兵器国等に対するNPT第6条の規定する核軍縮交渉義務違反とする一連の訴訟に際しても，NPT締約国でないインド，パキスタンに対する訴の提起の際にも援用されている[19]。もっとも，クローフォード教授は，国家責任条文にある条項自体について一般論としてバランスのとれたものであると評価している一方で，あらまほしき法（*de lege ferenda*）の域を出ていない点を指摘している[20]。このように対世的義務には一定の制約が内在するものの，軍縮国際法においても条約の普遍性の強化等に活用しうるのか検討することは有意義と思われる。

第5点目は合意が困難な条約の国際立法に際しては，将来の条約作成ロードマップに合意した上で条約交渉を段階的に進めることが効果的な場合もありうるものと思われる。例えば，CCWは枠組み条約の下で新たな兵器の規制が生じる毎に附属議定書交渉が行われて追加されていく国際立法技術が採用されている。マクリーランドはこのようなCCWについて，①特定武器の禁止，②殺傷効果に照らした武器使用の制限，③戦争後に戦争性残存物の除去といった段階的な軍縮措置と位置づけており[21]，今後の軍縮条約の交渉でもこのように

り，対インド及びパキスタンで言及されている純粋な *erga omnes* とは異なると解すべきものと思われる。
(16) *ibid.*, p. 335.
(17) Case concerning the Barcelona traction, Light and Power Company, limited. (New application; 1962) (Belgium v. Spain) Second phase, p. 32, para. 33.
(18) erga omnes obligation について，2001年国家責任条文第48条1は，違反された義務が，その国家を含む国家集団に対して義務を負わせ，かつ，集団の共同利益保護のために創設された場合，又は，違反された義務が，国際社会全体に対して義務を負わせている場合と規定している。
(19) Application Instituting Proceeding against Pakistan by the Republic of the Marshall Islands, 24 April, 2014, pp. 15-16.
(20) James Crawford, *State responsibility: the General Part* (Cambridge University Press, 2013), p. 367.
(21) J McClelland MBE, "Conventional weapons: a cluster of development,"

第3節　軍縮国際法の強化に向けて

合意可能な事項から段階的に条約化を目指すことも，状況によっては，有益なアプローチとなりうるものと思われる。例えば，現在CDにおける最優先課題と位置づけられているFMCTを例に取ると，過去に生産された兵器用核分裂性物質のストックの取扱いについては見解に大きな隔たりがあるため，初期の段階で条約交渉が行き詰る可能性がある。このため当初から議論が紛糾する可能性が予見される論点を切離して合意を模索することは，一部の非核兵器地帯条約等でも既に活用され奏功している。

軍縮の歴史は失敗の歴史であったと評されるほど，軍縮分野では様々な困難に直面しつつ軍縮国際法の国際立法及びその実施が行われてきたのが実情である[22]。そのような状況下で，検証制度を適切に組み合わせるとともに，上述のような活用しうる手段を効果的に組合せることにより，軍縮分野の条約等の交渉及びその実施双方のプロセスで軍縮国際法の強化が図られる必要がある。本書のはしがきにて述べたように，武力紛争の絶えない国際社会の現実に鑑みると，軍縮国際法が更に強化されることにより，平和で安全な国際社会の実現に一歩でも近づくことが出来ることを心から望みつつ，本書のむすびとさせて頂く。

International and Comparative law quarterly, Vol.54 (2005), p. 767.
(22)　藤田久一「［巻頭言］軍縮研究の難しさ」『日本軍縮学会　ニュースレターNo.9』2011年11月1日，1頁。

むすびにかえて

主要条約の項目対照表（大量破壊兵器：核兵器関連条約）

	PTBT	NPT	CTBT
条約の形式	5条からなる短い本体条約のみ。	11条からなる本体条約のみ。	17条からなる本体条約及び附属書、並びに附属議定書等からなる。
基本的義務	地下核実験を除く核実験及び放射性デブリを国外に放出することの禁止。	核兵器国・非核兵器国間で核兵器の移譲、取得の援助、奨励または勧誘を禁止。	あらゆる場所での核実験または核兵器の実験的爆発を禁止。
国内実施措置	規定なし。ただし、締約国に義務を課すので、事実上国内実施が要請されている。	規定なし。ただし、締約国に義務を課すので、事実上国内実施が要請されている。	明示の規定により核爆発の犯罪化（両罰規定及び国外犯規定を含む）を締約国に義務付けている。
検証制度	なし。	条約第3条1(a)に基づく保障措置が検証制度として機能。	国際監視制度、現地査察等の検証制度を有する。
事務局	規定なし。	明示の規定はないが、NPT強化のため事務局設置の議論あり。保障措置についてはIAEA事務局が実施。	条約発効時に包括的禁止条約機関（CTBTO）・技術事務局が設立予定であり、現在は準備委員会及び暫定技術事務局が稼働中。
意思決定機関	改正会議のみ。	運用検討会議のみ。	執行理事会、締約国会議及び運用検討会議。
事態の是正措置	規定なし。	規定なし。	国連に注意喚起。
紛争解決手続	規定なし。	規定なし。	内部機関またはICJへの付託を含む。
運用検討メカニズム	規定なし。	5年毎に運用検討会議が開催される。	5年毎に運用検討会議が開催され、また条約発効前の期間においては3年毎に発効促進会議が開催される。
暫定適用	規定なし。	規定なし。	規定なし。
改正規定	改正会議での単純多数決かつ原締約国の賛成が必要。	全ての核兵器国及びその時のIAEA理事国を含む過半数の賛成が必要。	締約国の過半数の賛成及び反対がないことが必要。但し、技術的事項については簡略化された修正手続が適用。
発効要件	原締約国を含めた全ての国の批准。	条約寄託国及び40か国による批准。	潜在的核開発能力を有する44か国による批准。
有効期限・脱退規定	無期限。3か月の事前通告により脱退可。	95年以降、無期限。3か月の事前通告により脱退可。	無期限。6か月前の事前通告により脱退可。
留保の可否	規定なし。	留保は不可。	本体条約への留保は不可。議定書への留保は両立性を満たす限りにおいて許容。
その他	地下核実験禁止の基本的義務については、CTBTに吸収。	IAEA保障措置及び非核兵器地帯条約により補完されている。	発効要件国の中にはCTBTそのものに反対している国もあり、発効の見通しは立っていない。

第3節　軍縮国際法の強化に向けて

主要条約の項目対照表（大量破壊兵器：生物・化学兵器関連条約）

	1925年議定書	BWC	CWC
条約の形式	声明文形式の短い本体条約のみ。	15条からなる本体条約のみ。	24条からなる本体条約及び検証議定書。
基本的義務	窒息性ガス，毒ガス等の使用禁止。	生物兵器の開発，生産，貯蔵，取得，保有の禁止，廃棄の義務。	化学兵器の開発，生産，貯蔵，取得，保有，使用の禁止，廃棄の義務。
国内実施措置	国家政策への反映義務のみ。	自国の憲法上の手続きに従い，禁止・防止のために必要な措置を取る。	自国の憲法上の手続に従い，必要な措置（使用禁止，排気等具体的に例示）を取る。
検証制度	なし。なお，国連事務総長手続きによる事実調査の実施制度による強化が行われている。	なし。なお，その後の検証議定書交渉で合意できなかったため作成されていない。	検証議定書に定められた詳細な検証制度を有する。
事務局	規定なし。	履行支援ユニットが設立。	化学兵器禁止機関（OPCW）及び技術事務局が設立されている。
意思決定機関	規定なし。	運用検討会議。	執行理事会，締約国会議及び運用検討会議。
事態の是正措置	規定なし。	苦情申立て及び調査の規定あり。	重大な場合は，国連総会及び安保理の注意を喚起。
紛争解決手続	規定なし。	国連憲章に従って，適当な国際手段による。	締約国会議及び執行理事会による斡旋等。国際司法裁判所への付託も可。
運用検討メカニズム	規定なし。	5年毎に運用検討会議が開催。	5年毎に運用検討会議が開催。
改正規定	規定なし。	締約国の過半数の賛成。	改正会議に出席する締約国の過半数の賛成及び反対がないこと。但し，技術的事項については簡略化された修正手続が適用。
暫定適用	規定なし。	規定なし。	規定なし。
発効要件	規定なし。	3寄託国を含む22か国の批准が必要。	65か国による批准が必要。
有効期限・脱退	規定なし。	無期限。国連及び安保理への通告により脱退可。	無期限。国連及び安保理への通告後脱退可。
留保の可否	規定なし。	規定なし。	本体条約への留保は禁止。議定書への留保は両立性を満たす限りにおいて許容。
その他	毒ガス兵器の使用禁止が明示的に規定されている。	使用禁止については運用検討会議最終文書により「事後の合意」として確認されている。	多くの規定がCTBTの先例となっている。

むすびにかえて

主要条約の項目対照表（通常兵器関連条約）

	特定通常兵器使用禁止条約	対人地雷禁止条約	クラスター弾条約	武器貿易条約
条約の形式	8条からなる本体条約に附属議定書が追加される形式。	22条からなる本体条約のみ。	23条からなる本体条約のみ。	28条からなる本体条約からなる。
基本的義務	本体条約は枠組み条約であり，基本的義務等は各議定書に規定。	対人地雷の使用，貯蔵，生産等の禁止。廃棄義務。	対人地雷の使用，貯蔵，生産等の禁止。廃棄義務。	重大な危険がある場合は輸出の禁止等。
国内実施措置	周知の義務のみであり，明確な規定なし。	立法，行政その他のあらゆる措置を取る。	憲法上の手続きに基づき禁止・防止措置を取る。	憲法上の手続きに基づき禁止・防止措置を取る。
検証制度	事実調査団の規定を有する附属議定書がある。	事実調査団の派遣。	事実調査団の派遣。	各国の武器輸出管理制度に委任。
事務局	履行支援ユニット。	履行支援ユニット。	履行支援ユニット。	小規模な事務局が設立予定。
意思決定機関	締約国会議	締約国会議	締約国会議	締約国会議
事態の是正措置	規定なし。	締約国会議	締約国会議	締約国会議
紛争解決手続	規定なし。	締約国会議への問題提起や斡旋。	国際司法裁判所への付託を含む平和的解決。	詳細は規定されていない。
運用検討メカニズム	5年毎に運用検討会議が開催される。	5年毎に運用検討会議が開催される。	5年毎に運用検討会議が開催される。	5年毎に運用検討会議が開催される。
改正規定	過半数の締約国の賛成により改正。	3分の2の多数決により改正。	3分の2の多数決により改正。	4分の3多数決により改正。
暫定適用	規定なし。	規定なし。	規定なし。	規定なし。
発効要件	20か国による批准。	40か国による批准。	30か国による批准。	50か国による批准。
有効期限・脱退	無期限。廃棄通告により可能。	無期限。全ての締約国，国連及び安保理への通告により脱退可能。但し，武力紛争の当事国である間は脱退の効力は発生しない。	無期限。全ての締約国，国連及び安保理への通告により脱退可能。但し，武力紛争の当事国である間は脱退の効力は発生しない。	無期限。但し，脱退により，財政的負担が免除されない。
留保の可否	規定なし。	留保は不可。	留保は不可。	両立性の条件により許容される。
その他	現在，議定書Vまで作成されている。			対象となる兵器は国連軍備登録制度の兵器及び小型武器。

第3節 軍縮国際法の強化に向けて

主要条約の項目対照表（非核兵器地帯条約）

	トラテロルコ条約	ラロトンガ条約	バンコク条約
条約の形式	本体条約と附属議定書。	本体条約と附属議定書。	本体条約と附属議定書。
基本的義務	核兵器の実験・使用・製造・生産・取得・貯蔵・配備等を禁止。	核爆発（平和目的の核爆発を含む）装置の製造・取得・所有・管理、自国領域内における核爆発装置の配備・実験等を禁止し、また、域内海洋（公海を含む）への放射性物質の投棄を禁止。	核兵器の開発・製造・取得・所有・管理・配置・運搬・実験、領域内（公海を含む）における放射性物質の投棄、大気中への放出を禁止。
国内実施措置	特段の規定はないが、締約国の基本的義務の履行が締約国に求められる。	特段の規定はないが、締約国の基本的義務の履行が締約国に求められる。	特段の規定はないが、締約国の基本的義務の履行が締約国に求められる。
検証制度	IAEA保障措置、締約国の報告、事務局長の要請による特別報告、および特別査察。	報告及び情報交換、IAEA保障措置の適用。	事実調査団の派遣の規定あり。
事務局	ラテンアメリカ核兵器禁止機構（OPANAL）。	南太平洋フォーラム（SPF）。	東南アジア諸国連合（ASEAN）。
意思決定機関	OPANAL理事会。	SFP内会合。	執行委員会。
事態の是正措置	総会による勧告、平和と安全を危うくする場合は、国連安保理及び総会に報告。	規定なし。	IAEAに通報。必要に応じて国連安保理及び総会に付託。
紛争解決手続	平和的紛争解決又は当事国の同意の下にICJに付託可能。	特に明示の規定はないが、協議委員会が関与。	仲裁裁判又はICJへの付託。
運用検討メカニズム	規定なし。	協議委員会がその機能を果たす。	条約発効後10年目に運用検討会議が開催され、その後は合意に従い開催される。
改正規定	3分の2多数決の賛成が必要。	協議委員会でのコンセンサスによる採択。	コンセンサスによる採択。
暫定適用	規定なし。	規定なし。	規定なし。
発効要件	全ての域内国の批准。	域内8か国による批准。	域内7か国による批准。
有効期限・脱退	無期限。但し、3か月の事前通告により破棄は可能。	無期限。但し、事務局長に12か月前の通告により脱退は可能。	無期限。12か月前の各締約国に通告により脱退は可能。
留保の可否	留保は禁止。	留保は禁止。	留保は禁止。
その他	1979年までに全ての核兵器国が批准。		

むすびにかえて

主要条約の項目対照表（非核兵器地帯条約及び保障措置協定）

	ペリンダバ条約	セメイ条約	日IAEA包括的保障措置協定（153型保障措置モデル協定の具体的な適用例）
条約の形式	本体条約及び核兵器国の関与を確認する補足議定書とともに作成。	本体条約及び核兵器国の関与を確認する補足議定書とともに作成。	保障措置協定のモデル協定であり、追加議定書モデルとともにIAEAとの保障措置協定のベースとなる。
基本的義務	核爆発装置の研究・開発・製造・貯蔵・取得・所有・管理・実験、及び自国領域内における核爆発装置の配置、運搬、実験等を禁止。	核兵器若しくは核爆発装置の研究、開発、製造、貯蔵、取得、所有、管理及び自国領域内における他国の放射性廃棄物の廃棄許可等を禁止。	すべての平和的な原子力活動に係るすべての原料物質及び特殊核分裂性物質につき、その物質が核兵器その他の核爆発装置に転用されていないことを確認することのみを目的として、この協定の規定に則り保障措置を受諾。
国内実施措置	規定なし。	規定なし。	保障措置を受諾する義務について協定に規定あり。
検証制度	IAEAの保障措置。	IAEAの保障措置。	協定に基づく計量管理、封込・監視（CS）及び査察。
事務局	アフリカ連合（AU）。	協議委員会事務局。	IAEA。
意思決定機関	締約国会議。	協議委員会。	IAEA総会及び執行理事会、更には当該国との協議。
事態の是正措置	交渉、原子力委員会への申し立てを含む当事者が合意する手段、更には国際司法裁判所への付託。	協議委員会による協議。	IAEA憲章12条C（保障措置）に規定の下で想定される手続による。
紛争解決手続	苦情申立て手続。	交渉または必要とされる手段。	仲裁裁判所による。
運用検討メカニズム	規定なし。	規定なし。	IAEAとの定期協議。
改正規定	3分の2多数決による支持。	コンセンサスによる採択。	IAEA及び当該国の合意による。
暫定適用	規定なし。	規定なし。	規定なし。
発効要件	域内28か国による批准。	域内5か国による批准。	IAEA及び当該国が合意による。
有効期限・脱退	無期限。脱退の権利はあり。	無期限。脱退の権利はあり。	日本が締約国である間は有効。
留保の可否	留保は禁止。	留保は禁止。	留保規定はないが、協議により修正されるため、事実上留保規定は必要とされない。
その他		2014年5月に核兵器国が署名。	補完的アクセスといった新たな措置は追加議定書に規定されている。

あ と が き

　本書は，筆者が軍縮分野の実務を離れてから過去5年の間に，軍縮国際法について個人的に考えていたことをまとめたものである。自らの不勉強と無知をさらけ出すようでお恥ずかしい限りであるが，その過程で自分の健康問題も含めて様々な困難に直面しながらも，本書をようやく上梓することが出来たのも，筆者を激励頂いた諸先生方の心暖かいご指導・ご鞭撻のお陰とありがたく思い，今改めて心から感謝する次第である。

　先ずお礼を述べたい方は，筆者が40歳半ばに奮起して国際法を再び勉強し始めた際に論文指導をして頂いたジャン・マルク・ソレル（Jean-Marc Sorel）パリ第1大学法科大学院教授である。主にテロ防止条約及びWTO法を専門とされるソレル教授は，大学での講義・研究に加えて，当時ICJで係争中であったプレア・ビヘア事件のカンボジア側補佐人兼弁護人等も務めておられたりしたため，東京の自宅から電子メールで連絡を取ると出張先から返事を頂戴することも多かった。ソレル教授を通じてフランス語圏の国際法研究に触れる機会を得たのは貴重な体験であった。

　もう一人の方は，これまでの外務省での勤務時も含め，厳しいながらも有益な助言を様々な機会に頂いた浅田正彦京都大学法学部教授である。浅田教授は，軍縮学会会長であられる他，国際法学会や世界法学会の理事，国際法協会（ILA）の核兵器及び武力の行使関連委員会の日本委員を務められるなどご多忙の中，例えば，判例には様々な論点が含まれており原文を丁寧に読む必要があるといった指導を頂戴したことを含め，心から感謝している次第である。

　御両名以外にも，軍縮分野を含めた国際法専門の諸先生方からも助言等を頂戴する機会も得た。特に，軍縮学会前会長の黒澤満大阪大学名誉教授，青木節子慶應大学教授，広瀬訓長崎大学核廃絶センター教授，阿部達也青山学院大学准教授をはじめとする諸先生方からも様々な形でご助言を頂戴したことは，今後も引き続き，軍縮国際法を出発点として更に広く国際法を勉強していく上で貴重な糧となるものである。また，軍縮問題を含めて法律論のみでは解決出来ない国際社会の実情もあり，国際政治学の先生方からもご指導頂く機会を得た

あとがき

　ことも非常に得がたいことであった。お世話になった先生は特に数が多く，全ての方のお名前を列記できないほどであるが，水本和実広島市立大学広島平和研究所教授，秋山将信一橋大学教授，佐藤丙吾拓殖大学教授，石川卓防衛大学准教授をはじめとする軍縮のみならず国際安全保障等の分野でも活躍される先生方からも，折に触れ直接・間接的にご指導頂いたことは，自分の視野を広げるために貴重なものであった。更に直近の過去2年間は勤務先の緑あふれる南山大学のすばらしい環境で大学教育・研究に専念する機会を得たが，真野倫平外国語学部長（前フランス学科長），国際関係論を担当され軍縮問題も研究しておられる藤本博教授には，大学での業務についても様々な助言を頂戴し，直接指導頂いたことに感謝申し上げる。

　アカデミア以外にも，筆者が外務本省軍備管理軍縮課及び軍縮会議日本政府代表部での勤務の際に様々な指導を頂く機会を得た登誠一郎元OECD代表部大使，佐野利夫軍縮会議日本代表部大使，森野泰成在アフガニスタン日本大使館公使，今西靖治外務省国際平和協力室長，更には菊池昌弘核物質管理センター元理事をはじめとする外務省内外の実務専門家にもお礼を申し上げたく，その中には故末廣重二元気象庁長官，故栗原弘善核物質管理センター元専務理事等既に鬼籍に入られた方もおられる。筆者がCTBT等核軍縮から始まり通常兵器軍縮まで浅く広くではあるが多少なりとも理解が出来るようになったのも，このような経験豊かな専門家の指導に恵まれたところが少なくないのが実情である。唯一の戦争被爆国である日本においては，核軍縮を始め軍縮問題に非常に熱心な方が多く，アカデミア，実務者のみならず市民社会運動で活躍される方も含め専門家のレベルも極めて高い。そのような皆様から，今後も引き続き暖かいご指導ご高配賜ることが出来れば幸いである。

　なお，本書の索引作成や校正を始め煩雑な編集作業を引き受けて頂いた信山社の稲葉編集部長を初めとする方の支援がなければ，本書は日の目を見ることがなかった。本書のあとがきに際して改めてお礼申し上げる。

主要参考文献

I 欧文文献

Alan Boyle and Christine Chinkin, *The making of international law* (Oxford University Press, 2007), p. 212.

Albane Geslin, *La mise en application provisoire des traités* (Pedone, 2005), p. 320.

Andrea Bianchi and Yasmin Naqvi, *International Humanitarian Law and Terrorism : Studies in International Law* (Hart publishing, 2011), p. 65.

Andrew Clapham, *Brierly's Law of Nations*, 7th edition (Oxford University Press, 2012), p. 78.

Anthony Aust, *Handbook of International law*, 2nd edition (Cambridge University Press, 2010), p.61.

Anthony Aust, *Modern Treaty Law and Practice*, 2nd edition (Cambridge University Press, 2007), pp. 250-253.

Bruno Tertrais, *l'arme nucléaire* (Presses Universitaires de France, 2008), p. 107.

Claude Pilloud and al., *Commentary on the Additional Protocols of 8 June 1977 to the Geneva Conventions of 12 August 1949* (Brill Academic Publication, 1987), pp. 686-687.

Daniel Joyner, *International law and the proliferation of Weapons of Mass Destruction* (Oxford University Press, 2009), p. 9.

David Fischer, *History of the International Atomic Energy Agency: The First Forty Years* (IAEA, 1997), pp. 29-31.

David Ruzié, *Mémentos Droit international public* 18ème édition (Dalloz, 2006), p. 29.

Gro Nystuen and Stuart Maslen, *Oxford commentaries on international law: the Convention on cluster munitions: A Commentary* (Oxford University Press, 2010), p. 511.

Ian Brownlie, *Principles of Pubic International Law*, 7th edition (Oxford University Press, 2008), p. 678.

Ian Kenyon and Daniel Feakes, *The Creation of the Organisation for the prohibition of Chemical weapons* (TMC Asser Press, 2007), pp. 76-77.

Ingrid Detter, *The law of war*, 2nd edition (Cambridge University Press, 2000), p. 241.

Jan Klabers et al., *The consitutionalization of international law* (Oxford

University Press, 2009), pp. 71-72.
Jean Klein, *Avant-propos, Maîtrise des armements et désarmement: les accords conclus depuis 1945* (La Documentation française, 1991), p. 10.
Jean-Marc Lavieille, *Droit international du désarmement et de la maîtrise des armements* (L'Harmattan, 1997), pp. 49-50.
Jean Salmon, *Dictionnaire de droit international public* (Bruylant, 2001), p. 9.
Jozef Goldblat, *Arms Control: The New guide to negotiations and agreements* (SIPRI, 2002), p. 3; p. 206.
Keith Hansen, *The Comprehensive Nuclear Test Ban Treaty: An Insider's Perspective* (Stanford University Press, 2006), pp. 180-181.
Nicholas Sims, *SIPRI Chemical & Biological Warfare Studies 19: The evolution of Biological Disarmament* (Oxford University Press, 2001), p. 4.
Nicholas Sims, *The Future of Biological Disarmament: strengthening the treaty ban on weapons* (Routledge, 2009), pp. 151-153.
Olivier Corten and Pierre Klein, *The Vienna Convention on the law of treaties: A commentary*, Vol. I (Oxford University Press, 2011), p. 172.
Rebecca Johnson, *Unfinished Business; The Negotiation of the CTBT and the End of Nuclear Testing* (UNIDIR, 2009), pp. 138-139.
Richard Gardiner, *Treaty Interpretation* (Oxford University Press, 2010), pp. 380-385.
Robert Kolb, *Jus in bello: Le droit international des conflits armés*, 2e édition (Bruylant, 2009), p. 5.
Robert Kolb, *La bonne foi en droit international public : Contribution à l'étude des principes généraux de droit,* (Presses Universitaires de France, 2000), pp. 93-97.
Steve Tulliu et Thomas Schmalberger, *Les termes de la sécurité: un lexique pour la maîtrise des armements ; le désarmement et l'instauration de la confiance, Disarmament Forum* (UNIDIR, 2007), p. 8.
Stuart Maslen, *Commentaries arms control treaties Vol. I: The Convention on the Prohibition of the Use, Stockpiling, Productions, and the Transfer of Anti-Personnel Mines and their Destruction*, 2nd edition (Oxford University Press, 2005), p. 22.
Walter Krutzsch and Ralf Trapp, *A commentary on the Chemical Weapons Convention* (Martinus Nijhoff Publishers, 1994), p. 35.
Zimmermann et al., *the Statute of the international court of justice: A commentary*, 2nd edition (Oxford University Press, 2012), pp. 762-774.

II 欧文論文

Andrew Guzman and Timothy Meyer, "International soft law," *Journal of Legal Analysis*, Vol.2, 2-1 (2010), p.174, pp. 187-207.

Andrew Michie, "Provisional application of non-proliferation treaties," *Non-proliferation law as a special regime: a contribution to fragmentation theory in international law*, (Cambridge University Press, 2012), p. 55.

Anne Peters, "Membership in the grobal constitutional community," *The consitutionalization of International Law* (Oxford University Press, 2012), p. 225

Arundhati Ghose, "India's Security Concerns and Nuclear Disarmament," *the Journal of International Affairs* (The trustees of Columbia University, 1997), p. 51.

Boutherin Grégory, "Le Traité sur la non-prolifération à l'épreuve du droit de retrait," Politique étrangère, Vol. 4 (2008), p. 800.

Boutherin Grégory, "Maîtrise des armements non-conventionnels: Le salut viendra-t-il du soft disarmament ?," *Annuaire français de droit international*, Vol. 53 (2007), p. 226.

Brigitte Stern, "L'affaire des Essais nucléaires français devant la Cour internationale de justice," *Annuaire français de droit international*, Vol. 20 (1974), p. 300.

Camille Grand, "La convention sur les armes à sous-munitions et le processus d'Oslo une négociation atypique," *Annuaire français de droit international*, Vol. 10 (2009), p.1; p. 8.

Cédric Poitvin, "*Contrôle de l'interdiction des armes biologiques : un état des lieux Note d'analyse* (GRIP, 2007), p. 5.

Christian J Tam, *Enforcing Obligations Erga Omnes in International law* (Cambridge University Press, 2005), p.335.

Christine Chinkin, "The challenge of soft law: Development and change in international law," *International Comparative Law Quarterly*, Vol. 38 (1989), p. 851.

Cornelio Sommaruga, "Le désarmement humanitaire," Nouakchott (Mauritanie), 28 septembre 2010, p. 2.

David Atwood, "Mise en œuvre de la Convention d'Ottawa: continuité et changement dans le rôle des ONG," *Forum de désarmant* (UNIDIR, 1999), p. 21.

David S Jonas, "The Comprehensive Nuclear Test Ban Treaty: current legal

Satus in the States and the implications of a nuclear test explosions," *International Law and Politics*, Vol.39 (2006), p. 1032

Eric Myjer and Jonathan Herbach, "Violation of non-proliferation treaties and related verification treaties," *Non-proliferation law and as a special regime: a contribution to fragmentation theory in international law* (Cambridge University Press, 2012), p. 127.

Ernie Regehr, *The Nuclear Non-Proliferation Treaty: preparations for the 2010 Review Conference*, Ploughshares Monitor, 2008.

Georges Fischer, "La zone dénucléarisée du Pacifique Sud," *Annuaire français de droit international*, Vol. 31 (1985), pp. 53-54.

Gregory Shaffer and Mark Pollack, "Hard law vs. Soft Law: Alternatives, Complements, and Antagonists in International Governance," *Minnesota Law Review*, Vol.94 (2010), pp. 707-708.

Hugh Thirlway, *The Sources of International Law* (Oxford University Press,2014), p. 100.

James Beard, "The shortcomings of indeterminacy in arms control regimes," *American Journal of International Law*, Vol. 101 (2007), pp. 272-273.

Jaye Elilis, "Shades and gray: soft law and the validity of public international law," *Leiden journal of international law*, Vol. 25-2 (2012), pp. 315-317.

Jean-Marc Sorel, "Le caractère discrétionnaire des pouvoirs du Conseil de sécurité : remarques sur quelques incertitudes partielles," *Arès*, No. 55 Vol. 11-3 (2005), p. 19.

Jean-Marc Sorel, "The concept of Soft responsibility," *Oxford Commentaries on International Law: The Law of International responsibility* (Oxford University Press,2010), pp. 165-171.

J McCleilland MBE, "Conventional Weapons: a cluster of developments," *International and Comparative Law Quarterly*, Vol. 54 (2005), pp. 755-765.

Jozef Goldblat, "La convention sur les armes biologiques-Vue générale," *Revue internationale de la Croix-Rouge*, No. 825, 1997.

Kenneth Anderson, "The Ottawa Convention banning landmines, the Role of international Non-governmental Organisations and the Idea of International Civil Society," *European Journal International Law*, Vol. 11 (2000), p. 109.

Lang Winfried and Gehr Wakter, "La Convention européenne sur les armes chimiques et le droit international," *Annuaire français de droit international*, Vol. 38 (1992), p. 137.

Laura Rockwood, "The IAEA's strengthened safeguards system," *Journal of*

Conflict and Security Law (Oxford University Press, 2002), pp. 123-126.

Laura Rockwood, "The treaty on the Non-proliferation of Nuclear Weapons (NPT) and the IAEA Safeguards Agreements," *Making treaties work: Human rights, Environment and Arms Control* (Cambridge University Press, 2010) p. 301.

Lisa Tabassi, "The Convention on the Prohibition of the Development, Production, Stockpiling and Use of Chemical Weapons and on their Destruction (Chemical Weapons Convention)," *Making Treaties Work: Human rights, Environment and Arms Control* (Cambridge University Press, 2010), p. 295.

Marcelo Kohen, "L'avis consultatif de la CIJ sur la licéité de la menace ou de l'emploi d'armes nucléaires et la fonction judiciaire," *European Journal of International Law* (1997), p. 336.

Mario Bettati, "La convention sur l'interdicition de l'emploi, du stockage, de la production et du transfert des mines antipersonnel et sur leur destruction (Ottawa, 18 septembre 1997)," *Annuaire français de droit international*, Vol. 43 (1997), pp. 218-226.

Masahiko Asada, "CTBT: Legal question arising from its non-entry-into-force," *Journal of Conflict and Security Law*, Vol. 7-1 (2002), p. 106.

Masahiko Asada, "Security Council resolution 1540 to combat WMD terrorism: effectiveness and legitimacy in international legislation," *Journal of Conflict and Security Law*, Vol. 13-3 (2009), pp. 322-323.

Masahiko Asada, "The challenge inspection system of the Chemical Weapons Convention," *Problems and projects, Chemical Weapons Convention* (United Nations University Press, 2003) p.76.

Maurice Bleicher, "Le processus d'Ottawa: succès sans lendemain ou nouveau modèle de conduite des négociations en matière de désarmement," *Forum de désarmement* (UNIDIR, 2000), p. 81.

Michael Wood, "The interpretation of Security Council Resolutions," *Max Plank Yearbook of United Nations Law*, Vol. 2 (1998), p. 74.

M.J Peterson, "General Assembly majorities on the preferred nuclear order," *The United Nations and Nuclear Orders* (United Nations University Press, 2009), p. 54.

Olli Heinonen, "The Case for an Immediate IAEA Special Inspection in Syria," Op-Ed, Policy Watch (2010), p. 1

Osler Hanpson, *Multilateral Negotiations lessons from arms control, trade, and environment* (Johns Hopkins University Press, 1995), p. 55.

主要参考文献

Paul Dahan, "La Conférence du désarmement: fin de l'histoire ou histoire d'une fin ?," *Annuaire français de droit international*, Vol. 48 (2002), pp. 196-213.

Paulo Palchetti, "Article 18 of the 1969 Vienna Convention: A vague and Ineffective obligation or a useful means for strengthening legal cooperation," *The Law of treaties: Beyond the Vienna Convention* (Oxford University Press, 2011), p. 25.

Paul Tavernier, "L'adoption du traité d'interdiction complète des essais nucléaires," *Annuaire français de droit international*, Vol. 42 (1996), pp. 118-136.

Peter Malanczuk, "The International Criminal Court and landmine: what are the consequences of leaving the US behind," *European Journal of International Law* (2014), pp. 89-90.

Prosper Veil, "Towards relative normativity in international law," *American Journal of International Law*, Vol. 77 (1983), p. 414.

Randy Rydell, "Nuclear Disarmament and General and Complete Disarmament," *The Challenge of Abolishing Nuclear Weapons* (Transaction publisher, 2009), p. 227.

Rebecca Johnson, "A Comprehensive Test Ban Treaty: Signed but not Sealed," *ACRONYM Report*, No. 10, May 1997.

Rebecca Johnson, "Le moment est-il venu d'envisager une application à titre provisoire du TICE," *Forum de désarmement* (UNIDIR, 2006), pp. 31-39.

Robert Mathews, "The First Review Conference of the Chemical Weapons Convention; a drafter's perspective," *The Chemical Weapons Convention* (United Nations University Press, 2006), p. 45.

Roger Cross, "nuclear tests and indigenous people", *The British Nuclear Weapons Programme 1952-2002* (Frank Cass Company limited, 2003), pp. 76-90.

Sandra Szurek, "De Rarotonga à Bangkok et Pelindaba. Note sur les traités constitutifs de nouvelles zones exemptes d'armes nucléaires," *Annuaire français de droit international*, Vol. 42 (1996), pp. 185-186.

Serge Sur, "La résolution 1540 du Conseil de Sécurité (28 Avril 2004) : entre la prolifération des armes destruction massive, le terrorisme et les acteurs non étatiques," *Revue Générale de Droit International Public*, Vol. 4 (2004), p. 856.

Stephen Kinloch Pichat, "Le maintien de la paix, le désarmement et une force internationale: un paradoxe," *Forum de Désarmement* (UNIDIR, 2000), p.11.

Timothy Fransworth, "Fate of Space Code Remains Unclear," Arms Control

Today, July-August.

Timothy Meyer, "Soft law as delegation," *Fordham International Law Journal*, Vol.32 (2009), p. 889.

Treasa Dunworth, Robert J. Matthews and Tim McCormick, "National Implementation of the Biological Weapons Conventions," *Journal of Conflict and Security Law*, Vol. 11-4 (2006), p. 118.

Yves Le Baut, "Interdiction des essais nucléaires et simulation," *Les Essais nucléaires français*, (Bruylant, 1996), pp. 15-17.

Yves Sandoz, "Convention du 10 octobre 1980 sur l'interdiction ou la limitation de l'emploi de certaines armes classiques qui peuvent être considérées comme produisant des effets traumatiques excessifs ou comme frappant sans discrimination (convention du 10 octobre 1980)," p. 3.

Ⅲ 和文文献

秋山信将『核不拡散を巡る国際政治——規範の遵守，秩序の変容』有信堂，2012 年。
浅田正彦編『国際法』東信堂，2013 年。
足立研機『オタワ・プロセス——対人地雷禁止レジームの形成』有信堂，2004 年。
阿部達也『大量破壊兵器と国際法』東信堂，2011 年。
新井勉『化学産業と日本の産業』並木書房，1989 年。
家正治他著『国際紛争と国際法』嵯峨野書院，2008 年。
石川潤一『戦慄のロボット兵器』ダイアプレス，2013 年。
今井隆吉，佐藤誠三郎編著『核兵器解体——恐怖の均衡から「平和の配当」へ』電力新報社，1993 年。
小川伸一『「核」軍備管理・軍縮のゆくえ』芦書房，1996 年。
小川芳彦『条約法の理論』東信堂，1989 年。
小田滋著　酒井啓亘・田中清久（補訂）『国際司法裁判所〔増補版〕』日本評論社，2011 年。
黒澤満『軍縮国際法の新しい視座』有信堂，1986 年。
黒澤満『核軍縮と世界平和』信山社，2011 年。
小松一郎『実践国際法』信山社，2011 年。
坂元茂樹『条約法の理論と実際』東信堂，2004 年。
鈴木和之『実務者のための国際人道法ハンドブック』内外出版，2013 年，80-117 頁。
田中則夫＝薬師寺公夫＝坂元茂樹編『ベーシック条約集 2012 年版』東信堂，2012 年。
中野次雄編『判例とその読み方』有斐閣，1986 年。
広島平和研究所編『21 世紀の核軍縮——広島からの発信』法律文化社，2002 年。
藤田久一＝浅田正彦編『軍縮条約・資料集〔第 3 版〕』，東信堂，2009 年。

主要参考文献

藤田久一『軍縮の国際法』日本評論社，1985年。
藤田久一『国際人道法〔新版再増補版〕』有信堂，2003年。
藤田久一『核に立ち向かう国際法』法律文化社，2011年。
村瀬信也『国際立法』東信堂，2002年。
村瀬信也＝真山全編『武力紛争の国際法』東信堂，2004年。
矢田部厚彦『核兵器不拡散条約論』有信堂，1971年。

Ⅳ 和文論文

青木節子「宇宙法におけるソフトローの機能」『国際社会とソフト・ロー』有斐閣，2008年104-105頁。
浅田正彦「特定通常兵器禁止条約と文民保護（2・完）」『法学論叢』114巻4号，1984年65頁。
浅田正彦「NPT延長会議における無期限の延長の決定」『岡山大学法学会雑誌』45巻1号，1995年，462頁。
浅田正彦「生物・化学兵器関連の輸出管理レジーム」『兵器の拡散防止と輸出管理』有信堂，2004年，66-69頁。
浅田正彦「NPT体制の危機と対応策の法的評価」『法学論叢』156巻4号，2005年，235頁。
浅田正彦「米印原子力協力合意と核不拡散体制」『国際立法の最前線』有信堂，2009年，323頁。
阿部達也「化学兵器の使用禁止に関する規範の位相──国際刑事裁判所（ICC）規程の改正を契機として」『国際法外交雑誌』110巻3号，2011年11月。
阿部達也「国際機構における職員任期政策と職員の身分保障問題──国際労働機関行政裁判所（ILOAT）の判例の意義と問題点」『外務省調査月報』2007年3号12頁。
位田隆一「『ソフト・ロー』とは何か──国際法上の分析概念としての有用性批判」『法学論叢』117巻5号・6号，1985年。
小寺彰「現代国際法学と『ソフトロー』」『国際社会とソフトロー』有斐閣，2008年，8頁。
福井康人「軍縮分野における多数国間条約の交渉枠組みについて」『国際法外交雑誌』111巻1号，2012年，97-98頁。
福井康人「北朝鮮による核兵器開発計画」『海外事情』61巻6号，2013年，29-45頁。
福井康人「大量破壊兵器の不拡散措置──FATF勧告による「拡散金融」対策を事例として」『軍縮研究』5号，2014年，45-57頁。
福井康人「大量破壊兵器の不拡散措置としての2010年北京条約」『軍縮研究』4号，2013年，55-76頁。

福田毅「国際人道法における兵器の規制とクラスター弾規制交渉」『レファレンス』58巻4号，2008年，63頁．

福田毅「オスロ・プロセスの意義と限界——クラスター弾条約とダブリン会議の分析」『レファレンス』59巻2号，2009年，4頁．

目加田説子「クラスター爆弾禁止条約と『オスロ・プロセス』」『国際公共政策研究』13巻1号，2008年，125頁．

柳原正治「核兵器使用・威嚇の合法性の判断——核兵器の使用・威嚇の合法性事件」『国際法判例百選』有斐閣，2001年，221頁．

V 判 例

Affaire du Cameroun septentrional (Cameroun c. Royaume- Unis, Exceptions préliminaires), Arrêt du 2 décembre 1963: C I J, Recueil 1963, p. 29.

Conséquence juridique de l'édification d'une mure dans le territoire palestinien, avis consultatif, CIJ, Recueil 2004, p.316.

L'affaire essais nucléaires（Australie c. France），arrêt, CIJ, Recueil, 1974.

L'affaire Lagrand (Allemagne c. États-Unis d'Amérique) (Fond), Arrêt du 27 juin 2001.

Licéité de la menace ou de l'emploi d'armes nucléaires, avis consultatif, CIJ. Recueil 1996.

ONU, Recueil des sentences arbitrales, 1905-1982 (infra: ONU, Recueil), affaire de la fonderie de Trail, un tribunal d'arbitrages canado-américains, 1938 et 1941.

Order, Oblligations concerning negotiations relating to cessation of the nuclear arms race and to nuclear disarmament（Marshall Island v. India），16 June 2014, pp.1-3.

Order, Oblligations concerning negotiations relating to cessation of the nuclear arms race and to nuclear disarmament（Marshall Island v. Pakistan），16 June 2014, pp.1-3.

Order, Oblligations concerning negotiations relating to cessation of the nuclear arms race and to nuclear disarmament（Marshall Island v. United Kingdom），16 June 2014, pp.1-4.

Recueil Des Arrêts, Avis Consultatifs Et Ordonnances Affaires Du Sud-Ouest Africain（Éthiopie C. Afrique Du Sud;Libéria C. Afrique Du Sud）Deuxième Phase, Arrêt Du 18 Juillet 1966, p.99, para. 51.

Relatif aux conséquences juridiques pour les États de la présence continue de l'Afrique du Sud en Namibie (Sud-ouest africain) nonobstant la résolution

主要参考文献

276/1970 du Conseil de sécurité, avis consultatif, CIJ. Recueil 1971.
東京地判昭和 38 年 12 月 7 日下民集 14 巻 12 号 2435 頁（261 損害賠償請求併合訴訟事件）

Ⅵ 国連等の公式文書（CD，安保理等も含む）
（総会文書）
Supplement No.4（S-10）4.
Supplement N° 42（A/54/42），1999.
A/47/277, An Agenda for Peace：Preventive diplomacy, peacemaking and peace-keeping.
A/50/1027, 26 August 1996.
A/50/PV.125, 10 September 1996.
A/52/316, 29 August 1997, p. 69.
A/54/54 V.
A/59/2005/Add.2, 23 May 2005.
A/61/10, 13 April 2006.
A/62/650, 18 January 2008.
A/65/41.
A/65/496, 14 October 2010.
A/CN.10/2003/WG.I/WP.1/Rev.1, 31 March 2003.
A/CN.41/L.833, 3, June 2014, p. 2.
A/CONF.192/15, 9 July 2001.
A/RES/1665（XVI）, 4 December 1961.
A/RES/2224（XXI）, 19 December 1966.
A/RES/2373（XXII）, 12 June 1968.
A/RES/3472/XXX B, 11 December, 1975.
A/RES/32/135, 28 October 1977.
A/RES/32/152, 19 December 1977.
A/RES/53/111, 20 January 1999.
A/RES/60/180, 30 December 2005.
A/RES/61, 2 April 2013.
A/RES/65/93, 11 January 2011.
A/RES/67/234, 24 December 2012.
A/RES/67/33, 3 December 2012.

主要参考文献

（安保理決議等）

S/97/Rev.7, December 1982, Provisional Rules of procedure.

S/2008/258, 17 April 2008.

S/2011/255, 5 April 2011.

S/RES/687(1991), 3 April 1991.

S/RES/1172(1998), 6 June 1998.

S/RES/1325(2000), 31 October 2000.

S/RES/1540(2004), 28 April 2004.

S/RES/1612(2005), 26 July 2005.

S/RES/1645(2005), 20 December 2005.

S/RES/1695(2006), 15 July 2006.

S/RES/1718(2006), 26 July 2006.

S/RES/1737(2006), 12 December 2006.

S/RES/1747(2007), 24 March 2007.

S/RES/1803(2008), 3 March 2008.

S/RES/1887(2009), 24 September 2009.

S/RES/1929(2010), 9 June 2010.

S/RES/2018(2013), 28 September 2013.

S/PV.619, 24 September 2009.

S/PV.5551, 14 October 2006.

S/PV.6191, 24 September 2012.

（CD文書）

CD/8/Rev.9, 19 December 2003.

CD/1238, 25 January 1994.

CD/1299, 24 March 1995.

CD/1452, 27 March 1997.

CD/1547, 12 August 1998.

CD/1575, 10 March 1999.

CD/1620, 29 June 2000.

CD/1624, 24 August 2000.

CD/1693/Rev.1, 5 September 2003.

CD/1777, 19 May 2006.

CD/1840, 13 March 2008.

CD/1864, 29 May 2009.

CD/1902, 25 January 2011.

主要参考文献

CD/1929, 30 January 2012.
CD/1933/Rev.1, 14 March 2012.
CD/2007/L.1***, 29 June 2007.
CD/PV.740, 20 June 1996.
CD/PV.884, 28 August 2001.
CD/PV.911, 22 August 2002.

(その他の軍縮条約関連文書)
APLC/MSP.3/2001/L.6.
BWC/AD HOC GROXFORD UNIVERSITY PRESS/CRP.8, 30 May 2001.
BWC/CONF.III/23 PART 2, 27 September 1991.
BWC/CONF.VI/INF.1, 11 July 2006.
CCM/2, 21 February 2008.
CCM/CONF. III/WP.1,26 October 2006.
CCM/CW/SR/7, 18 June 2008.
CCM/MSP/2007/5, 3 December 2007.
CCM/MSP/2009/5,20 November 2009.
CCM/MSP/2010/3, 5 October 2010.
CCM/MSP/2011/5, 16 September 2011.
CCM/P.V/CONF.2007/1, Annex II.
CCW/CONF. III/11 (Part II) Annex II.
CCW/GEE/2011-III/WP1./Rev.1, 13, August 2011, Group of Governmental Experts of the High Contracting Parties to the Convention on Prohibitions or Restrictions on the Use of Certain Conventional Weapons Which May Be Deemed to Be Excessively Injurious or to Have Indiscriminate Effects.
CCW/MSP/2013/10, 15, November 2013.
CCW/MSP/2014/CRP. 1, 14, November 2014.
CTBT/MSS/RES/1, 9 November 1996, Resolution establishing the Preparatory Commission for the Comprehensive Nuclear-Test-Ban Treaty Organization, Comprehensive Nuclear Test-ban Treaty Meeting of States Signatories.
CTBT/PC/I/11/Add.1, 1996.
DCF/457, 24 September 2010, High-level Meeting on Revitalizing Work of Conference on Disarmament, General Assembly.
Draft Protocol VI to the CCW, Draft Alternative Protocol on Cluster Munitions, Working Paper submitted by Austria, Mexico and Norway.
Draft Protocol on cluster munitions Submitted by chairperson, Group of

Governmental Experts of the High Contracting Parties to the Convention on Prohibitions or Restrictions on the Use of Certain Conventional Weapons Which May Be Deemed to Be Excessively Injurious or to Have Indiscriminate Effects.

EU Council Doc. 16560/0, 3 December 2008, pp.3-12, Council conclusions and draft Code of Conduct for outer space activities Annex II.

GB.276/PFA/15: "Matters relating to the Administrative Tribunal of the ILO: Recognition of the Tribunal's jurisdiction by the Preparatory Commission for the Comprehensive Nuclear-Test-Ban Treaty Organization (CTBTO PrepCom)," November 1999.

GC（45）/INF/7, 10 August 2001.

GOV/INF/276/Mod.1, 21 February 2006, The Standard Text of Safeguards Agreements in connection with the Treaty on the Non-Proliferation of Nuclear Weapons: Revision of the Standardized Text of the "Small Quantities Protocol."

INFCIRC/26; 30 March 1961.

INFCIRC/153(corrected), IAEA, March 1975.

INFCIRC/209/Rev.2, March 2000.

INFCIRC/254, February 1978.

INFCIRC/263, October 1978.

INFCIRC/274/Rev.1, May 1980.

INFCIRC/290, December 1981.

INFCIRC/403, May 1992.

INFCIRC/449, July 1994, AIIEA, Convention on the nuclear safety.

INFCIRC/540 (corrected).

INFCIRC/754 /Add.1, Addition to the List of Facilities Subject to Safeguards under the Agreement, IAEA, 2009.

INFCIRC/821, 21 June 2011.

International nuclear verification series: No. 3, IAEA safeguards glossary ed. 2001, IAEA, 2002, p. 23.

Introductory Statement to the Board of Governors by IAEA Director General Dr. Mohamed ElBaradei, Draft Safeguards Agreement with India, 1 August 2012.

Journal officiel de l'Union européenne (L140/40), DÉCISION 2012/281/PESC DU CONSEIL du 29 mai 2012 dans le cadre de la stratégie européenne de sécurité, visant à soutenir la proposition de code de conduite international pour les activités menées dans l'espace extra-atmosphérique, présentée par

主要参考文献

l'Union, 30.5.2012.

Le Pacte de Paris, Le Recueil des Traités de la SDN, n° 2137.

NPT/CONF.1995/32 (Part I).

NPT/CONF.2000/28 (Parts I & II).

NPT/CONF.2010/50 (Vol. I).

PC-OPCW 1, 1994: "Paris Resolution."

Rapport de réunions d'experts défis humanitaires, militaires, techniques et juridiques des armes à dispersion, CICR, Genève, 2007.

Sheel Kant Sharma, The IAEA and the UN family: Networks of nuclear cooperation

SRINIVASAN (M.R), "Un Indian perspective," IAEA Bulletin 45/2, 2003.

Timothy Farnsworth, "New Draft of Space Code Released," *Arms Control Today*: July-August.

Treaty for the Prohibition of Nuclear Weapons in Latin America (Reproduced in the document INFCIRC/411).

Treaty of Bangkok, Office of disarmament affairs (Reproduced in the document INFCIRC/548).

Treaty of Pelindaba, Office of disarmament affairs (Reproduced in the document INFCIRC/512).

Treaty of Rarotonga, Office of disarmament affairs (Reproduced in the document INFCIRC/331).

Treaty on a Nuclear-Weapon-Free Zone in Central Asia.

: 索　引

1　主要な判例

Activités armées sur le territoire de Congo (République Démocratique du Congo c. Ouganda) Arrêt C.I.J. Recueils 2005.

Affaire de la fonderie de Trail, un tribunal d'arbitrages canado-américains, 1938 et 1941, *O.N.U., Recueil des sentences arbitrales, 1905-1982.*

Affaire du Cameroun septentrional (Cameroun c. Royaume- Unis, Exceptions préliminaires), Arrêt du 2 décembre 1963: C.I.J, Recueil 1963.

Affaire Du Lotus 1, Recueil des Arrêt, C.P.J.E., le 7 septembre 1927.

Affaire essais nucléaires (Australie c. France), Arrêt, C.I.J, Recueil, 1974

Affaire Lagrand (Allemagne c. États-Unis d'Amérique) (Fond), Arrêt du 27 juin 2001.

Conséquence juridique de l'édification d'une mure dans le territoire palestinien, avis consultatif, CIJ, Recueil 2004.

Licéité de la menace ou de l'emploi d'armes nucléaires, Avis consultatif, C.I.J. Recueil 1996.

Relatif aux conséquences juridiques pour les États de la présence continue de l'Afrique du Sud en Namibie (Sud-ouest africain) nonobstant la résolution 276/1970 du Conseil de sécurité, avis consultatif, C.I.J. Recueil 1971.

下級裁判所民事裁判判例集 第 14 巻 12 号（261 損害賠償請求併合訴訟事件）41-48 頁

*　　　　*　　　　*

CCW ……………………………………… *39*	NSG ガイドライン ………………………… *166*
CD 活性化 ………………………………… *24*	SUA 条約（海洋航行不法行為防止条約）（1988 年）……………………… *10*
CD 手続規則 ……………………………… *22*	
CTBTO 準備委員会設立文書 …………… *160*	UNDC ………………………………… *19, 126*
EU 理事会共通ポジション ……………… *113*	VEREX ……………………………………… *81*
IAEA 総会手続規制 ……………………… *53*	
IAEA 保障措置 …………………………… *117*	【あ行】
ICJ 強制的管轄権 ………………………… *189*	アドホック検証政府専門家会合 ……… *81*
INFCIRC/153 型モデル協定 …………… *118*	あらまほしき法（*de lege ferenda*）…… *202*
INFCIRC/540 …………………………… *118*	安保理暫定手続規則（S/96/Rev.7）…… *57*
INFCIRC/66/Rev.2 型モデル協定 …… *117*	遺棄化学兵器 …………………………… *86*

索　引

一方的宣言についてのガイドライン ···· 180
移　転 ··· 112
インドIAEA保障措置協定
　（INFCIRC/754） ························· 124
ヴェルサイユ条約 ································ 79
欧州原子力機関（EURATOM） ········· 120
オーストラリア・グループ
　（Australia Group） ························· 9
オスロ・プロセス ································ 36
オタワ・プロセス ································ 32

【か行】

科学者専門家会合 ································ 74
化学兵器製造施設 ································ 86
拡散金融（proliferation financing） ···· 11
拡散対抗（counter-proliferation） ········ 9
拡散防止構想（PSI） ··························· 10
核実験封込め（confinement） ············· 69
核実験モラトリアム ·························· 176
核テロ防止条約 ································· 187
核兵器 ·· 62
核兵器国 ··· 63
過度の障害又は無用の苦痛を与える
　兵器 ·· 97
仮保全措置 ······································· 180
環境試料の採取 ································· 123
気体爆薬 ··· 101
92＋3計画 ··· 52
共同声明（joint communiqué） ········ 158
クラスター弾 ······································ 35
グリーン・ライト方式 ······················· 198
軍　縮 ·· 4
軍縮委員会（The Committee on
　Disarmament, CD） ······················· 20
軍縮委員会会議（The Conference of
　the Committee on Disarmament,
　CCD） ··· 20
軍縮会議（CD） ·································· 19
軍縮管理 ·· 6
契約法条約（traité-contrat） ·············· 63
原告適格性 ······································· 190
原子力関連汎用品・技術の移転 ········· 166
原子力供給国グループ（NSG） ············ 9
原子力専用品・技術 ·························· 166
現地査察 ···································· 197, 198
憲法条項 ··· 73
交換書簡（Exchange of letters,
　E/L） ··· 158
口上書（note verbale） ···················· 158
行動計画 ··· 65
小型武器問題 ······································ 95
小型炉を対象としたモデル協定
　（INFCIRC/26） ···························· 124
国外犯 ·· 73
国際監視制度 ······································ 74
国際刑事裁判所（ICC） ····················· 176
国際原子力機関 ··································· 49
国際反核法律家協会 ·························· 181
国際連盟規約第8条 ······························ 7
国内計量管理制度 ····························· 119
国内検証技術（NTM） ························ 74
国連軍縮委員会 ··································· 19
国連軍縮関連機関 ····························· 200
国連軍縮機関（UN Disarmament
　Machinery） ···································· 45
国連軍備登録制度 ································ 95
国連総会第1委員会 ···························· 45
国連通行証（レセ・パセ） ················ 162
国家責任条文（2001年） ·················· 202
コンセンサス方式 ································ 18

【さ行】

罪刑法定主義（*Nulla crimen sine lege*） 102
裁判不能（non liquet） 177
殺人ロボットキャンペーン 115
ザンガー委員会（Zanger Committee） 9
サン・ペテルスブルグ宣言 96
残余的（residual）規則 140
自衛の極端な状況 183
自主的協定（Voluntary submission agreement） 118
下田事件 177
10 か国軍縮委員会（Ten Nation Committee on Disarmament, TNCD） 20
12 か国軍縮委員会（Twelve Power Disarmament Commission, TPDC） 20
18 か国軍縮委員会（Eighteen Nation Disarmament Commission, ENDC） 20
13 の実践的措置 65
ジュネーブ毒ガス議定書（1925 年） 79
ジュネーブ国際人道地雷除去センター（GICHD） 103
遵守確保のためのメカニズム 98
消極的安全保障 43
書面手続 189
自律型致死兵器システム（Lethal Autonomous Weapons Systems, LAWS） 46, 115
正戦（*La guerre juste*） vi
生物兵器 80
セメイ条約 42
前駆物質 86
先決的抗弁 189
全面完全軍縮（GCD） 5
総合保障措置 52
ソフト軍縮 13
ソフト・ロー 155

【た〜な行】

対衛星システム実験（Antisatellite System, ASAT） 170
対人地雷禁止条約 101
対世的義務（obligation *erga omnes*） 180, 202
大量破壊兵器 61
脱退規定 67
直接エネルギー兵器 101
追加議定書 118
追加議定書モデル協定 52
積替え 112
特殊核分裂性物質 49
毒性化学物質 86
特定通常兵器使用禁止条約（CWC） 96
トラテロルコ条約 42
取決め（arrangement） 158
ナパーム弾 101

【は行】

爆弾テロ防止条約 82
ハーグ陸戦規則（1907 年） 96
バンコク条約 42
非核兵器国 63
非核兵器地帯ガイドライン 126
153 型保障措置モデル協定 51
標的殺害 46
不拡散 8
不戦条約 vi
不法小型武器の特定及び追跡に関す

索　引

る国際文書 …………………………… 168
ブラジル－アルゼンチン核物質計量
　管理機関（ABACC）………………… 120
ブリュッセル会議一般協定（1889 年）…… 44
武力紛争 ………………………………… v
文民たる住民を保護するという一般
　原則 …………………………………… 97
ペリンダバ条約 ………………………… 42
包括的保障措置協定 …………………… 117
放射性残滓放出 ………………………… 69
暴動鎮圧剤 ……………………………… 86
補完的アクセス ………………………… 123
北東アジア非核兵器地帯構想 ………… 127
補助取極 ………………………………… 123

【ま行】

マプト＋15 宣言 ……………………… 105
マルテンス条項 ………………………… 183
見返り（*quid pro quo*）……………… 63
ミサイル技術統制レジーム（MTCR）…… 10
ミサイル標的 …………………………… 5
未臨界実験 ……………………………… 71
無期限延長の決定並びに原則及び目

標 ……………………………………… 65
無差別戦争観 …………………………… vi
無人機（drone）…………………… 46, 95
モデル核兵器禁止条約 ………………… 188
モデル追加議定書（INFCIRC/540）…… 122
モンゴル非核化宣言 …………………… 127

【や〜わ行】

有為量 ………………………………… 119
ラグラン（LaGrand）事件 ICJ 判例 …… 147
ラロトンガ条約 ………………………… 42
履行支援ユニット（Implementation
　Support Unit, ISU）……………… 98, 103
立法的条約 ……………………………… 63
流体核実験 ……………………………… 71
両罰規定 ………………………………… 73
両立性（compatibility）……………… 149
レッド・ライト方式 …………………… 198
老朽化した化学兵器 …………………… 86
66 型保障措置モデル協定 ……………… 51
ロテュース号事件 PCIJ 判決 ………… 183
ワッセーナ・アレンジメント ……… 9, 44

（注：関連部分及び注により補足説明がなされている項目を中心に取り上げた。）

〈著者紹介〉

福 井 康 人 （ふくい やすひと）

1　研究歴等

　　1987年3月　　同志社大学法学部法律学科卒
　　2009年9月　　グルノーブル第2(P.M.F.)大学法学部大学院卒，取得学位：修士(国際安全保障・防衛)
　　2013年6月　　パリ第1(パンテオン・ソルボンヌ)大学法科大学院(国際法・EU法専攻)卒，取得学位：博士(法学)
　　2013年8月-9月　　モンテレー国際大学院(MIIS)客員研究員(兼任)
　　2014年1月-3月　　ジュネーブ国際開発大学院(IHEID)客員研究員(兼任)
　　2014年7月-8月　　ユトレヒト大学客員教授(兼任)

2　職歴

　　1987年4月　　外務省入省(東欧課，安全保障政策室，人権難民課，軍備管理軍縮課，国際組織犯罪室，国際安全・治安対策協力室，在ルーマニア日本大使館，軍縮会議日本政府代表部等に勤務)
　　2012年9月-2014年8月　　南山大学客員教授
　　2014年9月-現在に至る　　外務省に復職（国際平和協力室）

3　主要論文

　　《Formation et normativité des accords internationaux dans le domaine du désarmement et de la non-prolifération》(注：学位請求論文)
　　「大量破壊兵器の不拡散措置──FATF勧告による「拡散金融」対策を事例として──」『軍縮研究』第5巻，2014年，45-57頁．
　　「軍縮・不拡散分野の国際立法──武器貿易条約を例にとって」『外務省調査月報』第2号，2013年，1-24頁．
　　「研究ノート：核実験監視体制のあり方──CTBTを超えた枠組みをめざして」『国際安全保障』第41巻2号，2013年，116-132頁．
　　「北朝鮮による核兵器開発──兵器用核分裂性物質生産，ミサイル技術取得，核実験から見て」『海外事情』第61巻第6号，2013年，29-45頁．
　　「大量破壊兵器の不拡散措置としての2010年北京条約」『軍縮研究』第4号，2013年，34-47頁．
　　「研究ノート：軍縮分野における多数国間条約の交渉枠組みについて」『国際法外交雑誌』2012年，74-100頁．
　　「備蓄弾頭維持管理計画(SSMP)：核抑止力維持と核軍縮推進の狭間で」『外務省調査月報』2011年，2-24頁．
　　「米印合意の功罪」『外務省調査月報』2010年，38-66頁．
　　「研究ノート：司法・内務分野におけるルーマニアによるEU加盟努力」『外務省調査月報』2005年，第4号，1-22頁．

学術選書
135
国際法

❀ ❀ ❀

軍縮国際法の強化

2015年（平成27年）1月20日　第1版第1刷発行
6735:P248　¥6200E-012:035-005

著　者　　福　井　康　人
発行者　　今井　貴　稲葉文子
発行所　　株式会社　信　山　社
〒113-0033　東京都文京区本郷 6-2-9-102
Tel 03-3818-1019　Fax 03-3818-0344
henshu@shinzansha.co.jp
笠間才木支店　〒309-1611 茨城県笠間市笠間 515-3
Tel 0296-71-9081　Fax 0296-71-9082
笠間来栖支店　〒309-1625 茨城県笠間市来栖 2345-1
Tel 0296-71-0215　Fax 0296-72-5410
出版契約 2015-6735-8-01011　Printed in Japan

Ⓒ福井康人, 2015　印刷・製本／ワイズ書籍 Miyaz・牧製本
ISBN978-4-7972-6735-8 C3332　分類329.100-b006 国際法

JCOPY〈(社)出版者著作権管理機構 委託出版物〉
本書の無断複写は著作権法上での例外を除き禁じられています。複写される場合は、
そのつど事前に、(社)出版者著作権管理機構（電話03-3513-6969, FAX03-3513-6979,
e-mail: info@jcopy.or.jp）の許諾を得てください。

◆国際法先例資料集〈1〉―不戦条約
　【日本立法資料全集】　柳原正治 編著
◆プラクティス国際法講義（第2版）
　　柳原正治・森川幸一・兼原敦子 編
◆《演習》プラクティス国際法
　　柳原正治・森川幸一・兼原敦子 編
◆国際法研究　［最新第3号 2015.3刊行予定］
　　岩沢雄司・中谷和弘 責任編集
◆ロースクール国際法読本　中谷和弘 著

◆国際法論集
　　村瀬信也 著
◆実践国際法
　　小松一郎 著
◆小松一郎氏追悼　［2015 5刊行予定］
国際法の実践―小松一郎の生涯（仮）
　　村瀬信也・秋葉剛男 編

信山社

『大量破壊兵器の軍縮論』黒沢満 著

9.11、イラク戦争を経て、大きな変化を遂げつつある国際安全保障の基本的な考え及びその枠組み。国際安全保障環境の変化を分析した上で、広義の軍縮問題の現状を指摘し、将来の展望を行うと同時に可能な政策提言を行う。その際、日本はそれぞれの問題にどう対応すべきか、またどのような役割を果たすことができるかも論じられる。今、彷徨える日本の安全保障に必読の書。

『軍縮国際法』黒沢満 著

冷戦後の軍縮の進展を体系的に分析。21世紀に入って、米国の単独主義を背景として、軍縮の進展が停滞し、あるいは後退している状況となり、テロリストなど新たな脅威も発生している。本書は、これらの否定的展開を分析し、それにいかに対応して、新たな軍縮の進展を進めるかについても検討を加え、さまざまな提案を行う。

『新しい国際秩序を求めて ― 平和・人権・経済』黒沢満 編

川島慶雄先生の還暦記念論文集。川島先生から直接指導を受けた者により書かれた論文より構成されるが、各自の専門を活かしつつ、かつ現代の変換期を正面からとらえ、新しい国際秩序の形成という統一テーマをふまえて執筆。

植木俊哉 編
グローバル化時代の国際法
田中清久・坂本一也・滝澤紗矢子・佐俣紀仁・堀見裕樹・小野昇平・陸瀬貴典・植木俊哉

中村民雄・山元一 編
ヨーロッパ「憲法」の形成と各国憲法の変化
中村民雄・小畑郁・菅原真・江原勝行・齋藤正彰・小森田秋夫・林知更・山元一

森井裕一 編
国際関係の中の拡大EU
森井裕一・中村民雄・廣田功・鈴木一人・植田隆子・戸澤英典・上原良子・木畑洋一・羽場久美子・小森田秋夫・大島美穂

森井裕一 編
地域統合とグローバル秩序
―ヨーロッパと日本・アジア―
植田隆子・中村民雄・東野篤子・大隈宏・渡邊頼純・森井裕一・木部尚志・菊池努

吉川元・中村覚 編
中東の予防外交
中村覚・吉川元・齋藤嘉臣・森津・細井長・立山良司・木村修三・中西久枝・末近浩太・澤江史子・江澤義之・森伸生・小林正英・伊勢崎賢治・高橋和夫

八谷まち子 編
EU拡大のフロンティア
―トルコとの対話―
八谷まち子・関寧・森井裕一

信山社

◆核軍縮不拡散の法と政治
―黒澤満先生退職記念

浅田正彦・戸崎洋史 編

NPT体制の動揺と国際法〔浅田正彦〕/安全保障と軍備管理〔納家政嗣〕/核軍縮・不拡散問題における国際機関の役割と課題〔阿部信泰〕/日本の軍縮・不拡散政策〔天野之弥〕/戦略核軍縮の現状と課題〔岩田修一郎〕/核軍備管理における「レーガン再評価」の考察〔吉田文彦〕/米国核政策の展開〔梅本哲也〕/中国と核軍縮〔小川伸一〕/欧州における核軍縮・不拡散〔佐渡紀子〕/多国間核軍縮・不拡散交渉と核敷居国問題〔広瀬訓〕/核実験の禁止と検証〔一政祐行〕/核軍縮と広島・長崎〔水本和実〕/核兵器拡散防止のアプローチ〔戸崎洋史〕/核拡散問題と検証措置〔菊地昌廣〕/平和利用の推進と不拡散の両立〔秋山信将〕/中国向け輸出管理〔村山裕三〕/核不拡散の新しいイニシアティヴ〔青木節子〕/米国の核不拡散政策〔石川卓〕/6者会談と北朝鮮の原子力「平和利用」の権利〔倉田秀也〕/中東の核問題と核不拡散体制〔堀部純子〕/非核兵器地帯〔石栗勉〕/北東アジア非核兵器地帯の設立を求めるNGOの挑戦〔梅林宏道〕/核テロリズム〔宮坂直史〕/核セキュリティと核不拡散体制〔宮本直樹〕

◆核軍縮と世界平和
黒澤 満 著

◆核軍縮入門
〔信山社現代選書〕 黒澤 満 著

◆軍縮研究 1号～（続刊）
日本軍縮学会 編

◆軍縮辞典 （近刊）
日本軍縮学会 編

◆普遍的国際社会への法の挑戦
―芹田健太郎先生古稀記念

坂元茂樹・薬師寺公夫 編

◆新EU論
植田隆子・小川英治・柏倉康夫 編

◆EU権限の判例研究 （近刊）
中西優美子 著

◆ヨーロッパ地域人権法の憲法秩序化
小畑 郁 著

信山社